RONALD P. SCHWEPPE; ALJOSCHA A. LONG
Der Seelenschlüssel zum Wunschgewicht

Buch

Fehl- und Überernährung führen zweifellos zu Übergewicht, doch die eigentlichen Ursachen liegen tiefer. Psychologen wissen das längst: Nicht Pommes frites oder die Sahnetorte sind es, die dick machen, sondern die Seele. »Der Seelenschlüssel zum Wunschgewicht« ist jedoch kein Psychologiebuch, sondern ein spiritueller Ratgeber mit Aha-Effekt, der dem Leser verborgene Zusammenhänge und eine naheliegende, bisher jedoch kaum beachtete Lösung aufzeigt: Statt sich auf Diäten und äußere Maßnahmen zu konzentrieren, geht es darum, seine eigenen Muster zu erkennen und Schritt für Schritt zu durchbrechen.

Autoren

Ronald Schweppe ist erfolgreicher Autor zahlreicher Ratgeber im Bereich Psychologie und Spiritualität, die er gemeinsam mit Aljoscha Long verfasst hat. Seit vielen Jahren beschäftigt er sich mit meditativen Übungswegen aus Ost und West und ist Lehrer für »Stressbewältigung durch Achtsamkeit« (MBSR).

Aljoscha Long ist Psychologe und Autor. Gemeinsam mit Ronald Schweppe veröffentlichte er die »Minus-1-Diät« und gründete das »Institut für achtsames Essen« in München (www.institut-für-achtsames-essen.de).

Ronald P. Schweppe
Aljoscha A. Long

Der Seelenschlüssel zum Wunschgewicht

GOLDMANN

Verlagsgruppe Random House FSC® N001967
Das für dieses Buch verwendete FSC®-zertifizierte Papier
München Super liefert Arctic Paper Mochenwangen GmbH.

1. Auflage

Originalausgabe, Mai 2013
© 2013 Wilhelm Goldmann Verlag, München,
in der Verlagsgruppe Random House GmbH
Umschlaggestaltung: Uno Werbeagentur
Umschlagmotiv: Finepic®, München
Lektorat: Judith Mark
WL • Herstellung: cb
Satz: Fotosatz Amann, Aichstetten
Druck: GGP Media GmbH Pößneck
Printed in Germany
ISBN 978-3-442-22026-7
www.goldmann-verlag.de

Inhalt

Vorwort oder »Der Junge, den sie Nutella nannten« — 11
Benutzen Sie Ihren Seelenschlüssel — 13

Ernährung und Bewusstsein — 15
  Leicht, aber nicht einfach — 15
  Die vier Tore auf dem Weg zur Leichtigkeit — 17
  Warnhinweis — 18
  Sich bewusst ernähren heißt nicht, Müsli zu essen — 21
  Kalorien, Nahrung und Erleuchtung — 22
  Die Ziele hinter dem Ziel — 24

Das erste Tor: Klares Erkennen — 27
  Erkennen, was ist — 29
    Wenn der Hunger aus der Seele kommt — 31
    Warum Sehnsucht zur Gewichtsfalle werden kann — 33
    Können Kalorien die innere Leere füllen? — 36
    Warum Diäten immer versagen — 40
    Wonach sehnen Sie sich wirklich? — 46
      ✐ Wonach sehne ich mich wirklich? — 47
  Endstation Übergewicht? — 49
    Gesundheit, Selbstwert, Klarheit — 50
      ✐ Wer entscheidet über mein Selbstwertgefühl? — 53
    Ihre Problemzonen sind nicht das Problem — 57
      ✐ Was ist sonst noch da? — 60
    Übergewicht – eine Brücke in die Freiheit? — 64

Das zweite Tor: Vollkommene Akzeptanz	69
Es ist okay, so wie es ist!	71
✐ Es ist in Ordnung so!	74
Beenden Sie den Kampf gegen sich selbst	77
Fressfallen akzeptieren lernen	83
✐ Wo lauern die Fallen?	84
✐ Achtsam in der Fressfalle	85
Ein Blick in den Rückspiegel oder	
»Die Macht der Gewohnheit«	87
Vom freundlichen Umgang mit Gewohnheiten	89
Belastendes Tun –	
Muster im eigenen Verhalten erkennen	92
Wenn (Nicht-)Essen zur Sucht wird	94
Sind Sie ein emotionaler Esser?	96
Fressen und vergessen – Binge Eating	99
Inmitten von Zwängen frei werden	105
✐ »Es ist okay« – das Mantra der Gelassenheit	107
Kann Essen süchtig machen?	109
Das dritte Tor: Heilsame Absicht	116
✐ Die Folgen unserer Absichten erkennen	119
Wünsche auf dem Prüfstand	123
Wenn der Wunsch nach Glück zur Falle wird	124
Wunschlos glücklich im Universum?	126
Richtig wünschen lernen	128
Übernehmen Sie die Herrschaft	
über Messer und Gabel	130
✐ Selbstverpflichtung:	
schlank und glücklich werden	131
Setzen Sie auf inneres Wachstum	132
Der Weg in die Freiheit	134

Sanfte Veränderungen	135
Sich selbst verzeihen	136
Frei von Zwang	137
Erleuchtung statt Übergewicht?	138
Dukkha und Karma	139
Karma und Übergewicht	143
Belastende Glaubenssätze löschen	144
Viele Variationen auf ein hässliches Thema	146
Abschied vom Grübelkarussell	148
⚜ *Was sagt der Feind in meinem Kopf?*	152
⚜ *Stimmt das überhaupt?*	154
⚜ *Auditive Belief Change*	155
Sie sind nicht Ihre Gedanken	157
⚜ *Meditation: die Gedanken beobachten*	159
⚜ *Variante: Gedanke oder Grübelei?*	162
Belastendes Tun verändern: Verhaltensmuster durchbrechen	163
Wenn Sie zu schnell essen	164
⚜ *Langsam, langsam*	166
Wenn Sie immer alles aufessen	168
⚜ *Mut zum kleinen Rest*	169
Wenn Sie oft zwischendurch essen	171
⚜ *Eine Woche ohne Zwischenmahlzeiten*	175
Stopp! – Die Notbremse ziehen	177
»Und was, wenn ich scheitere?«	179
Das vierte Tor: Mitfühlende Achtsamkeit	182
Achtsamkeit als Seelenschlüssel zum Wunschgewicht	183
»Bewusst sein, ihr Mönche, ist alles«	186
Sie haben die Wahl	188

Brot allein ist nicht genug:
   Nahrung für die Seele   190
   ⚷ Was nährt mich wirklich?   192
Achtsamkeit oder die Alchemie des Essens   194
Essen als Meditation   198
   Die Kunst des achtsamen Essens   202
   Die Welt in einer Tasse Cappuccino   209
   ⚷ Achtsam essen – die Grundübung   212
Hotel Unterbewusstsein – Sie sind viele   218
   »Ich« ist immer viele   220
   Egal wie wir entscheiden:
      Wir handeln immer mit den besten Absichten   222
   Nichts ändert sich, nur weil Sie wollen,
      dass sich etwas ändert   223
   Die Türe geht nach innen auf   225
   Lernen Sie Ihre
      innere Familie kennen (und lieben)   230
   Mit den inneren Persönlichkeiten sprechen   234
   ⚷ Das innere Gespräch   241
   Innerer Dialog und Achtsamkeit   243

Die vereinende Kraft des Körpers   245
   Schließen Sie Freundschaft mit Ihrem Körper   246
      Mehr spüren, mehr vertrauen   249
      ⚷ Kurzreise durch den Körper   251
   Nutzen Sie Ihre Körperintelligenz   256
      Hunger oder Appetit? Der kleine Unterschied   257
      Die »Achtsamkeitsdiät«   260
        ⚷ Eine Woche ohne ... – das Minus-1-Experiment   261
      Beim Körper bleiben   266
        ⚷ Bewusster essen durch Körper-Achtsamkeit   268

Der innere Weg zur Leichtigkeit	273
Meditation: dem Atem folgen	275
Susannes Weg	279
Literaturempfehlungen	286

Vorwort
oder
»Der Junge, den sie Nutella nannten«

Das Thema Körpergewicht beschäftigt mich seit meiner Kindheit. Schon als kleiner Junge war ich übergewichtig – »ein bisschen mollig« sagten die höflicheren Leute, »ganz schön fett, der Kleine« die weniger Einfühlsamen. Als ich neun Jahre alt war, beschloss meine Mutter, mich in einen Judoverein zu schicken, denn Bewegung soll ja beim Abnehmen helfen. Auf die Frage des Trainers, warum der Junge denn nur so dick sei, antwortete meine Mutter vor versammelter Mannschaft ganz ungeniert: »Weil er immer so viele Nutellabrote isst.« Das Gelächter war groß, und ab da hatte ich meinen Spitznamen weg: »Hey Nutella – hilf mal mit, die Matten aufzuräumen.«

Kinder werden älter, und irgendwann kam die Zeit, da ich mich nicht mehr mit meinem Aussehen abfinden wollte. Mit 16 nahm ich den Kampf gegen die Pfunde auf. Damals dachte ich noch, dass es phantastisch sein müsste, wie Arnold Schwarzenegger auszusehen. Doch obwohl ich regelmäßig mit Gewichten trainierte, schaffte ich das nicht annähernd (wofür ich dem lieben Gott noch heute von Herzen danke). Was ich jedoch immerhin schaffte, war, mich von einem pummeligen Kind in einen einigermaßen schlanken Jugendlichen zu verwandeln. Das Dumme war nur: Wohl fühlte ich mich dennoch nicht in meiner Haut. Und auch mit meinen Essproblemen hatte ich nach wie vor zu kämpfen: Immer noch aß ich viel zu viel. Ich aß zu süß und zu fett; ich aß, wenn ich mich langweilte, wenn ich Liebeskummer hatte, wenn ich vor dem Fernseher saß oder wenn ich Ärger in der Schule hatte, was nicht gerade selten der Fall war. Und natürlich plagte mich anschließend ständig das schlechte Gewissen, da ich mit der Zeit wieder Gewichtsprobleme bekam.

Heute – viele Jahre, viele Diäten und so manch eine Einsicht später – hat sich das Thema Gewicht für mich erledigt. Inzwischen liegt mein BMI im unteren Normbereich. Alte Muster, die mich gezwungen haben, Unmassen an Chips und Schokolade zu verzehren, XXL-Pizzas zu essen, Limonaden zu trinken und spätabends den Kühlschrank zu überfallen, haben sich in Luft aufgelöst. Wenn ich nicht gerade krank oder mit dem falschen Fuß zuerst aufgestanden bin, fühle ich mich inzwischen in meinem Körper sehr wohl. Ich würde mit keinem tauschen wollen – nicht mal mit Arnold ...

Nach so vielen Jahren, in denen ich zwanghaft gegessen habe, ist das recht erstaunlich für mich. Das Erstaunlichste ist jedoch, dass meine Probleme scheinbar »einfach so« verschwunden sind. Ich habe nichts »gemacht«. Mir ist einfach nur irgendwann aufgefallen, dass ich abgenommen habe und dass von meiner Vorliebe für Kalorienbomben nicht mehr viel übrig geblieben ist.

Inzwischen weiß ich, dass die positiven Veränderungen (nicht nur beim Essen) gar nicht so verwunderlich sind, wie sie mir zunächst erschienen. Es gibt nämlich durchaus einen Grund dafür, dass ich auf natürliche Weise damit aufgehört habe, meinem Körper durch fettes, süßes und kalorienreiches Essen Schaden zuzufügen. Dieser Grund hat jedoch nicht das Geringste mit der optimalen

Diät, mit der richtigen Zusammensetzung aus Kohlenhydraten, Zucker und Fetten oder dem fragwürdigen Genuss von geheimnisvollen Kohlsuppen zu tun. Vielmehr hängt der Grund mit einigen einfachen Geheimnissen zusammen, die ich Ihnen in den nächsten Kapiteln verraten werde. Durch sie habe ich gelernt, mir selbst wieder mehr zu vertrauen und aus der Diätfalle auszusteigen. Durch sie habe ich auch angefangen, wieder in mich hineinzuspüren. Und schließlich habe ich die Entdeckung gemacht, dass es gar nicht die Sahnetorte ist, die dick macht, sondern einzig und allein unsere Blindheit gegenüber den Bedürfnissen, aber auch den Möglichkeiten unserer eigenen Seele.

Benutzen Sie Ihren Seelenschlüssel

Da Sie dieses Buch in den Händen halten, wünschen Sie sich vermutlich abzunehmen. Vielleicht leiden Sie unter medizinisch relevanten Gewichtsproblemen, oder Sie wollen sich einfach nur wohler und leichter fühlen. Vielleicht haben Sie aber auch die Nase voll davon, wie ferngesteuert zu essen und anschließend zu bereuen, wie viel Sie wieder mal in sich hineingeschlungen haben. Falls das so ist, stellt sich natürlich die Frage, was Sie jetzt am besten tun sollten. Vermutlich suchen Sie nach einer Lösung, einem Schlüssel zum Abnehmen. Und dieser Schlüssel sollte Ihnen eine Welt mit vollkommen neuen Möglichkeiten eröffnen, die nichts damit zu tun haben, den Rest Ihrer Tage nur noch Salat essen zu dürfen. Denn mutmaßlich haben Sie ja schon bemerkt, dass das ohnehin nichts bringt. Sie brauchen einen Schlüssel, der Ihnen das Tor zu Ihrem eigenen Bewusstsein öffnet – Ihren Seelenschlüssel.

Genau um diesen Schlüssel wird es im Folgenden gehen. Sie werden Strategien kennen lernen, die Ihnen dabei helfen, das Tor zu Ihrem Inneren aufzusperren. Genau genommen sind es nicht ein, sondern vier Tore, die Sie mit Ihrem Seelenschlüssel öffnen können. Diese vier Tore trennen Sie davon, sich in Ihrem Körper wohlzufühlen und ein harmonisches Körpergewicht zu erreichen. Sie trennen Sie aber auch von den Schätzen in Ihrem Inneren – von der Kraft der Achtsamkeit, der Weisheit des Mitgefühls und der Fähigkeit, klar zu sehen. Diese Qualitäten, die in jedem von uns schlummern, werden es Ihnen ermöglichen, unbeschwerter und leichter zu leben – und das hat nicht nur etwas mit Ihrem Gewicht auf der Waage zu tun ...

Ernährung und Bewusstsein

In diesem Buch geht es nicht um Diäten. Das ist die gute Nachricht. Hören Sie möglichst sofort damit auf, auch nur noch eine einzige Kalorie zu zählen. Quälen Sie sich nicht länger mit Steinzeit-, Blutgruppen-, Low-Fat- oder gar Null-Diäten. Ach so, ja: Und entsorgen Sie Ihre Waage. Statt sich auf deren Zeiger zu fixieren und sich von immer neuen Diäten frustrieren zu lassen, sollten Sie einen Umweg nehmen. Auf Umwegen kommt man bekanntlich oft besser ans Ziel, und wenn's ums Abnehmen geht, kommt man damit vor allem auch dauerhaft ans Ziel. Statt sich also Gedanken über den Kaloriengehalt Ihres Schnitzels zu machen oder sich von einem Punktesystem terrorisieren zu lassen, sollten Sie lieber herausfinden,

- warum Sie überhaupt mehr essen, als Ihnen guttut,
- wie Sie auf eine sanftere, bewusstere Weise mit sich selbst und Ihrer Ernährung umgehen können,
- warum Sie Ihr inneres Gleichgewicht finden müssen, bevor Sie dauerhaft abnehmen können.

Leicht, aber nicht einfach

Der Weg, den Sie in den folgenden Kapiteln kennen lernen werden, ist klar und leicht. Dennoch ist es nicht immer einfach, ihn zu gehen – vor allem anfangs nicht. Einerseits müssen Sie sich zwar in der Tat nie wieder Gedanken darüber machen, wie viele Kalorien Ihr Frühstück hat oder ob Sie heute Abend weniger Kohlenhydrate und mehr Eiweiß essen sollten. Doch andererseits müssen Sie dafür etwas Neues lernen: Sie müssen lernen, mehr auf sich selbst zu achten und besser für sich zu sorgen.

Wenn Sie sich neue Schuhe gekauft haben, müssen Sie sie zunächst einmal einlaufen. Doch wenn es gute Schuhe sind, werden Sie bald keinerlei Probleme mehr damit haben – ganz im Gegenteil: Dann werden Sie kaum noch Lust darauf haben, wieder in Ihre alten Schuhe zu schlüpfen, schon gar nicht, wenn die zu eng waren. Ähnlich ist es, wenn Sie anfangen, mehr Achtsamkeit und Bewusstheit rund um das Essen zu entwickeln. Auch hier zeigt die Erfahrung, dass Menschen, die diesen Weg erst einmal eingeschlagen und »sich eingelaufen« haben, normalerweise nicht wieder umkehren.

Und warum sollten sie auch? Aufzuwachen, achtsamer zu werden und Kontakt zur Weisheit des eigenen Körpers aufzunehmen, das alles fühlt sich sehr gut an. Warum also umkehren, wenn Sie erst einmal begonnen haben, die Kontrolle über Ihr Essen – und damit sicher auch ein Stück weit über Ihr Leben – wiederzugewinnen?

Wenn Sie es leid sind, sich zu quälen, wenn Sie die belastenden Gefühle, die mit Ihren Essgewohnheiten oder deren Folgen zusammenhängen, satt haben, dann gibt es eine Alternative: Benutzen Sie Ihren Seelenschlüssel. Beginnen Sie, sich selbst mehr zu vertrauen als Ihrer Waage. Schauen Sie nicht so sehr auf das Äußere, schauen Sie mehr nach innen. Denn nur auf diese Weise

- wird der Zwang enden, den Diäten naturgemäß mit sich bringen,
- werden Sie Frieden mit Ihrem Körper schließen und Ihren Körper zu einem Verbündeten machen, statt ihn wie einen Feind zu behandeln,
- werden sich negative Ernährungsgewohnheiten ohne Anstrengung und auf ganz natürliche Weise auflösen.

Die vier Tore auf dem Weg zur Leichtigkeit

Die Erkenntnis, dass es an sich nie die Schokoladentorte ist, die uns dick macht, ist natürlich schön und kann sehr befreiend sein. Doch auf der anderen Seite bedeutet diese Erkenntnis leider auch, dass es da wohl andere Faktoren geben muss, die für unsere Gewichtsprobleme verantwortlich sind. Und die gibt es tatsächlich zur Genüge: Einsamkeit, Stress, Frust, Zerstreuung oder Unbewusstheit sind nur einige davon.

Wenn Sie einmal die Erfahrung gemacht haben (und wahrscheinlich haben Sie sie sogar schon hunderte Male mehr oder weniger bewusst gemacht), dass es letztlich immer ein Gefühl der inneren Leere oder Unzufriedenheit ist, das Sie zu Essbarem greifen lässt, dann wissen Sie im Grunde sicher auch, dass das Problem nicht auf Ihrem Teller, sondern in Ihrer Seele liegt. Und da das Problem in Ihnen liegt, müssen Sie die Lösung folglich auch in Ihrem Inneren finden.

Mit Knäckebrot und Rohkost kommen Sie nicht weit. Was Sie brauchen, ist ein Schlüssel, den Sie nur in sich selbst entdecken können – ein Seelenschlüssel zum Abnehmen. Mit diesem Seelenschlüssel können Sie die schon erwähnten vier Tore öffnen und dadurch nicht nur abspecken, sondern vor allem auch innerlich leichter, lebendiger und zufriedener werden:

1. *Öffnen Sie das erste Tor, um Klarheit zu gewinnen: Erkennen Sie, was ist, und erwachen Sie aus Ihrem Traum.*
2. *Öffnen Sie das zweite Tor, um Ihre Lebensfreude zu befreien: Akzeptieren Sie, was ist, und lernen Sie, »Ja« zu sagen – vor allem zu sich selbst.*
3. *Öffnen Sie das dritte Tor, um die richtigen Ziele zu entdecken: Treffen Sie heilsame Entscheidungen, die aus Ihrem Herzen kommen.*
4. *Öffnen Sie das vierte Tor, um das Wesentliche zu entdecken – Ihre eigene Mitte: Entwickeln Sie Ihre Achtsamkeit und Ihr Mitgefühl und finden Sie zu sich selbst.*

Warnhinweis

Falls es nicht schon zu spät ist und Sie sich dieses Buch nicht bereits gekauft haben, sollten Sie es sich vielleicht noch einmal überlegen. Wenn Sie bereit sind, eine Reise anzutreten, die Sie in Ihre eigene Mitte und zu mehr Gelassenheit, Heiterkeit und Unbeschwertheit führen wird, bringen Sie die besten Voraussetzungen mit. Doch ob die Methoden, die Sie im Folgenden kennen lernen werden, auch wirklich zu Ihnen passen, ist eine andere Frage. Denn auch wenn sich die Aussicht, nie wieder eine Diät machen zu müssen und trotzdem abzunehmen, gut anhört – es gibt natürlich auch Gegenargumente. Hier sind sie:

- *Keine Lösung auf die Schnelle:* Sie werden in diesem Buch keine »schnelle Methode« kennen lernen. Sie werden nicht in wenigen Wochen 20 Pfund abspecken. Wenn Sie hohes Übergewicht haben, kann so etwas zwar passieren, aber rechnen Sie lieber nicht damit. Crashdiäten bringen langfristig nichts und schaden mehr, als dass sie helfen. Und falls Sie schon seit vielen Jahren mit Ihrem Gewicht kämpfen, ist es erst recht wichtig, geduldig zu bleiben, während Sie diesmal einen völlig neuen Weg einschlagen.
- *Sie brauchen Zeit:* Sie brauchen Zeit, um Erfahrungen zu machen. Sie brauchen Zeit, um zu erkennen, um achtsamer zu werden, um über sich nachzudenken und zu meditieren. Keine Sorge – Sie müssen nicht um 5:00 Uhr morgens aufstehen und sich in den Lotossitz setzen oder jede Mahlzeit einnehmen, als säßen Sie im Kloster. Die meisten Techniken funktionieren quasi nebenbei. Doch die Ausrichtung ist wichtig. Sie müssen lernen, auch mitten beim Essen immer wieder einmal innezuhalten oder sich Ihre Muster genauer anzusehen. Sind Sie wirklich bereit, sich diese Zeit für sich selbst zu nehmen?
- *Sie müssen die Verantwortung selbst übernehmen:* Wenn Sie eine Diät machen, bekommen Sie klare Anweisungen. »Essen Sie zwei Wochen lang Suppe« oder »Essen Sie morgens nur Obst.« Von uns werden Sie solche Tipps sicher nicht zu hören bekommen. Die einzige Person, die den Weg zu Ihrer inneren Quelle gehen kann, sind Sie selbst. Und das Einzige, was wir dabei tun können, ist, Ihnen eine grobe Wegbeschreibung mitzugeben. Wir können Ihnen Vorschläge machen, worauf Sie achten

sollten und Sie auf die Tore aufmerksam machen, die Sie passieren müssen, um an Ihr Ziel zu kommen.

Wir wissen zwar, dass viele Menschen sich nach Patentlösungen sehnen. Doch genauso wissen wir auch, dass diese 08/15-Lösungen umso enttäuschender sind, je mehr sie versprechen. Daher gibt es auf lange Sicht nur zwei Möglichkeiten, mit Gewichtsproblemen oder Esszwängen umzugehen: Sie können entweder resignieren oder Sie können selbst die Verantwortung übernehmen. Und da wir überzeugt davon sind, dass Resignation nie eine Lösung ist, schreiben wir dieses Buch.

- *Ein Partythema weniger:* Worüber werden Sie mit Ihren Freundinnen und Bekannten sprechen, wenn das Thema Diäten wegfällt? Wenn Sie sich nicht länger für die Tipps der Ernährungsexperten aus den Frauenmagazinen interessieren, da Sie einen ganz anderen Weg gehen? Wenn Sie bisher viel Zeit damit verbracht haben, sich Gedanken über Ihren BMI, die Dicke Ihrer Oberschenkel, die neuesten Schönheitsoperationen oder die jeweilige Trenddiät zu machen, fällt natürlich einiges an Gesprächsstoff weg. Andererseits gibt es auch neuen: Achtsamkeit, Meditation, Selbstakzeptanz, emotionales Essen oder überholte Muster, die uns zwingen, beim Fernsehen Chips zu essen – auch darüber können Sie sich mit anderen austauschen. Und dabei werden Sie wahrscheinlich die Erfahrung machen, dass diese Gespräche unter Umständen sehr interessant sein können.

Sich bewusst ernähren heißt nicht, Müsli zu essen

Heute ist viel von bewusster Ernährung die Rede. Das ist auch gut so, denn die Nahrung, die wir uns zuführen, ist oft alles andere als gesund oder auch nur verträglich für unseren Körper. Leider beschränkt sich das Thema bewusste Ernährung meist jedoch darauf, dass wir gesünder und vitaminreicher essen, uns vegetarisch ernähren oder statt der Kiwi aus Neuseeland doch lieber den Apfel vom Bodensee kaufen sollten, um eine bessere CO_2-Bilanz zu erzielen.

All das ist zweifellos gut und wichtig, führt aber nicht weit genug. Bewusstsein hat nämlich gar nicht so viel mit unserem Kopf zu tun. Wenn wir wirklich bewusst sein wollen, müssen wir tiefer schauen – dann müssen wir mitten in unser Herz blicken. Es stimmt nicht, dass Abnehmen »im Kopf beginnt«, wie wir das so oft zu hören bekommen. Tatsächlich beginnt Abnehmen in unserem Herzen, in unserer Seele. Nur hier können wir die Erfahrungen machen, die uns weiterbringen.

»Bewusste Ernährung« hat weniger mit unserem Bewusstsein als vielmehr mit unserem »bewussten Sein« zu tun. Es geht nicht so sehr um das Bewusstsein, das wir haben (das natürlich die Voraussetzung für alles Weitere ist), sondern darum, bewusst zu *sein*. Und das bedeutet:

- dass Sie klar sehen können, statt durch den Filter alter Gewohnheiten, Meinungen und Urteile zu schauen,

- dass Sie vollkommen wach sind, statt im Halbschlaf zu handeln,
- dass Sie sich in jedem Moment frei entscheiden können, statt sich von Zwängen und Gewohnheiten leiten zu lassen.

»Bewusst Sein« heißt, aus der Trance, die unser Verhalten bestimmt, zu erwachen und die Fernsteuerung auszuschalten. Bewusstes Sein ist die Voraussetzung dafür, dass Sie Ihren Seelenschlüssel benutzen und sich für Ihre Erfahrungen öffnen können. Und die einzige Möglichkeit, der Ess- und Kalorienfalle zu entkommen, besteht darin, Ihren eigenen Erfahrungen zu folgen. Tatsächlich brauchen Sie dazu nur sehr wenig Willenskraft. Alles, was Sie brauchen, ist die Bereitschaft, zu dem Punkt zurückzukehren, an dem Ihr Leben stattfindet – in jedem einzelnen Augenblick.

Kalorien, Nahrung und Erleuchtung

Seit Jahren wird uns gepredigt, dass Übergewicht lediglich die Folge einer zu hohen Kalorienzufuhr ist. Die Pommes, die Croissants, die Hamburger, Pizzas und Schokoriegel – sie sind die wahren Schuldigen, und wir sind nur die Opfer. »Wenn ich X esse und X soundsoviel Kalorien hat, dann steigt der Zeiger der Waage um soundsoviel Millimeter.« Oder anders gesagt: »Wenn ich A esse, werde ich B wiegen« – ist doch ganz einfach, oder?

Schon, aber es gibt ein Problem: Allzu einfachen Lösungen sollte man misstrauen. Denn so einfach ist die Sache meistens nicht. Selbst aus der Sicht eines rein mechanistischen Weltbildes liegen die Dinge noch wesentlich komplexer: Es geht nie nur um Kalorien. Es geht zum Beispiel auch um Vitamine und Enzyme, sekundäre Pflanzenstoffe, raffinierte Kohlenhydrate, Ballaststoffe, individuelle Stoffwechselprozesse, Cholesterinspiegel und andere Blutwerte. Einfacher gesagt: Nicht nur die Kalorien bestimmen unser Gewicht, sondern auch unser Typus, unser Alter, wie viel wir uns bewegen, die Zusammensetzung unserer Nahrung usw.

Der Blick auf die reinen Zahlen genügt ohnehin nicht – er würde nicht einmal dann genügen, wenn wir wirklich alle Zahlen auf dem Tisch hätten. Die wahren Ursachen für Gewichtsprobleme liegen nämlich woanders. Beispielsweise haben auch unsere Gefühle ein wichtiges Wörtchen mitzureden. Und dabei sind es nicht etwa nur die »emotionalen Esser«, die zu viel essen, wenn Gefühle wie Kummer, Frust oder Überlastung sie zu Kalorienhaltigem greifen lassen. Sicher haben auch Sie schon die Erfahrung gemacht, dass wir uns beim Essen oft weniger von unserem körperlichen als vielmehr von unserem seelischen Hunger leiten lassen. Das ist bei jedem Menschen so.

Wenn wir den Ursachen von Gewichtsproblemen auf den Grund gehen wollen, sollten wir noch einen Schritt weitergehen und uns fragen, was eigentlich »Nahrung« für uns bedeutet. Ist Nahrung nur etwas, das mit physiologischem Nährwert zu tun hat? Ist die Nahrung, die wir zu uns nehmen, nur ein Ersatz für unbefriedigte Gefühle? Oder steckt vielleicht noch mehr dahinter?

Tatsächlich erfasst Nahrung den ganzen Menschen – nicht nur seinen Körper und seine Gefühle, sondern auch seinen Geist. Können wir lernen, uns wirklich umfassend zu nähren? Können wir die Verantwortung für uns selbst übernehmen, indem wir gut für uns sorgen und uns auch innerlich nähren?

Sich von Übergewicht zu befreien bietet eine große Chance. Es wäre schade, wenn Sie nur deshalb abnehmen würden, damit Sie wieder in Ihre Hose passen. Tatsächlich können Sie noch sehr viel mehr erreichen, wenn Sie sich mit Ihrer Ernährungsweise beschäftigen. Indem Sie sich von überflüssigen Pfunden befreien, sollten Sie sich zugleich auch von alten Mustern befreien, von Ängsten, Sorgen und oberflächlichen Wünschen.

Wenn Sie sich dem Thema Ernährung mit Offenheit und Achtsamkeit nähern, können Sie nicht nur die Freude am Essen und Genießen neu entdecken; Sie können auch innere Ruhe und Gelassenheit entwickeln und Ihr inneres Gleichgewicht wiederfinden. So ist es möglich, den Weg zum Wunschgewicht in eine spirituelle Reise zu verwandeln, an deren Ziel es nicht mehr um BMI-Werte oder Kleidergrößen, sondern um Glück, Mitgefühl und Erleuchtung geht.

Die Ziele hinter dem Ziel

Wohin also führt die Reise? Wie sehen die Ziele aus, die Sie erreichen werden, wenn Sie statt einer neuen Diät Ihren Seelenschlüssel benutzen, um leichter zu werden?

Wie wir gesehen haben, genügt es nicht, einfach nur ein paar Kilo abzunehmen. Natürlich werden Sie abnehmen, wenn Sie erst einmal herausfinden, wie Sie »ticken« und wo Ihre Fressfallen lauern. Auch werden Sie zweifellos an Gewicht verlieren, wenn Sie lernen, achtsamer und bewusster zu essen, und das sogar dauerhaft. Doch es gibt noch viele andere Ziele, die Sie erreichen können:

- Sie können lernen, mehr und mehr nach innen zu schauen. Und das ist wichtiger, als Kalorientabellen oder neue Ernährungstheorien zu studieren, denn es verändert Ihr Leben langfristig. Selbsterkenntnis ist der erste Schritt zur Veränderung – das gilt auch, wenn es ums Essen geht.
- Sie können damit aufhören, sich selbst zu verurteilen. Das ist sehr hilfreich, denn natürlich werden Sie immer wieder einmal »Fehler« machen oder in die Essfalle tappen, doch das ist kein Grund, sich über sich selbst zu ärgern. Wenn Sie beginnen, neue Gewohnheiten einzutrainieren, kommen Sie mit Geduld sehr viel weiter als mit Selbstverurteilungen.
- Sie können damit aufhören, Essen als Ersatz zu benutzen. Dann werden Sie nur noch essen, wenn Sie hungrig sind – und zwar nur so viel, bis Sie wieder satt sind. Und dann wird es auch keine große Rolle mehr spielen, was Sie essen. Da Sie sich auf Ihre Instinkte verlassen können, werden Sie Nahrungsmittel nicht länger in »gut« und »schlecht« einteilen. Sie werden alles essen können, ohne sich bestimmte Gerichte verbieten zu müssen, denn Ihre Achtsamkeit wird Sie davor schützen, sich selbst zu schädigen.
- Sie können lernen zu verstehen, wie eng Ihre Gefühle mit Ihrem Essverhalten zusammenhängen. Dabei werden Sie Ihre Gefühle nicht nur genauer kennen lernen, sondern sie auch immer besser annehmen und akzeptieren können. Von da an werden Sie nicht länger gezwun-

gen sein, die ganze Pralinenschachtel zu plündern, nur weil Sie traurig, gestresst oder einsam sind. Stattdessen können Sie Ihre Gefühle einfach aushalten und gelassen beobachten, wie diese kommen und gehen.
- Sie können lernen, Ihren Geist zu sammeln und sich auf eine Sache zu konzentrieren. Dann werden Sie immer seltener nebenbei essen – beispielsweise beim Fernsehen, Autofahren, am Schreibtisch oder in Situationen, in denen Sie dazu neigen, viel zu viel zu essen.
- Während Sie Ihre Achtsamkeit entwickeln, werden Sie Lust darauf bekommen, sich mehr Zeit zu nehmen, langsamer zu essen und mehr zu genießen.

Das erste Tor: Klares Erkennen

> »*Um klar zu sehen,
> genügt ein Wechsel der Blickrichtung.*«
> Antoine de Saint-Exupéry

Wenn Sie in einem Labyrinth feststecken, brauchen Sie einen klaren Blick, um den Ausgang zu finden – und glauben Sie uns: Wenn Sie seit Jahren Gewichtsprobleme haben oder mit Ihrem Essverhalten auf Kriegsfuß stehen, dann stecken Sie ganz bestimmt in einem Labyrinth fest.

Es mag Ihnen vielleicht banal erscheinen, aber tatsächlich stimmt es, dass Selbsterkenntnis der erste Schritt zur Besserung ist. Oder etwas passender ausgedrückt: Eine klare Sicht ist die wichtigste Voraussetzung dafür, Ihre Ziele erreichen zu können. Und dabei gibt es vermutlich mehr zu erkennen, als Sie glauben.

Klar zu sehen bedeutet, dass Sie den Überblick über Ihr Essverhalten gewinnen, dass Sie sich selbst durchschauen, Einsicht gewinnen und Ihren Blickwinkel erweitern. Mit anderen Worten: Es bedeutet zu erkennen, warum Sie tun, was Sie tun, oder warum Sie fühlen und denken, was Sie fühlen und denken. Statt Diäten und Ernährungsregeln zu befolgen, ist es daher wichtiger, sich selbst intelligente Fragen zu stellen.

Die folgenden Fragen sollten Sie sich immer wieder einmal stellen – nicht nur wenn Sie aktuell in eine Fressfalle getappt sind, sondern beispielsweise auch danach oder einfach zwischendurch:

1. *»Was esse ich, wann esse ich und wann neige ich dazu, zu viel zu essen?«* Das ist eine einfache Frage, aber auch sie erfordert, dass Sie genauer hinsehen.
2. *»Welche Gefühle führen dazu, dass ich mehr esse, als ich essen wollte? Wie hängen meine Emotionen mit meinen Verhaltensweisen zusammen?«*
3. *»Wie gehe ich mit mir selbst um, wenn ich zu viel oder das Falsche gegessen habe? Verurteile ich mich? Schäme ich mich? Entwickle ich Schuldgefühle? Oder kann ich gelassen bleiben? Kann ich bestimmte Muster erkennen?«*
4. *»Was bedeutet Essen für mich? Geht es nur um Sättigung? Geht es um Ersatz für Liebe und Anerkennung? Oder geht es darum, zu genießen und mich lebendig zu fühlen? Ist Essen für mich eine rein körperliche Angelegenheit? Oder kann ich eine emotionale oder vielleicht sogar spirituelle Dimension entdecken?*

Essen kann schnell zu einer Ersatzbefriedigung werden – das gilt erst recht bei Übergewichtigen. Statt uns mit den Dingen zu nähren, nach denen unser Herz begehrt, greifen wir lieber zu Süßigkeiten oder Junkfood, das geht schließlich schneller und ist auch bequemer. Und ehe wir es uns versehen, haben wir eine Essstörung (im weitesten Sinne) entwickelt.

Die einzige Möglichkeit, diesen Kreislauf effektiv zu unterbrechen, besteht darin, dass wir genauer hinsehen, was da mit uns passiert. »Zu sehen, was ist« heißt, dass Sie sich fragen, wo Sie im Augenblick stehen, worin eigentlich das Problem besteht und wohin die weitere Reise gehen soll.

Erkennen, was ist

Passiert Ihnen das auch manchmal? Sie sitzen erschöpft und lustlos vor dem Fernseher, und während Sie sich eine mittelmäßige Sendung ansehen, greift Ihre Hand immer wieder wie ferngesteuert in die Chipstüte. Vielleicht essen Sie ja auch eher ein Stück Pizza oder Kekse. Obwohl ein Teil von Ihnen nur zu gut weiß, dass es vernünftiger wäre, »gesunde Sachen« wie Joghurt, Gemüse oder Obst zu essen (oder vielleicht sogar besser gar nichts, da Sie bereits zu Abend gegessen haben), ist der Teil in Ihnen stärker, dem das alles völlig egal ist. Der Teil in Ihnen, der sich geborgen fühlen will, der sich entspannen will, der nichts mehr wissen will – weder vom Alltag noch von der Welt – greift weiterhin beherzt zu.

Vielleicht sehen Ihre Essfallen ja auch ganz anders aus: Vielleicht nehmen Sie haufenweise Kalorien zu sich, während Sie Auto fahren, mit einer Freundin telefonieren oder an Ihrem Computer sitzen. Möglicherweise haben Sie es sich auch angewöhnt, zu viele kalorienhaltige Getränke wie Limonaden oder Alkohol zu trinken oder nachts wie ein ausgehungerter Tiger durch Ihre Küche zu schleichen...

Wenn Sie dieses Buch lesen, dann wahrscheinlich deshalb, weil Sie Gewichtsprobleme haben. Das können einerseits medizinisch relevante Gewichtsprobleme sein, wie sie durch starkes Übergewicht verursacht werden. Es kann aber auch sein, dass Sie sich einfach nur unwohl in Ihrem

Körper fühlen, obwohl Sie laut BMI-Tabelle oder Waage durchaus noch im Bereich der Norm liegen würden.

Sollten Sie zu schwer sein oder sich zu schwer fühlen, dann ist es wichtig herauszufinden, woran das liegt. Fangen Sie jetzt aber bloß nicht an, Ihren Tagesbedarf und den Kaloriengehalt Ihrer Nahrung auszurechnen – in Zeiten, in denen kein Tag vergeht, ohne dass Ernährungsexperten ihre Tipps in den Medien verbreiten, weiß jeder von uns längst, dass eine Currywurst mehr Kalorien hat als ein gemischter Salat.

Zu erkennen, was ist, heißt, dass Sie sich die Muster anschauen, die mit Ihren Gewichtsproblemen zu tun haben. Dabei sind zwei Fragen wichtig:

1. Was tun Sie tatsächlich – wie verhalten Sie sich? (Zum Beispiel: »Ich sitze vor dem Fernseher und esse eine ganze Tüte Chips.«)
2. Welche Gefühle führen dazu, dass Sie zu viel essen oder etwas essen, obwohl Sie das gar nicht wollten?« (Zum Beispiel: »Ich bin erschöpft und sehne mich nach Entspannung und Geborgenheit. Der Tag war hart, und ich will mein Leben jetzt wenigstens abends genießen.«)

Zwei simple Fragen. Das klingt alles recht einfach, oder? Leider ist es aber schwieriger, als es scheint. Während wir unser Verhalten noch relativ leicht erkennen können – und selbst da müssen wir kurz innehalten und genauer hinsehen –, ist es ziemlich schwierig, sich den Spiegel seiner eigenen Gefühle vorzuhalten und zu erkennen, was uns innerlich bewegt. Das funktioniert nur, wenn Sie Methoden anwenden, durch die Sie den Blick auf sich selbst schärfen können. Tatsächlich gibt es solche Methoden, und wir werden sie später noch eingehend besprechen. Fürs Erste sollten Sie jedoch vor allem eine Sache erkennen: Wenn Sie zu viel essen, dann liegt der Grund dafür zu 99 Prozent nicht in einem physiologischen Energiebedarf, sondern darin, dass Sie Sehnsucht nach Leben haben.

Wenn der Hunger aus der Seele kommt

Hunger zu haben ist eine gute Sache. Wenn Sie stundenlang nichts mehr gegessen und womöglich Berge von Holz gehackt haben, wird es höchste Zeit, etwas zu essen. Würden Sie nie Hunger verspüren, könnten Sie Ihren Nährstoffbedarf nämlich nicht decken. Dann würden Sie, wie es so schön heißt, vom Fleisch fallen. Falls Ihr Hunger jedoch nichts mit akutem Kalorienmangel, sondern eher mit einem Mangel an seelischer Befriedigung zu tun hat, dann haben Sie wahrscheinlich ein Problem. Und das besteht dann sicher nicht darin, dass Sie vom Fleisch fallen könnten – ganz im Gegenteil ...

Wir leben in einem Land und in einer Zeit, in der Hunger für die meisten Menschen keine Rolle mehr spielt. Zumindest gilt dies für den körperlichen Hunger. Was den seelischen Hunger betrifft, sieht es leider anders aus. Der Hunger nach Leben ist bei uns weit verbreitet. Kein Wunder, dass auch Gewichtsprobleme hierzulande entsprechend epidemische Ausmaße erreichen. Der Versuch, die Sehnsucht des Herzens mit Schokolade zu stillen, gleicht dem Versuch, den Wind mit der Hand einzufangen – es funktioniert einfach nicht.

In Deutschland ist heute knapp die Hälfte der Bevölkerung übergewichtig. All das sind Menschen, die sicher nicht deshalb zu viel gegessen haben, weil sie zu lange beim Holzhacken waren.

Es ist der Hunger, der aus der Seele kommt, der uns dick macht. Wenn wir versuchen, das Bedürfnis nach innerer Nahrung mit Kalorienbomben zu stillen, können neben Gewichtsproblemen auch viele gesundheitliche Probleme wie Diabetes, Stoffwechselstörungen oder Herz- und Kreislauferkrankungen auftreten. Unserem Körper ist es nämlich egal, wo die tiefere Ursache dafür liegt, dass er ständig zu viel Nahrung »verdauen muss« – wenn wir ihm zu viele Kalorien zumuten, setzt er Fett an, und im Laufe der Zeit belastet das unseren gesamten Organismus.

Ebenso wie körperlicher Hunger ist auch seelischer Hunger ganz normal. Jeder Mensch braucht Nahrung – und zwar nicht nur in Form von Kalorien, sondern auch in Form von Wärme, Nähe, Geborgenheit oder Entspannung. Falls Sie zu viel essen, regelmäßig von Fressattacken heimgesucht werden, heimlich essen oder das Essen auf irgendeine Weise als Ersatz benutzen, dann trifft Sie deshalb keine Schuld. Millionen anderer Menschen haben das gleiche Problem. Es ist nur zu menschlich, dass wir versuchen, Belastungen oder Anspannungen durch Essen aufzulösen. Daher ist es auch vollkommen sinnlos, sich dafür zu verurteilen; das wäre so, als würden Sie sich Vorwürfe dafür machen, dass Sie sich eine Decke holen, wenn Ihnen zu kalt im Bett ist.

Denken Sie daran: Das erste Tor, das Sie durchschreiten müssen, ist das Tor des Erkennens. Selbstverurteilungen helfen hier nicht weiter. Für den Anfang genügt es wirklich vollkommen, sich in nächster Zeit einfach einmal selbst genauer zu beobachten und zu erkennen, dass Sie oft nur aus dem einen Grund essen – um Ihren seelischen Hunger zu stillen.

Warum Sehnsucht zur Gewichtsfalle werden kann

Um erkennen zu können, welche seelischen Ursachen der Lust nach immer mehr Essen zugrunde liegen, ist es hilfreich, einen Blick auf den Begriff »Sehnsucht« zu werfen. Natürlich ist Sehnsucht erst einmal ein großes Wort. Es klingt irgendwie nach etwas Großartigem. Wir sehnen uns auf eine Trauminsel, auf der wir unbeschwert leben können, und damit das Ganze nicht zu langweilig wird, sehnen wir uns noch eine Segelyacht herbei. Wir haben Sehnsucht nach einem Traumpartner, mit dem wir alt werden wollen, usw.

Oft vergessen wir aber, dass es auch durchaus alltägliche Dinge gibt, nach denen wir uns sehnen: Wenn wir nach einem anstrengenden Tag nach Hause kommen, sehnen wir uns nach Entspannung. Sind die Anforderungen in unserem Job so groß, dass uns die Arbeit längst keinen Spaß mehr macht, sehnen wir uns danach, dem Ganzen zu entfliehen. Bei Streitigkeiten mit unserem Partner oder in der Familie sehnen wir uns nach Harmonie, während wir uns nach Anregungen und Inspiration sehnen, wenn uns langweilig ist.

Als Ursache für Gewichtsprobleme stoßen wir sehr oft auf eine ungestillte Sehnsucht in uns – jedenfalls dann, wenn wir genau genug hinsehen. Und auch wenn wir dabei

»nur« auf den Wunsch nach etwas Entspannung, Wärme oder Inspiration stoßen – so banal, wie sie scheint, ist auch unsere kleine, alltägliche Sehnsucht nicht. Seelische Bedürfnisse können im Grunde niemals banal sein.

Ebenso wie Alkohol- oder Nikotingenuss, Arbeiten, Konsumieren oder Sex wird auch Essen oft genutzt, um besser mit Konflikten klarzukommen. Natürlich löst Essen diese Konflikte ebenso wenig wie die anderen genannten Aktivitäten. Doch im Gegensatz zu vielen anderen Ausweichmanövern führt die Lust auf Essen auch noch dazu, dass wir ordentlich an Gewicht zulegen (womit natürlich keineswegs gesagt sein soll, dass es besser wäre, Alkohol zu trinken oder zu rauchen, denn das hieße den Teufel mit dem Beelzebub austreiben).

Psychologen und Mediziner sind sich einig, dass belastende Gefühle und Stress sehr viel mit unseren Essgewohnheiten zu tun haben und zu gefährlichen Dickmachern werden können. Der Schlüsselbegriff, der diese Wirkungskette erklärt, lautet »Kompensation«.

Die Kompensationsfalle ist einfach, aber leider sehr wirkungsvoll: »Ich will das eine (zum Beispiel Liebe), doch das bekomme ich nicht. Um den Mangel zu kompensieren, gönne ich mir dann eben etwas anderes (zum Beispiel eine Schwarzwälder Kirschtorte).«

Jeder Mensch tickt anders – das gilt auch bei der Kompensation. Der eine greift zu Süßigkeiten, wenn er sich einsam fühlt, der andere verschlingt eine doppelte Portion Nudeln, weil er zu wenig Anerkennung bekommt und frustriert ist, oder bestellt sich zu seinem Kaffee noch einen Bagel, um den Stress nicht mehr so stark spüren zu müssen.

Unser Unbewusstes ist ständig darum bemüht, die Harmonie wiederherzustellen. Wenn es uns an etwas mangelt, machen wir uns eben auf die Suche, das Fehlende auszugleichen – das ist ja auch naheliegend. Auf der physiologischen Ebene funktioniert das übrigens auch nicht anders: Hunger entsteht, wenn es unseren Zellen an frei verfügbaren Nährstoffen mangelt, insbesondere an Glukose und Fett. Dank eines ausgeklügelten Kommunikationssystems zwischen unserem Organismus und unserem Gehirn erzeugen Gehirn und Magen das Hungergefühl, das uns zum Käsebrötchen greifen lässt.

Schwierig wird es, wenn die Sehnsucht nach den guten Gefühlen uns auch dann zum Käsebrot greifen lässt, wenn unser Körper ganz gut darauf verzichten könnte. Dennoch: Auch wenn wir ohne Hunger essen und vielleicht noch nicht einmal wissen, welche Gefühle oder welche Sehnsucht dahinterstecken – das Muster ist immer dasselbe. Irgendetwas fehlt, und wir versuchen, das zu beheben. Und wenn das nicht auf direkte Weise möglich ist, versuchen wir, wenigstens einen indirekten Ersatz zu bekommen.

Da Körper und Seele sehr eng miteinander verbunden sind, kann das, was wir essen, tatsächlich dazu führen, dass wir uns geborgener fühlen, uns entspannen oder Stress abbauen. Doch auch wenn dieser kleine Trick kurzfristig funktionieren mag – auf die Dauer werden Sie dadurch mehr Probleme bekommen als die, die Sie beseitigen wollten. Und auch wenn Ihr Unbewusstes in bester Absicht handelt (und das tut es ganz bestimmt), werden Sie umso mehr zunehmen, je öfter Sie in die Kompensationsfalle treten.

Die Lust auf Essbares wird oft übermächtig, wenn wir aufgeregt, traurig, verärgert, frustriert oder gelangweilt sind. Doch einer der häufigsten Gründe, den Kühlschrank aufzusuchen, ist immer noch der Wunsch nach Entspannung. Der wohltuenden Wirkung des Essens – ob alleine vor dem Fernseher oder gemeinsam mit Freunden – kann sich wohl niemand entziehen. Ganze Völker bauen ihre gesellschaftlichen Kontakte rund um ausgedehnte, gemeinsam eingenommene Mahlzeiten auf. Und solange wir nicht andere Wege kennen lernen, uns tief zu entspannen, ist die Gefahr groß, dass unsere Sehnsucht nach Entspannung uns immer wieder zum Essen verführt.

Darum ist es so wichtig, dass Sie Möglichkeiten kennen lernen, sich zu entspannen und Stress abzubauen, ohne dafür große Mengen an Nahrungsmitteln verschlingen zu müssen. Glücklicherweise gibt es solche Möglichkeiten, und die machen garantiert nicht dick, sondern wirken gegenteilig. Doch bevor Sie mehr darüber erfahren, wollen wir noch ein wenig beim ersten Tor bleiben, das Sie mit Ihrem Seelenschlüssel öffnen können – dem Tor des Erkennens.

Können Kalorien die innere Leere füllen?

Auf diese Frage gibt es mindestens zwei Antworten, denn es kommt ganz auf die Sichtweise an. Wir werden Ihnen allerdings sogar drei Antworten anbieten. Beginnen wir zunächst mit der offensichtlichsten:

1. Nein – mit Kalorien können Sie einen inneren Mangel niemals beheben.

Kalorien versorgen unsere Zellen mit Nahrung. Sie sorgen dafür, dass alle Körperfunktionen reibungslos ablaufen können. Allerdings bräuchten wir selbst dafür sehr viel weniger Kalorien, als wir gewöhnlich aufnehmen. Wenn es aber darum geht, die innere Leere zu füllen, unser Herz zu befriedigen oder Glück zu finden, sind Kalorien völlig ungeeignet.

Das ist nun nicht die Schuld der Kalorien – sie sind einfach nur die falsche Medizin gegen unser Leiden. Wenn Sie Verdauungsbeschwerden haben, hilft Ihnen keine Kopfschmerztablette. Gegen Liebeskummer helfen keine Pillen. Und ebenso wenig helfen Ihnen Pommes oder Bratwürste gegen Stress, Traurigkeit oder Erschöpfung.

Wenn Sie die falsche Medizin wählen, dürfen Sie sich nicht wundern, dass die Wirkung ausbleibt. Und wenn Sie diese falsche Medizin dann auch noch überdosieren (wie uns das ja gerade bei Kalorien allzu leicht passiert), kann es sogar gut sein, dass Sie viele unangenehme Nebenwirkungen, wie zum Beispiel Übergewicht, in Kauf nehmen müssen.

2. Die zweite Antwort lautet »teilweise«: Durch Kalorien lässt sich die innere Leere teilweise, oder besser gesagt: kurzfristig stillen.

Menschen, die unter Übergewicht leiden, behaupten immer wieder, dass Essen sie beruhigt und Schokolade sie tröstet. Und bestimmt haben Sie auch selbst schon die Erfahrung gemacht, dass da etwas dran ist. Der »kleine« Snack zwischendurch kann uns durchaus neue Energie schenken, wenn wir im Stress sind. Ebenso kann eine ordentliche Portion Zucker unserem Gehirn auf die Schnelle den nötigen Kick verleihen. Allerdings: Mit Kokain funktioniert das noch besser. Dennoch käme wohl niemand auf die Idee, dass seelische Mangelzustände sich langfristig durch Drogen beheben ließen. Und leider lassen sie sich ebenso wenig mit Kalorien beheben – zumindest nicht auf lange Sicht.

Kokain kann Glück nicht ersetzen. Pornos können Liebe nicht ersetzen. Und die Sahnetorte ersetzt weder Geborgenheit noch Nähe oder inneren Frieden.

3. Und hier die dritte Antwort; sie lautet: »Ja, aber unter der Voraussetzung, dass...«

Es ist ein eingeschränktes »Ja«, denn in der Regel lässt spiritueller Hunger sich natürlich nicht durch Kalorien und schon gar nicht durch Fressanfälle stillen. Und tatsächlich deuten Gewichtsprobleme fast immer darauf hin, dass wir nicht nur äußerlich, sondern auch innerlich aus dem Gleichgewicht geraten sind.

Etwas anderes ist es jedoch, wenn wir sehr bewusst mit Nahrung umgehen. Wenn wir beispielsweise erkennen können, dass eine Orange nicht einfach nur eine beliebige von vielen Orangen in unserer Obstschale, sondern vielmehr ein kleines Wunder ist, wenn wir uns ihr Aussehen, ihren Duft und den Geschmack wirklich bewusst machen, indem wir achtsames Essen praktizieren, dann können wir durchaus die Erfahrung machen, dass Nahrung nicht nur unseren Körper, sondern auch unsere Seele befriedigen kann. Aber dann geht es längst nicht mehr um Kalorien, geschweige denn darum, in möglichst kurzer Zeit möglichst viele Speisen zu vertilgen.

Im Gegensatz zu zwanghaftem Essen bringt achtsames, meditatives Essen uns in Kontakt mit der Fülle unserer Nahrung. Und paradoxerweise erfahren wir diese Fülle gerade dann besonders intensiv, wenn wir sehr einfache, natürliche Nahrungsmittel zu uns nehmen. Dann können wir anfangen, der Energie in der Nahrung nachzuspüren. Auf diese Weise sorgen wir gut für uns, und das fühlt sich natürlich auch gut an – sowohl körperlich als auch seelisch.

Vielleicht kennen Sie das überaus wohltuende Gefühl, das oft auftritt, wenn wir spüren, dass wir uns genau richtig entschieden haben und das Richtige tun. Dieses Gefühl entsteht auch, wenn wir spüren, dass wir genau das essen, was in diesem Moment das Richtige für uns ist, da es uns rundum nährt. Zu bekommen, was wir wirklich brauchen, fühlt sich immer gut an. Wenn Sie ein wenig mit Ihrer Ernährung experimentieren, werden Sie sehr wahrscheinlich feststellen, dass weniger meistens mehr ist. Zu viel Essen führt oft eben gerade nicht dazu, dass wir uns auch seelisch befriedigt fühlen. Interessant ist auch, dass stark gesüßte, mit künstlichen Aromastoffen angereicherte und industriell verarbeitete Nahrung uns sehr viel weniger Energie schenkt als naturbelassene, einfache Nahrungsmittel.

Wenn Sie Kalorien also nutzen wollen, um sich auch innerlich zu nähren, dann folgen Sie am besten dem Motto »Simplify your food«:

- Essen Sie nicht zu viel.
- Essen Sie langsam.
- Lassen Sie sich beim Essen nicht ablenken.
- Achten Sie gut darauf, ob die Nahrung, die Sie wählen, Ihnen auch wirklich guttut – und das auch noch einige Stunden nach dem Essen…

Warum Diäten immer versagen

In diesem Kapitel werden wir ausgiebig über Diäten herziehen. Abgesehen von unseren eigenen niederschmetternden Erfahrungen mit Makrobiotik, Low-Fat, FdH, Rohkost- und verschiedenen anderen, ständig wechselnden Trenddiäten gibt uns auch die aktuelle Forschung genug Anlass, Diäten zu kritisieren. Inzwischen ist nämlich eindeutig belegt, dass sie nichts bringen.

Bevor wir jedoch darauf zu sprechen kommen, müssen wir Ihnen etwas beichten: Auch wir haben ein Diätbuch geschrieben. Es heißt *Die Minus-1-Diät – Freier und leichter werden mit der Achtsamkeitsformel*[1]. Von daher könnte man meinen, dass Autoren, die im Glashaus sitzen, eigentlich lieber nicht mit Steinen werfen sollten.

Wir tun es trotzdem. Doch zu unserer Verteidigung versprechen wir Ihnen, dass die »Minus-1-Diät« sich grundsätzlich von allen anderen Diäten unterscheidet, von denen wir bisher gehört haben. Hierbei geht es nämlich nicht um die Reduktion von Fetten, Kohlenhydraten oder Kalorien, es gibt keine ausgeklügelten Diätpläne und es geht auch nicht darum, Nahrungsmittel in »gut« und »schlecht« einzuteilen.

Bei der »Minus-1-Diät« wird ein sehr einfaches Prinzip der Selbstbeobachtung angewendet, um die Körperintelligenz zu schärfen. Das Ziel liegt darin, die eigene Achtsamkeit für das, was wir essen, zu entwickeln und zu lernen,

---

1 München: Südwest 2011.

sich selbst mehr zu vertrauen als sogenannten Ernährungsexperten. In einem späteren Kapitel werden wir noch näher auf diese Methode zu sprechen kommen. Wenn Sie mehr darüber wissen möchten, können Sie alle wesentlichen Infos dazu jedoch auch im Internet finden, und zwar unter http://www.facebook.com/minus.1.diaet.

Doch beschäftigen wir uns nun mit den herkömmlichen Diäten. Diese letztlich immer auf Reduktionskost basierenden Methoden, wie sie in tausenderlei Varianten in Zeitschriften, Online-Artikeln und Ratgebern angepriesen werden, erfordern, dass wir strikte Regeln befolgen. Die meisten funktionieren über Zwang (»Du musst das essen«/ »Du darfst das nicht essen«) und Ängste (»Wenn du X isst, dann wirst du dick und krank« – und natürlich steht »X« dabei immer für etwas, das wirklich lecker schmeckt...). Für all diese Diäten gilt, dass sie erstens auf lange Sicht nie funktionieren und zweitens in die völlig falsche Richtung führen – in den Zwang statt in die Freiheit. Was wir jedoch brauchen, ist nicht Druck, sondern Einsicht und Verständnis für unser Handeln.

Zahlreiche Studien belegen, dass es vollkommen gleichgültig ist, ob Sie nur noch »die Hälfte fressen« (FdH), sich mit Kohlsuppen quälen, die Hollywood-, Atkins- oder Trennkostdiät machen oder in Ihrer Verzweiflung sogar zu Crashdiäten à la »7 Kilo in 7 Tagen« greifen. Alle diese Diäten haben eines gemeinsam: Auf den ersten Blick funktionieren sie wunderbar – Sie nehmen tatsächlich ab. Wenn Sie aber einige Zeit nach Beendigung Ihrer Schlankheitskur wieder auf die Waage steigen, sollten Sie nicht erschrecken, wenn Ihr Gewicht sogar noch höher ist als zu Beginn der Diät.

In den USA wurden schon vor einigen Jahren verschiedenste Diätarten genau analysiert. In einer Megastudie wurden dafür mehr als 30 Langzeitstudien genau unter die Lupe genommen. Das Ergebnis war voraussehbar, ist aber für Diätfans trotzdem ernüchternd: Auch wenn das Körpergewicht sich durch fast alle Diäten kurzfristig reduzieren ließ – schon zwei bis drei Wochen nach Abschluss der jeweiligen Diäten stieg das Körpergewicht (mindestens) wieder auf das alte Niveau an. Andere Studien mit Übergewichtigen ergaben, dass Testpersonen, die keine Diät durchführten, beim Abnehmen sogar besser abschnitten als die DiätkandidatInnen.

Im Folgenden wollen wir Ihnen einige einfache Gründe nennen, warum Sie besser gestern als heute damit aufhören sollten, sich weiterhin mit Diäten zu quälen:

- *Diäten konzentrieren sich auf das Nein statt auf das Ja.* Es geht immer nur darum, was wir *nicht* essen dürfen, was wir *nicht* tun sollen. Es geht um Dinge, die wir vermeiden sollten, um Verbote. Haben Sie schon einmal erlebt, dass Menschen fröhlich und entspannt sind, während sie eine Diät machen? Meistens ist doch eher das Gegenteil der Fall: »Oh – tut mir leid, das darf ich nicht essen, ich mache Diät« oder »Was – ein Tiramisu? Ja, das wäre jetzt wirklich lecker, aber leider soll ich abends keine Kohlenhydrate mehr essen – ich mache Low-Carb.«

Diäten dämpfen unsere Lebensfreude. Sie machen das Genießen zum Feind. Sie übergehen unsere Bedürfnisse – nicht nur die körperlichen, sondern erst recht die seelischen. Statt uns über unser Essen zu freuen, fangen wir an, mit unserem Essen zu kämpfen. Wer unter Essstörungen leidet, kann ein Lied davon singen, dass ständiges Diäthalten unsere natürlichen Instinkte abtötet. Irgendwann spüren wir einfach nicht mehr, ob wir nun eigentlich hungrig sind oder nicht. Der Blick auf den Diätplan hat uns für unsere eigenen Bedürfnisse unempfindlich gemacht.

- *Sie bestimmen nicht mehr selbst, was, wann und wie viel Sie essen wollen.* Statt dass Sie sich auf die Signale Ihres Körpers verlassen, übernehmen andere das Ruder und schreiben Ihnen vor, was Sie essen dürfen – »Diätexperten«, Coaches, Heilpraktiker, Prominente, Bücher oder Zeitschriftenartikel. Da es sehr viele verschiedene Diäten und entsprechend viele Vertreter der jeweiligen Methoden gibt, dauert es garantiert nicht lange, bis Sie die Orientierung verloren haben und von der Fülle des Angebots verwirrt sind. Was ist denn nun der richtige Weg? Die Wahrheit ist: Das weiß keiner, und der Einzige, der es für Sie herausfinden kann, sind Sie selbst. Verlassen Sie sich nicht auf andere (führen Sie keine Diät durch), sondern verlassen Sie sich auf sich selbst (nutzen Sie Ihren Seelenschlüssel und durchschreiten Sie die vier Tore). Nur wenn Sie Ihre innere Stimme wieder wahrzunehmen lernen, können Sie die richtigen Entscheidungen treffen.
- *Diäten machen Angst.* Sie reglementieren. Sie sagen: »Das darf man essen«, »Das darf man nicht essen«, »Das ist gesund« und »Das ist ungesund«. Oft werden wahre Horrorszenarien aufgebaut, was alles Schreckliches passieren wird, wenn wir uns nicht an die Regeln halten. Wenn wir zu viele Fette essen, bekommen wir

einen Herzinfarkt; wenn wir uns nicht mit den Kohlenhydraten zurückhalten, winken Diabetes und Krebserkrankungen; wenn wir nicht fünf Mal am Tag Obst oder Gemüse essen, bricht unser Immunsystem zusammen.

Je strenger die Regeln, desto eher rebellieren wir. Dies ist eine ganz natürliche und übrigens sehr intelligente Reaktion. Wer möchte schon mit der Aussicht leben müssen, nie mehr genießen zu dürfen, was er gerne isst? Niemand will sich ständig Gedanken über seine Ernährung machen oder sich sklavisch an Tabellen halten müssen. Je enger die Ketten werden, die uns Diäten anlegen, desto mehr wollen wir nur noch eines: frei sein. Und darum werden Diäten auch so oft abgebrochen. Eine Diät abzubrechen ist eine gute Idee, danach jedoch Schuldgefühle zu entwickeln, ist eine schlechte. Sie wollen sich schließlich nur befreien, wofür sich also schuldig fühlen?

- *Diäten verhindern, dass Sie tiefer schauen.* Sie lenken den Blick nicht auf die Ursachen. Wenn Sie die Anweisung bekommen, dass Sie zwei Wochen lang nur noch braunen Reis mit Gemüse essen dürfen, dann besteht keine Notwendigkeit mehr, sich die Ursachen für Ihre Gewichtsprobleme einmal genauer anzusehen. Diäten zielen ausschließlich auf äußere Veränderungen ab. Was wir jedoch brauchen, ist eine innere Verwandlung. Wir brauchen Achtsamkeit, Bewusstheit und Mitgefühl für uns selbst und unsere Art zu essen.

Eine Diät ist wie ein Pflaster, das wir über die Wunde kleben. Es erklärt nicht, wie wir uns die Wunde zugezogen haben; es reinigt die Wunde nicht und sagt uns auch nicht, wie wir uns in Zukunft davor bewahren können, uns zu verletzen.

In diesem Buch werden Sie Methoden kennen lernen, durch die Sie Ihre Achtsamkeit beim Essen und Ihr Bewusstsein für Nahrung und Ernährung entwickeln werden. Sie werden dabei mit Ihren Gefühlen in Kontakt kommen und erkennen, wo Ihre eigenen Motive liegen. Nur auf diese Weise können Sie dauerhafte Veränderungen bewirken. Sie nehmen dann zwar nicht ganz so schnell ab wie mit Kohlsuppe, dafür aber langfristig und wesentlich intelligenter.

- *Ihr Körper führt Sie an der Nase herum.* Selbst Wunderdiäten, die uns das Blaue vom Himmel versprechen, ändern nichts daran, dass unser Körper auf Nahrungsentzug ziemlich beleidigt reagiert. Vor allem Crashdiäten versetzen unseren Organismus in einen akuten Stresszustand. Das plötzliche Ausbleiben wichtiger Nährstoffe, das mit den meisten Diäten einhergeht, signalisiert unserem Körper, schnell auf sein Not- und Überlebensprogramm umzuschalten – eine gehirnphysiologische Reaktion, die sich in frühen Stadien der Entwicklung des Menschen bewährt hat. Während der Energiebedarf dann gesenkt wird, wird Fett besonders wirkungsvoll gespeichert. Statt Fett verbrennt unser Körper lieber Muskelmasse – die brauchen wir zum Überleben nicht ganz so dringend. Und die Folge ist, dass wir uns schlapp und lustlos fühlen. Auch wenn Sie Diäten also lieben sollten – Ihr Körper teilt diese Liebe sicher nicht.

Wonach sehnen Sie sich wirklich?

Im Folgenden lernen Sie eine einfache Übung kennen. Sie heißt »Wonach sehne ich mich wirklich?« Wir schlagen Ihnen vor, diese Übung ganz konkret beim Essen anzuwenden.

Nachdem wir in den letzten Kapiteln ja bereits fast alles dazu verraten haben, wissen Sie natürlich längst, dass es selten unser leiblicher Hunger ist, der uns dazu zwingt, mehr zu essen, als uns guttut. Essen erfüllt noch zahlreiche andere Funktionen – wir essen, wenn wir uns nach Geborgenheit, Nähe, Anerkennung oder harmonischeren Beziehungen sehnen. Wir essen, um seelische Verletzungen zu heilen, oder einfach nur, wenn uns langweilig ist. Wir essen aus dem gleichen Grund, aus dem wir in ferne Länder reisen, ins Fitnessstudio gehen, uns Schuhe, Autos oder Häuser kaufen, Bücher lesen oder uns einen Film anschauen: Wir sehnen uns danach, glücklich zu sein.

Wonach aber sehnen Sie sich? Nicht im Allgemeinen, sondern genau in den Augenblicken, in denen die Pferde mit Ihnen durchgehen und Sie viel mehr oder ganz andere Dinge essen, als Sie eigentlich wollten?

Die folgende Übung können Sie nur mitten in einem Fressanfall anwenden. Sie brauchen dazu förmlich die Essattacke – diesen Augenblick, in dem Sie normalerweise automatisch handeln. Der einzige Unterschied ist, dass Sie diesmal achtsam beobachten, was da genau mit Ihnen passiert. Und falls Sie häufig unter Essanfällen leiden, ist das umso besser; es ist nämlich sehr wahrscheinlich, dass es nicht nur eine Sehnsucht gibt, die hinter Ihrer Reaktion steckt, sich zu überessen, sondern dass es mehrere verschiedene »seelische Mangelzustände« sind. Und natürlich werden Sie umso klarere Antworten bekommen, je öfter Sie sich in »Fresssituationen« beobachten.

Wonach sehne ich mich wirklich?

Diese Übung hilft Ihnen, klarer zu sehen, was passiert. Wenden Sie sie möglichst in Situationen an, in denen Sie

- eindeutig zu viel essen,
- zwischendurch essen,
- heimlich essen,
- gierig und zu schnell essen.

Der erste Schritt

Wie fühlt sich Ihr Körper in diesem Augenblick an? Und welche Stimmung herrscht vor? Können Sie ein Gefühl der Anspannung, der Unzufriedenheit oder eines tiefer liegenden Unwohlseins spüren, oder fühlen Sie sich rundum wohl?

Es geht jetzt nicht darum, Ihre Gefühle genau zu analysieren. Wichtig ist lediglich, dass Sie versuchen, Ihre Grundspannung zu erspüren. Achten Sie auf Ihre Schultern, den Nackenbereich und Ihr Gesicht. Lenken Sie Ihre Achtsamkeit aber auch auf Ihren Bauchbereich und Ihre Körperhaltung. Fühlen Sie sich im Gleichgewicht? Oder gibt es irgendwo Anspannungen?

Der zweite Schritt

Wenn Ihnen nicht ohnehin sofort klar ist, dass sich ein ganz konkreter Zustand wie beispielsweise Langeweile hinter Ihrem Essanfall verbirgt, dann checken Sie die folgenden Möglichkeiten kurz ab. Fragen Sie sich innerlich: *»Was brauche ich gerade? Wonach sehne ich mich eigentlich?«*

- Ruhe und Entspannung?
- Nähe, Wärme oder Anerkennung?
- Schutz und Geborgenheit?
- Trost?
- Vergessen?
- Ablenkung oder Unterhaltung?
- Genuss und Lebendigkeit?

Der dritte Schritt

Bei dieser Übung (und auch sonst) geht es wohlgemerkt nicht darum, sich zu verurteilen oder voreilige Schlüsse zu ziehen. Das Einzige, worauf es ankommt, ist hinzusehen, nachzufragen und vielleicht eine Antwort zu bekommen – vielleicht aber auch nicht. Selbst das ist unwichtig. Je öfter Sie Ihr Bewusstsein beim Essen mit auf die Reise nehmen, je öfter Sie die Fernsteuerung ausschalten und aufwachen, desto schneller werden Sie unbewusste Muster durchbrechen. Die letzte Frage, die Sie sich stellen sollten, lautet: *Gibt es im Augenblick für mich eine Alternative? Wäre es sinnvoll, jetzt etwas anderes zu essen, das mir besser bekommt?*

> *Oder wäre es vielleicht sogar möglich, etwas ganz anderes zu tun, als zu essen?*
>
> Doch auch hier gilt: Kein Stress! Wenn es Ihnen im Augenblick nicht möglich ist, dann ist es eben nicht möglich – auch das ist eine wichtige Information, und es ist vollkommen in Ordnung. Versuchen Sie nicht, mit zusammengebissenen Zähnen Veränderungen zu erzwingen. Das Einzige, worum es im Moment wirklich geht, ist, die Augen zu öffnen.

Endstation Übergewicht?

Ob Sie Gewichtsprobleme haben, wissen wir natürlich nicht. Eines aber wissen wir ganz genau: Wenn Sie tatsächlich unzufrieden mit Ihrem Gewicht sein sollten, dann sind Sie damit ganz bestimmt nicht allein. Neben Depressionen wird auch Übergewicht von der Weltgesundheitsorganisation WHO als weltweite Epidemie angesehen.

In den Industrienationen hat sich die Anzahl der Menschen, die Gewichtsprobleme haben, in den letzten 30 Jahren nahezu verdreifacht. Heute sind in Deutschland bereits rund 50 Prozent der Erwachsenen übergewichtig. Davon sind gut 55 Prozent Männer, der Rest Frauen. Und auch bei Kindern und Jugendlichen steigt die Tendenz zur Fettleibigkeit stetig. In anderen europäischen Ländern sieht es nicht viel besser aus, ganz zu schweigen von den USA.

Es ist kein Zufall, dass die Zahl der Menschen, die übergewichtig sind, in gleichem Maße steigt wie die Zahl der Depressiven. Inzwischen gibt es zahlreiche Studien, die belegen, dass Übergewichtige eher zu Depressionen neigen, während auch das Umgekehrte gilt: Wer Depressionen hat, ist besonders gefährdet zuzunehmen.

Gesundheit, Selbstwert, Klarheit

Wissen ist Macht. Je genauer Sie wissen, wie sich Übergewicht auf Ihren Organismus auswirkt, desto besser. Das erste Tor, das Sie passieren müssen, um positive Veränderungen bewirken zu können, ist daher auch das Tor des Erkennens. Auch in diesem Abschnitt soll es darum gehen, einen klareren Überblick zu gewinnen. Wie wirkt sich Übergewicht auf uns aus? Die drei Bereiche, die wir uns genauer ansehen wollen, sind die Gesundheit, unser Selbstwertgefühl und unsere innere Klarheit.

Übergewicht und Gesundheit

Besonders wer deutlich zu viel wiegt, geht ein hohes Gesundheitsrisiko ein. Übergewicht wirkt sich negativ auf die Blutgefäße, den Blutdruck, den Cholesterinspiegel und den Bewegungsapparat aus. Mit jedem Kilo, das wir zu viel auf den Rippen haben, steigt das Risiko für Diabetes, Herzinfarkt, Schlaganfall, Thrombose, Gicht und einige Krebserkrankungen. Die Auswirkungen von Übergewicht auf unsere Gesundheit sind also besorgniserregend. Dennoch bringt es nichts, Ängste zu schüren oder gar in Panik zu verfallen. Um sehen zu können, was ist, brauchen wir einen entspannten Geist. Ängste und Sorgen sind dabei nicht nur nutzlos, sondern sogar schädlich.

Wenn wir im Folgenden im Zusammenhang mit Übergewicht von gesundheitlichen Problemen sprechen, dann ist hier von langjährigem »echtem Übergewicht« die Rede. Erst ab einem BMI von 30 sprechen Mediziner von Adipositas oder Fettsucht. Erst dann haben wir es also mit hohem und behandlungsbedürftigem Übergewicht zu tun. Doch sogar Menschen, die unter starkem Übergewicht leiden, werden beileibe nicht immer krank, denn ein erhöhtes Krankheitsrisiko heißt ja noch nicht, dass Beschwerden dann tatsächlich auftreten.

Dennoch: Es hilft nichts, den Kopf in den Sand zu stecken. Der Zusammenhang zwischen Übergewicht und Gesundheit ist auf jeden Fall ein wichtiger Aspekt, für den wir die Augen öffnen sollten. Ebenso, wie wir klar erkennen sollten, dass wir mit unserem Spiegelbild unzufrieden sind oder uns in Badekleidung unwohl fühlen, weil wir uns möglicherweise für unsere Figur schämen, sollten wir klar erkennen, dass Übergewicht unserer Gesundheit nicht guttut. Und oft bekommen wir das ja auch am eigenen Leib zu spüren.

Nun sind die Tatsachen nur die eine Seite der Medaille. Tatsachen sind Tatsachen – es ist, wie es ist, daran können wir nun mal nichts ändern. Was jedoch unsere Reaktionen auf diese Tatsachen betrifft, so haben wir hier sehr wohl Einfluss. Auf dieser Ebene können Sie eine Menge Stress erzeugen – oder sich im Gegenteil auch sehr viel Stress ersparen. Wenn Ihnen beispielsweise Ihr Spiegelbild nicht gefällt, dann bleiben Sie doch einfach bei dieser Tatsache, ohne ein Drama daraus zu machen: »Okay – ich finde, ich bin zu dick. Was ich da im Spiegel sehe, gefällt mir nicht. Es wird Zeit, etwas zu verändern.« Genau das heißt, den

Tatsachen ins Auge sehen – ohne Aufregung, ohne Selbstverurteilung und ohne sich zu ärgern.

Ebenso können Sie sich sagen: »Also gut – ich habe mehr als 20 Kilo Übergewicht. Wenn ich nicht einen Weg finde, mein Gewicht zu reduzieren, erhöht sich mein Risiko, krank zu werden. Daher werde ich mich nach einem effektiven Weg umsehen und ihn konsequent gehen.«

Auch hier ist es wichtig, klar zu sehen. Es ist, wie es ist, aber das heißt nicht, dass Sie anfangen, sich Sorgen zu machen, ständig zum Arzt zu laufen oder zum Hypochonder werden. Bleiben Sie bei der Tatsache, und geben Sie negativen Reaktionen keine Nahrung. Bleiben Sie »cool«. Sie sind bereits mitten im Veränderungsprozess, auch wenn Ihnen das im Moment vielleicht noch nicht bewusst ist...

Übergewicht und Selbstwertgefühl

Machen wir uns nichts vor: Mit Sätzen wie »Ist doch alles nicht so schlimm« oder »Kopf hoch – es gibt Wichtigeres als dein Gewicht« ist Menschen, die unter Übergewicht leiden, kein bisschen geholfen. Wer ohnehin kein Problem mit seinen Pfunden hat, kommt gar nicht auf die Idee, sich ein Buch zum Thema Abnehmen zu kaufen. Für alle anderen gilt jedoch, dass sie sich mit sich selbst und ihrem Aussehen eben nicht wohlfühlen. Und in sehr vielen Fällen ist der Kampf gegen die Pfunde letztendlich immer ein Kampf gegen Minderwertigkeitskomplexe.

In diesem Buch lernen Sie Techniken kennen, durch die Sie die Erfahrung machen werden, dass echtes Selbstbewusstsein tatsächlich nicht das Geringste mit Ihrer Figur zu tun hat. Selbstbewusstsein heißt, »sich seiner selbst bewusst sein«, und das Selbstwertgefühl ist eine natürliche Folge dieses Selbstbewusstseins. Unabhängig davon, wie alt, fit oder schwer Sie sind – jeder von uns hat die Fähigkeit, sein Selbstbewusstsein zu entwickeln und zu erweitern.

Achtsamkeits- und Meditationsübungen helfen Ihnen dabei, den Blick auf das zu richten, was wirklich ist. Und wenn Sie sehr genau auf das schauen, was Sie in Ihrem Wesen sind, dann geht es nicht mehr um Bauch, Beine oder Po. Dann werden Sie tief in Ihrem Inneren Qualitäten wie Offenheit, Sensibilität, Kreativität, Mitgefühl, Frieden oder Lebendigkeit aufspüren können. Und spätestens dann werden Sie darüber lachen, wie Sie sich nur so lange auf einen einzelnen Faktor wie Ihr Körpergewicht fixieren konnten, von dem Sie alles andere abhängig gemacht haben – Ihre Stimmungen, Ihr Auftreten, Ihre Lebensfreude.

Solange Sie aber noch nicht darüber lachen können, sollten Sie wenigstens herauszufinden versuchen, warum Gewichtsprobleme eigentlich die Macht haben, Sie sogar an Ihrem Selbstwert zweifeln zu lassen…

⚑ Wer entscheidet über mein Selbstwertgefühl?

Machen Sie es sich bequem: Setzen Sie sich auf ein Sofa oder in einen Sessel – wählen Sie einen Platz, an dem Sie eine Weile ungestört sind. Schließen Sie die Augen und atmen Sie einige Male entspannt durch. Stellen Sie sich nun innerlich folgende einfache Frage:
»Was beeinflusst mein Selbstwertgefühl? Welche Faktoren führen dazu, dass ich mich unwohl in meiner Haut fühle und/oder mich für mein Aussehen schäme?«

Überprüfen Sie dann die folgenden Möglichkeiten, die besonders häufig dazu führen, dass wir uns schlecht oder minderwertig fühlen:

- *Verletzende Urteile:* »Ist es das Urteil anderer Menschen, das mir zu schaffen macht? Haben mein jetziger oder frühere Partner, Kollegen oder Freunde sich abfällig geäußert? Gab es verletzende Kommentare zu meinem Gewicht? Wenn nicht jetzt, dann vielleicht vor langer Zeit?«
- *Verschwörungsgedanken:* »Sind meine eigenen Interpretationen der Auslöser dafür, dass ich mich als wertlos empfinde? Geht es nicht so sehr darum, was die anderen sagen, als vielmehr darum, was ich darüber denke, was sie denken? Bilde ich mir ein, dass alle Blicke auf mich oder meinen Bauch gerichtet sind, wenn ich in der Öffentlichkeit bin? Stelle ich mir vor, dass andere hinter meinem Rücken über mich tuscheln?«
- *Vernichtendes Selbstbild:* »Liegt das Problem darin, wie ich über mich selbst denke? Führe ich negative, lieblose Selbstgespräche? Denke ich Dinge wie: ›Ich bin furchtbar fett‹, ›Niemand mag mich, weil ich so aussehe‹ oder ›Jetzt reiß dich mal zusammen – musst du immer so verfressen sein‹? Spreche ich in einer Weise mit mir, in der ich niemals mit einem anderen Menschen sprechen würde, und wäre er mir auch noch so unsympathisch?«
- *Belastende Körpererfahrungen:* »Sind es weniger belastende Gedanken als vielmehr unangenehme Körperempfindungen, die sich negativ auf mein

> Selbstbild auswirken? Fühle ich mich schwer oder träge? Fällt es mir schwer, aufzustehen oder Treppen zu steigen? Habe ich Schmerzen, die mit meinem Körpergewicht in Zusammenhang stehen?«
>
> Auch bei dieser Übung geht es wieder nur darum, zu erkennen. Sie müssen nichts machen, Sie müssen nichts verändern. Versuchen Sie einfach nur, einen Blick hinter den Spiegel zu werfen.

Übergewicht und Klarheit

Dass unser Körpergewicht Einfluss auf unsere Gesundheit und unser Selbstwertgefühl haben kann, ist schnell einzusehen. Aber was hat unser Gewicht mit unserer Klarheit zu tun? Vielleicht mehr, als Sie denken.

Wenn Essen immer wieder als Ersatz herhalten muss, dann stellt sich natürlich die Frage: Ersatz wofür? Das herauszufinden ist entscheidend für jede Veränderung. Doch genau hier gibt es ein Problem: Sie werden keine Klarheit bezüglich Ihrer tieferen Bedürfnisse und Wünsche haben, solange Sie Ihr Essen benutzen, um eben diese Bedürfnisse nicht spüren zu müssen.

Wenn Sie regelmäßig unter Rückenschmerzen leiden, ist es zum Beispiel nicht sinnvoll, jedes Mal Schmerztabletten einzunehmen. Natürlich kann die Tablette kurzfristig für Linderung sorgen, doch dafür werden Sie kein Interesse mehr daran haben zu ergründen, wo die Ursachen für Ihre Rückenbeschwerden liegen. Ist es der Stress? Haben Sie eine schlechte Körperhaltung? Müssten Sie Ihre Muskulatur stärken und sich mehr bewegen? Oder gibt es möglicherweise Verletzungen der Bandscheiben, die behandelt werden sollten? Sobald die Schmerztablette zu wirken beginnt, werden Sie die Suche nach den wahren Gründen kaum weiterverfolgen.

Wenn Essen zum Ersatz wird, ist das Prinzip das gleiche: Wenn Sie jedes Mal, wenn Sie abends erledigt nach Hause kommen oder einsam sind, erst einmal so viel essen müssen, bis Ihnen der Bauch drückt, werden Sie sich wahrscheinlich nicht mehr mit der Frage beschäftigen, was Sie gerade fühlen. Fühlen Sie sich überfordert? Sind Sie ausgelaugt? Fühlen Sie sich unverstanden, oder wurden Ihre Wünsche nicht respektiert? Sind Sie traurig? Was bräuchten Sie jetzt eigentlich viel dringender als Schokolade?

Gefühle müssen gefühlt werden. Sie müssen »gekaut« und »verdaut« werden. Wenn Sie diese Vorgänge allesamt auf die Ebene des Essens verlagern, verspielen Sie die Möglichkeit, sich selbst zu spüren, über Veränderungen nachzudenken und voll und ganz lebendig zu sein.

Die Gewohnheit, statt zu fühlen lieber zu essen, trübt unseren Blick auf das, was ist (nämlich unsere Gefühle). Zu sehen und zu spüren, was tatsächlich da ist, ist ein großer Schritt in Richtung Klarheit und Harmonie. Zwar erfordert es oft einigen Mut, zu erforschen, was sich hinter Esszwängen verbirgt, doch die Klarheit, die wir dabei gewinnen, hilft uns, uns von alten Mustern zu verabschieden. Auf diese Weise können wir sowohl unser inneres als auch unser äußeres Gleichgewicht wiedergewinnen.

Ihre Problemzonen sind nicht das Problem

Achtsamkeit und Offenheit sind wichtig, um die Dinge klar sehen zu können, und Probleme sind hierbei das größte Hindernis. Probleme sind so ziemlich das Gegenteil von Achtsamkeit: Während Achtsamkeit alles so sein lässt, wie es ist, schreien Probleme ständig danach, gelöst zu werden; und während Achtsamkeit befreiend und entspannend wirkt, erzeugen Probleme Stress.

Wenn Sie unter Übergewicht leiden, werden Sie vermutlich einen großen Teil Ihrer Aufmerksamkeit auf Ihre »Problemzonen« lenken. Vielleicht tröstet es Sie zu hören, dass das bei Normalgewichtigen auch nicht anders ist. Und sogar überaus schlanke und attraktive Models haben ihre Problemzonen. Menschen sind nun einmal keine Barbiepuppen. Dem einen ist seine Nase zu groß, dem anderen seine Haut zu unrein; die eine findet, dass sie zu kurze Beine hat, die andere, dass ihre Haare die falsche Farbe haben.

Millionen von Menschen hadern mit ihrem Aussehen, und Frauen sind dabei klar in der Überzahl. Insbesondere Bauch, Beine und Po kommen schlecht weg und gelten daher ja auch als die klassischen Problemzonen.

Es ist von entscheidender Bedeutung für Ihr Leben, worauf Sie Ihr Bewusstsein ausrichten: Wenn Sie frei werden wollen – frei von Zwängen, von Selbstverurteilung und letztlich auch von Übergewicht –, dann ist es notwendig, Ihren Geist zu öffnen und weit werden zu lassen, statt ihn auf einzelne Problemzonen einzuschränken.

Probleme erzeugen Stress. Wie viele unnütze und zerstörerische Gedanken kreisen ständig um Körperteile, die nicht so sein dürfen, wie sie sind, nur weil sie nicht so sind, wie wir sie haben wollen: »O Gott – was mache ich bloß mit meinen Oberschenkeln? Ich passe ja in keine meiner alten Jeans mehr rein. Und kurze Röcke kann ich erst recht nicht mehr anziehen. Vielleicht sollte ich mal wieder eine Woche fasten. Aber beim letzten Mal ist mir das Fasten gar nicht bekommen – ich hatte dauernd Kopfschmerzen. Ich glaube, ich probiere es lieber mal mit Low-Carb. Aber dann wird das heute Abend nichts mit der Quiche – Eier und Milch, das geht ja gar nicht. Mal sehen, ob ich noch ein Low-Carb-Buch in der Bücherei finde. Ach du lieber Himmel – und die Zellulitis wird ja auch immer schlimmer. Das muss meinem neuen Freund doch auch längst aufgefallen sein. Ob der sich deshalb nicht mehr so oft am Wochenende mit mir trifft? Ich könnte es ja verstehen, dass er mich nicht mehr liebt – bei den Oberschenkeln. Moment mal: Neulich hab ich da doch irgendwo etwas über eine neue Schönheits-OP aus den USA gelesen. Wo stand das nur gleich wieder?«... und so weiter, und so fort.

Die Beschäftigung mit unseren Problemzonen (oder unseren Problemen) macht uns im wahrsten Sinne des Wortes verrückt. Alles dreht sich nur noch um die Suche nach Lösungen. Aber wissen Sie was? Probleme sind gar nicht dazu da, gelöst zu werden (zumindest nicht diese Art von Problemen). Ihre Probleme sind nämlich gar nicht das Problem.

Es gibt einige Dinge, die Sie unbedingt über Probleme wissen sollten (und diese Dinge gelten natürlich auch für Ihre Problemzonen):

- Probleme sind Ausdruck für die ganz normale Funktion unseres Geistes. Selbst wenn wir ein Problem gelöst haben – es zum Beispiel tatsächlich geschafft haben, dünnere Oberschenkel zu bekommen –, steht schon das nächste vor der Tür. Unser Geist braucht Beschäftigung: Sorgen, Ängste, Probleme, Selbstverurteilungen – all das sind prima Beschäftigungen für ihn. Und die einzige Möglichkeit, das zu ändern und zu Klarheit und innerer Ruhe zu gelangen, besteht darin, dass wir unsere Achtsamkeit entwickeln und immer mehr in das eintauchen, was tatsächlich ist – das Hier und Jetzt.
- Probleme tragen erheblich zu einer neuen Zeitkrankheit bei: Den meisten Menschen wird heute schnell alles zu viel. Sie fühlen sich überfordert. Es sind einfach zu viele Gedanken in unserem Kopf, zu viele neuronale Explosionen, zu viele Wellen auf dem See, um in Ruhe segeln zu gehen. Probleme machen die Dinge viel komplizierter, als sie sind.
- Die Konzentration auf Ihre Problemzonen lenkt Sie davon ab, sich mit tieferen Ursachen auseinanderzusetzen. Solange Sie nur Augen für Ihr Doppelkinn oder Ihre zu üppigen Hüften haben, sehen Sie vielleicht nicht,
    - dass Ihr Selbstbild immer schlechter wird, da Sie sich so oft selbst verurteilen,
    - dass Sie das Gefühl nähren, nicht okay zu sein,
    - dass Sie zwanghaftes Essen womöglich als eine Art Droge benutzen, mit der Sie Langeweile, Stress, Verluste oder Ablehnung bekämpfen,
    - dass Sie sich eigentlich nach ganz anderen Dingen sehnen, die viel wichtiger für Sie wären als das Aussehen Ihrer Hüften,

– dass ein gestörtes Essverhalten Sie im Leben stark einschränkt und unfrei macht – in Ihrem Alltag, auf Familienfeiern, im Urlaub usw.

Nun sollten Sie aber nicht den Fehler begehen, ein Problem aus Ihren Problemen zu machen. Denn dann stecken Sie wieder mittendrin im Grübelkarussell. Eine viel bessere Möglichkeit, belastende Denkgewohnheiten zu durchbrechen, besteht darin, Ihrer Achtsamkeit Flügel zu verleihen. Die folgende Übung hilft Ihnen dabei, Ihren Blick von den Problemzonen zu befreien und eine neue Perspektive einzunehmen.

✎ Was ist sonst noch da?

Oft sind wir so sehr auf eine Sache fixiert, dass uns ein Großteil unseres Lebens dabei verloren geht. Das gilt zum Beispiel, wenn unsere Gedanken und Gefühle um Probleme kreisen. So verhindert das Problem, dass wir zu wenig Geld auf dem Konto haben, etwa, dass wir die Schmetterlinge in unserem Garten sehen, spüren, dass Wind aufzieht, sehen, dass die Tage länger werden, oder wirklich noch zuhören können, wenn unser Kind uns erzählen will, was es in der Schule erlebt hat. Wir sind dann einfach nicht mehr offen für die Fülle der Möglichkeiten des gegenwärtigen Augenblicks. Mit den Problemzonen ist das natürlich auch nicht anders – sie binden zu viel Konzentration, sie »fangen unseren Geist ein«. Mit Hilfe der folgenden Frage, die wir Ihnen in zwei Varianten vorschlagen, können Sie sich wieder befreien.

»Was ist sonst noch da? Was übersehe ich?« –
Variante 1

Stellen Sie sich nackt vor einen großen Spiegel. Was sehen Sie? Es ist sehr wahrscheinlich, dass Ihr Blick sofort auf die Stellen Ihres Körpers fällt, die Sie nicht mögen – auf Ihre Problemzonen. Nachdem Sie das klar registriert haben, sollten Sie sich fragen, was noch da ist. Was entgeht Ihrem Blick?

Können Sie Körperbereiche finden, die Sie durchaus mögen oder wenigstens gut akzeptieren können? Schauen Sie genau hin. Sehen Sie sich Ihre Hände im Spiegel an, Ihre Haare, die Augen, die Beine, den Bauchnabel, Ihre Schultern, die Wimpern ... Richten Sie Ihren Blick auch bewusst auf Körperstellen, die nichts mit Ihren Problemzonen zu tun haben. Wenn Sie Bereiche finden, die Sie an sich mögen, dann nehmen Sie diesen Gedanken wahr: »Ich mag meine ...« (zum Beispiel »Beine«, »Hände«, »Brustwarzen«, »Augen« oder was auch immer). Wenn bestimmte Gefühle dabei auftauchen, dann nehmen Sie auch diese wahr.

Das ist alles. Sie müssen nichts machen. Öffnen Sie Ihre Augen einfach nur für die Dinge, die nicht so offensichtlich sind. Verlassen Sie sich nicht auf den ersten Blick – werfen Sie auch noch einen zweiten und dritten. Erweitern Sie auf diese Weise Ihre Perspektive. Je öfter, desto besser.

»Was ist sonst noch da? Was übersehe ich?« –
Variante 2

Die folgende Variante der Übung ist eher etwas für den Alltag, wo Sie sich ja schlecht nackt vor einen Spiegel stellen können. Versuchen Sie, sich dabei zu ertappen, wenn Ihre Gedanken und Stimmungen um Ihre Problemzonen kreisen. Ob am Badesee, im Eiscafé, in der Umkleidekabine oder beim Radfahren – immer wenn Ihre Gedanken wieder auf das Problemzonen-Karussell aufzuspringen drohen, sollten Sie drei Dinge tun:

1. Nehmen Sie achtsam wahr, dass Ihre Gedanken sich in diese Richtung bewegen oder dass vielleicht sogar schon negative Stimmungen oder Selbstverurteilungen in Ihrem Geist entstanden sind.
2. Lenken Sie Ihre Achtsamkeit dann für einen kurzen Moment auf Ihr Körperempfinden (wohlgemerkt nicht auf das Körperaussehen!): Achten Sie auf Ihre Haltung: Ist Ihr Körper aufrecht? Sind die Schultern entspannt? Gibt es unnötige Muskelanspannungen in Bauch, Rücken oder Gesicht? Wie fühlt sich Ihr Körper jetzt gerade an? Atmen Sie schnell oder langsam? Flach oder tief?
3. Richten Sie Ihren Geist jetzt auf andere Dinge, die im Moment da sind und die Ihrer Aufmerksamkeit bisher entgangen sind. Was können Sie noch wahrnehmen? Was sehen Sie? Gehen andere Menschen vorbei, sehen Sie Bäume, Pflanzen, Bilder, Farben …? Konzentrieren Sie sich dann auf Geräusche und

> Klänge: Was hören Sie? Autos, bellende Hunde, summende Maschinen, die Stimmen anderer Menschen...?
>
> Abschließend richten Sie Ihr Bewusstsein darauf, was Sie als Nächstes tun werden. Wenn Sie möchten, können Sie zuvor natürlich noch eine Weile bei den Erfahrungen des Hier und Jetzt bleiben. Auch bei dieser Übung gilt: Das ist alles – es gibt nichts weiter zu tun. Sie erweitern Ihre Achtsamkeit und schärfen Ihren Blick für das, was Ihnen sonst wohl entgehen würde. Auf diese Weise wird Ihr Blick klarer und zugleich weiter werden.

Vom Umgang mit »echten« Problemen

Nun fragen Sie sich womöglich: »Und was soll ich machen, wenn ich richtige Probleme habe? Wenn beispielsweise meine Gesundheit unter meinem Übergewicht leidet?« Auch hier ist die Antwort: Bleiben Sie achtsam. Nehmen Sie wahr, was ist. Fügen Sie Ihrer Erfahrung nichts hinzu:

- Wenn Ihre Gelenke oder Knie schmerzen... dann nehmen Sie auch das achtsam wahr.
- Wenn Sie schnell außer Atem kommen... dann nehmen Sie auch das achtsam wahr.
- Wenn Sie keine Treppe oder Steigung schaffen oder kaum noch bequem auf einem normalen Stuhl sitzen können, da Sie sehr viel Übergewicht haben... dann nehmen Sie auch das offen, achtsam und ohne zu urteilen wahr.

Das erste Tor, dass Sie mit Ihrem Seelenschlüssel aufsperren sollten, ist das Tor des klaren Erkennens. Klar zu sehen ist wie eine Wundermedizin. Sie löst Probleme, ohne dass Sie sich weiter darum kümmern müssen. Im Gegenteil: Sie löst Ihre Probleme sogar umso schneller, je weniger Sie sich darum »kümmern« und sich davon bekümmern, bedrücken oder betrüben lassen.

Klar zu erkennen führt dazu, dass Sie zur richtigen Zeit die richtigen Schritte unternehmen werden, um Schaden von sich abzuwenden. Das wird jedoch ganz natürlich und von selbst geschehen, ohne Sorgenfalten und zusammengebissene Zähne.

Übergewicht – eine Brücke in die Freiheit?

Was wir wollen, ist nicht immer das, was wir bekommen. Das kann manchmal recht enttäuschend sein – zum Beispiel wenn Sie Champagner bestellen und dann nur Sekt serviert bekommen. Oder noch schlimmer: Wenn Sie davon geträumt haben, in einer Villa am Meer mit Swimmingpool zu leben und dann in einem düsteren Einzimmer-Appartement in der Vorstadt wohnen müssen.

Manchmal gibt es aber auch schöne Überraschungen: Wenn Sie beispielsweise fünf Kilo abnehmen wollten und am Ende feststellen, dass Sie nicht nur abgenommen haben, sondern auch ausgeglichener, zufriedener und rundum glücklicher geworden sind. In solchen Augenblicken sollten Sie sich gratulieren – und sich ein Glas Champagner eingießen...

Nicht immer führt die Motivation, die uns in Bewegung

setzt, uns zu unserem Ziel. Aber manchmal führt sie sogar weit darüber hinaus. Hierzu gibt es zwei interessante Beispiele:

- Viele Menschen, die sich für einen Meditations- oder MBSR-Kurs (MBSR steht für »Mindfulness-Based Stress Reduction«, zu deutsch meist »Stressbewältigung durch Achtsamkeit«) angemeldet haben, weil sie lernen wollten, sich besser zu entspannen, stellen nach einigen Wochen fest, dass es ganz andere Dinge sind, um die es für sie eigentlich geht – zum Beispiel darum, bewusster, mitfühlender und auch selbstbestimmter zu leben und einen Ruhepol in sich zu finden. Was sie bekommen, ist also wesentlich mehr, als sie sich erhofft hatten – Entspannung ist nur ein kleiner Teil des Kuchens.
- Viele Teilnehmer von MBSR-Kursen, die unter Gewichtsproblemen litten, berichten, dass sie »wie durch ein Wunder abgenommen haben« – einfach nur, indem sie ihre Achtsamkeit entwickelt haben. Was auch immer sie sich von dem Kurs erhofft haben mögen, an eine Gewichtsreduktion hatten sie jedenfalls nicht gedacht.

Das Prinzip der unerwarteten Überraschung funktioniert auch, wenn Ihr Ziel eigentlich nur darin liegen mag abzunehmen. Nachdem Sie vielleicht schon einige Diäten ausprobiert haben, suchen Sie nun nach einem erfolgversprechenderen Weg – und wie es der Zufall will, halten Sie dieses Buch in der Hand. Statt von Kalorien, Nährwert oder Bewegungsmangel ist hier von so seltsamen Dingen wie einem »Seelenschlüssel« die Rede – aber was soll's: Sie lassen sich darauf ein und beginnen, die Übungen in Ihren Alltag zu integrieren.

Wenn Sie nun konsequent bei der Sache bleiben, werden zwei Dinge passieren: Einerseits werden Sie Gewicht verlieren – vielleicht nicht so schnell, wie Sie es sich vorgenommen haben, aber dafür dauerhaft. Zweitens werden Sie achtsamer werden und damit anfangen, besser auf sich selbst aufzupassen. Dabei werden Sie feststellen, dass Sie sich immer wohler fühlen und dass Esszwänge allmählich ihre Macht über Sie verlieren. Statt spätabends mit Heißhunger noch kilometerweit zur nächsten Fastfood-Bude fahren zu müssen, können Sie es sich gemütlich machen und ein Buch lesen oder eine Freundin treffen.

Es gibt einen einfachen Grund dafür, dass Übergewicht zu einer Brücke in die Freiheit werden kann, und dieser Grund heißt Leiden. »Leiden« mag sehr dramatisch klingen, ist aber ein ganz alltäglicher Zustand. Zu leiden heißt nämlich nicht unbedingt, 30 Kilo Übergewicht mit sich herumzuschleppen und an Atemnot zu leiden: Auch das Gefühl, sich nicht wohl in seiner Haut zu fühlen oder ständig darüber nachdenken zu müssen, was wohl die anderen über einen denken, ist bereits eine Form des Leidens.

Ebenso wie Krankheiten, Verluste, Beziehungs- oder Jobprobleme kann auch Übergewicht eine Krise auslösen. Krisen bergen eine große Chance, neue Wege einzuschlagen und zu verändern, was verändert werden muss. Dabei ist es jedoch entscheidend, dass der Weg, den Sie wählen, Sie nicht in die Sackgasse führt; denn ebenso wie Krisen ein befreiendes Potenzial haben, können Sie auch in die Verzweiflung, Sucht oder Depression münden.

Wenn Sie abnehmen wollen, sollten Sie dabei einen Weg

wählen, der Sie in die Freiheit führt. Einen Weg, der Ihnen nicht nur körperlich, sondern auch seelisch Leichtigkeit und Unbeschwertheit schenkt. Dass das mit Diäten nicht funktioniert, haben Sie vermutlich schon festgestellt. Selbst wenn Sie mit einer Diät abnehmen, wird der Erfolg nicht langfristig sein. Vor allem aber wird keine Diät der Welt es schaffen, dass Sie gelassener, achtsamer oder freier werden.

Ihre Gewichtsprobleme können für Sie jederzeit zu einer Brücke in die Freiheit werden, wenn Sie

- klar erkennen, warum Sie oft zu viel essen, und Ihr Gewicht nicht länger als Gegner, sondern als Einladung sehen, um herauszufinden, wie Sie »ticken«,
- verstehen, wie Essen Ihnen hilft, Gefühle »wegzuessen«, die Sie (noch) nicht annehmen können, und wenn Sie sehen, dass Esszwänge nur aus dem einen Grund da sind – weil Sie sie (noch) brauchen,
- lernen, Essen als einen Lehrer anzunehmen, der Sie zu sich selbst führen kann,
- verstehen, dass Übergewicht oft nur einen Mangel signalisiert, und wenn Sie bereit sind herauszufinden, worin dieser Mangel (bei dem es sich ganz sicher nicht um einen Kalorienmangel handelt) wirklich besteht,
- erkennen, dass hinter dem Wunsch abzunehmen der Wunsch steckt, sich wohl in Ihrem Körper zu fühlen, und dass die Sehnsucht danach, sich wohl in Ihrem Körper zu fühlen, eigentlich die Sehnsucht danach ist, sich wohl und geborgen in sich selbst zu fühlen und ganz bei sich anzukommen.

Zusammengefasst bedeutet das, dass die eigentliche Aufgabe für uns gar nicht so sehr darin besteht, ein paar Kilo weniger zu wiegen oder straffere Schenkel zu bekommen, sondern Stress (und damit Leiden) zu reduzieren. Dann wird die Gewichtsreduktion die natürliche Folge der Stressreduktion sein und quasi »automatisch« erfolgen.

Sie werden die Brücke, die in die Freiheit führt, nur dann passieren können, wenn Sie Ihren Seelenschlüssel benutzen, um die vier Tore aufzuschließen – die Tore, die zu klarer Erkenntnis, vollkommener Akzeptanz, heilsamer Absicht und schließlich zu mitfühlender Achtsamkeit führen.

Das zweite Tor:
Vollkommene Akzeptanz

*»Einfachheit stellt sich ein,
wenn der Geist nicht mehr anhaftet,
wenn er nichts mehr erreichen will,
wenn er akzeptiert, was ist.«*
Jiddu Krishnamurti

Im vorigen Kapitel haben wir uns damit beschäftigt, mehr Klarheit zu entwickeln und genauer zu erkennen, wo die wirklichen Gründe für Essstörungen und Übergewicht liegen. Das erste Tor, das Sie mit Ihrem Seelenschlüssel öffnen sollten, ist also das Tor, das zur Klarheit führt.

Auch wenn klares Erkennen in diesem Buch der erste Schritt ist, endet der Prozess des Erforschens im Grunde nie: Es gibt keine Entwicklungsphase, auf der es nicht möglich wäre, noch etwas klarer zu erfassen, was ist.

In diesem Kapitel wollen wir uns nun das zweite Tor genauer ansehen. Es ist das Tor, das uns zu vollkommener Akzeptanz führt. Leider genügt es nämlich nicht zu erkennen, wo unsere Schwierigkeiten liegen und woher sie rühren. Wenn wir nicht zugleich auch noch eine nichtwertende, offene Haltung einnehmen, kommen wir nicht weiter: »Aha – so ist das also: Ich esse zu viel, weil ich mich im Grunde abgelehnt fühle und weil es mir an Anerkennung mangelt. Ist das nicht furchtbar? Was bin ich doch nur für ein Versager!«– Wenn Sie so denken, werden

Sie zwar ein bisschen mehr darüber wissen, warum Sie handeln, wie Sie handeln – der Effekt wird dabei jedoch nur sein, dass Sie sich noch schlechter fühlen. Denn durch Wissen allein kann man seelische Schwierigkeiten nicht lösen.

Leider ist es heute weit verbreitet, sich selbst zu verurteilen, wenn man nicht dem gesellschaftlichen »Idealbild« entspricht. Und da im Grunde keiner von uns diesem Bild entspricht, gibt es auch so viele Leute, die mit sich selbst ein Problem haben.

Die Kraft, mit der Ihr Seelenschlüssel Sie nun auf der nächsten Stufe verbinden kann, ist die Kraft des Ja. Und tatsächlich erfordert es eine Menge mehr Kraft, »Ja« zu sich zu sagen, als mit sich selbst zu hadern. Das geht uns übrigens nicht nur mit unserer Figur, sondern beispielsweise auch mit unserem Partner, unseren Kindern oder der Wettervorhersage so: Auch da ist es immer leichter, »O nein« zu sagen, als: »Das ist schon ganz in Ordnung, so wie es ist.«

Wenn Sie Ihren Seelenschlüssel benutzen, um zum Ja zu finden, dann geht es nicht darum, irgendetwas zu verdrängen. Verdrängen heißt, nicht hinsehen zu wollen. Doch um das genaue Gegenteil ging es ja im letzten Kapitel – nämlich darum, die Augen zu öffnen und klar zu sehen. Wenn wir uns selbst akzeptieren, bedeutet das also nicht, dass wir nicht ganz genau sehen würden, dass wir zu viel wiegen, die Kontrolle über unser Essverhalten verloren haben oder Nahrungsmittel als Ersatz für nicht gelebte Möglichkeiten benutzen.

Akzeptieren hat nichts mit Verdrängen, aber sehr viel mit Loslassen zu tun. Es geht darum loszulassen, was uns belastet – loszulassen, was uns krank und letztlich auch dick macht…

Es ist okay, so wie es ist!

Haben Sie sich schon einmal über eine Sonnenblume auf einer Wiese gefreut und dabei gedacht, dass sie eigentlich lieber eine Rose sein sollte? Ist Ihnen schon einmal die Idee gekommen, dass die Form der Wolken, die am Himmel vorüberziehen, »nicht in Ordnung« ist? Haben Sie je auch nur im Entferntesten daran gedacht, dass die Kühe auf der Weide besser Schafe sein sollten oder dass Ihr Cockerspaniel unbedingt wie ein Dackel aussehen sollte? Bestimmt nicht! Vermutlich würden Sie einen Menschen, der so etwas sagt, für ziemlich verrückt halten – und ganz zu Recht.

Im Allgemeinen fällt es den meisten von uns relativ leicht, die Dinge so zu akzeptieren, wie sie sind: Der Mond ist der Mond, die Sonne die Sonne, Hunde sind Hunde und Eichhörnchen Eichhörnchen. Aus irgendeinem seltsamen Grund ist es aber mit der Gelassenheit dahin, wenn es um andere Menschen geht – ob um unsere Nachbarn, Kollegen, unseren Partner oder Familienangehörige. Spätestens aber, wenn es um uns selbst geht, ist der Ofen meist ganz aus. *»Es ist okay, so wie es ist«:* Diese Aussage sollte jedoch nicht nur für Eichhörnchen, sondern auch für Menschen gelten – und ganz besonders für Sie selbst.

Warum ist das so wichtig? Dafür gibt es eine ganze Reihe guter Gründe. Hier sind drei davon:

1. *Die Wirklichkeit hat immer Recht:* Der wichtigste Grund dafür, warum es überhaupt keinen Sinn hat, vor der Wirklichkeit davonzulaufen, ist der, dass die Wirklich-

keit immer schneller ist, als Sie laufen können. Was auch immer dazu geführt haben mag, dass Sie zu viel wiegen oder zu oft Sachen essen, die Sie vielleicht besser nicht essen sollten: Es ist, wie es ist. Amen. Ob uns das nun gefällt oder nicht – wir können die Wirklichkeit (jedenfalls zunächst einmal) nicht ändern.

2. *Beenden Sie das ewige Hadern:* Wenn wir – vielleicht sogar zum ersten Mal in unserem Leben – damit beginnen, den Dingen den Raum zu lassen, der ihnen zusteht, wenn wir also lernen, bedingungslos »Ja« zu sagen, und zwar vor allem auch zu uns selbst, dann entkommen wir der Falle, in der so viele von uns gefangen sind – dem ewigen Hadern, dem ständigen Kampf gegen das, was ist, dem erschöpfenden Mantra, das wir innerlich immerzu wiederholen: »Das will ich nicht.« Erst wenn wir beginnen, »Ja« zu unserem Leben zu sagen, können sich unsere Sorgenfalten glätten, und wir können zu lächeln beginnen.

3. *Finden Sie zu Ihrer inneren Kraft:* Am Anfang jeder echten Veränderung steht vollkommene Akzeptanz. Dabei geht es jedoch nicht darum, zu allem »Ja und Amen« zu sagen. Die Dinge zu akzeptieren hat nichts mit einem faulen Kompromiss zu tun. Indem Sie beginnen, auch das anzunehmen, was Ihnen vielleicht nicht gefällt, werden Sie gelassen. Und indem Sie den Mut entwickeln, den Dingen ihren Lauf zu lassen, können Sie immer öfter entspannt bleiben. Dazu müssen Sie lernen, loszulassen und die Kontrolle aufzugeben (die Sie übrigens ohnehin nie wirklich haben). Nicht nur Erkenntnis, sondern auch Offenheit ist also eine wichtige Voraussetzung für eine harmonische Entwicklung.

Nicht Sie sind es, der Ihre Probleme lösen kann – Ihre Probleme müssen sich von selbst auflösen. Daher ist Achtsamkeit auch sehr viel wichtiger als Willenskraft, wenn es darum geht, frei zu werden.

Achtsam zu sein bedeutet gerade nicht, sich etwas zu verbieten. Sie sollten es sich zugestehen, dass Sie essen dürfen, dass Sie genießen dürfen. Ebenso wie Sie lachen oder atmen dürfen, dürfen Sie natürlich auch essen. Sie müssen es sogar, wenn Sie überleben wollen. Zu akzeptieren, was ist, zeigt, dass wir Vertrauen in die Intelligenz des Seins haben. Auch wenn wir im Moment vielleicht noch nicht sehen können, was das Gute an unserer Situation ist, heißt das nicht, dass es dieses Gute nicht gäbe.

Und es gibt noch einen weiteren Grund, warum Sie lernen sollten, sich selbst anzunehmen: Nur wenn Sie »Ja« zu sich selbst sagen können, haben auch die Menschen um Sie herum eine Chance, Sie wirklich aus ganzem Herzen anzunehmen. So wie Hunde es förmlich riechen können, wenn Sie Angst haben oder unsicher sind, können auch Ihre Mitmenschen »riechen«, wenn etwas mit Ihrem Selbstwertgefühl nicht stimmt. Die Menschen, denen wir täglich begegnen, spiegeln uns letztlich immer nur das wider, was wir ausstrahlen.

Selbst wenn es nur sehr subtile Botschaften sind, die wir beispielsweise über unsere Körperhaltung, unsere Stimme oder unseren Gesichtsausdruck senden – die anderen werden diese Signale garantiert empfangen.

Eines sollte Ihnen dabei jedoch auch klar sein: Dass Sie anderen die Chance geben, Sie zu akzeptieren, indem Sie sich selbst liebevoll annehmen, heißt noch nicht, dass die anderen diese Chance auch wirklich ergreifen. Wenn wir lernen wollen, das, was ist, vollkommen zu akzeptieren, müssen wir auch lernen, andere Menschen trotz ihrer negativen Urteile über uns anzunehmen. Vergessen Sie nie, dass eine Meinung einfach nur eine Meinung ist, mehr nicht.

Die einzige Möglichkeit, immun gegen die Urteile und Verurteilungen anderer Menschen zu werden, besteht darin, dass wir uns bewusst machen, dass es eben einfach nur Urteile sind. Nicht mehr als emotional gefärbte und von vergänglichen Stimmungen beeinflusste Momentaufnahmen. Auch das gilt es also zu akzeptieren: Nicht nur ich selbst bin okay, sondern die anderen sind es auch – selbst dann, wenn sie gelegentlich Quatsch reden.

All das ist nicht leicht. Oft brauchen wir Jahre, um uns selbst in Liebe annehmen zu können. Das gilt erst recht, wenn wir unter Gewichtsproblemen leiden und/oder mit unserem Aussehen unzufrieden sind. Denn dann haben wir bereits viele negative Erfahrungen gesammelt und es mit eingeschliffenen Gewohnheitsmustern zu tun. Und je unwohler wir uns in unserer Haut fühlen, desto wahrscheinlicher ist es, dass wir uns selbst verurteilen.

Wir haben viele Jahre lang trainiert, unfreundlich mit uns selbst umzugehen. Höchste Zeit also, dass wir mit einem Training anfangen, das zu mehr Mitgefühl, Heiterkeit und Leichtigkeit im Umgang mit uns selbst führt.

🔑 Es ist in Ordnung so!

Bei der folgenden Achtsamkeitsübung müssen Sie nur zwei Dinge tun: Schauen Sie genau hin – und dann akzeptieren Sie, was Sie sehen. Die Methode eignet sich gut für den Alltag. Allerdings brauchen Sie dafür mindestens ein bis zwei Minuten Zeit, um innezuhalten und sich beobachten zu können.

Sie werden vermutlich merken, dass die Übung gar nicht so einfach ist, wie sie auf den ersten Blick scheint. Wenn Sie aber dranbleiben und regelmäßig üben, werden Sie die Erfahrung machen, dass es letztlich tatsächlich nur Übungssache ist. Je öfter Sie die Haltung einnehmen, dass das, was ist, in Ordnung ist, desto mehr wird Ihnen das zur Gewohnheit werden.

Variante 1: Bei Unzufriedenheit im Alltag, wenn Ihre Problemzonen Ihnen Probleme machen, wenn die Waage nicht das anzeigt, was sie zeigen sollte, im Schwimmbad, beim Sport, beim Sex... wann immer Sie mit Ihrer Figur hadern.

1. Beobachten Sie Ihre Gedanken. Wie gehen Sie verbal mit sich um? Verurteilen Sie sich für Ihr Aussehen? Sagen Sie innerlich Dinge wie: »Meine Taille ist viel zu dick«, »Ich sehe schrecklich aus – so ein Kleid kann man nur anziehen, wenn man nicht so fett ist wie ich« oder »Was wird er/sie bloß von mir denken«?
2. Beobachten Sie alle Gefühle, die auftauchen, wenn Sie Probleme mit Ihrer Figur oder Ihrem Gewicht haben. Macht Sie das unzufrieden? Sind Sie frustriert, traurig oder ärgern Sie sich über sich selbst? Können Sie die Gefühle von Ihren Gedanken unterscheiden, oder verschwimmen die Bereiche miteinander? Lassen Sie alle Gefühle zu.

3. Sagen Sie sich jetzt: »*Es ist in Ordnung, so wie es ist.*« Wenn negative Gedanken oder belastende Gefühle auftauchen, dann lassen Sie sie nun los. Steigen Sie nicht in das Grübelkarussell ein. Verurteilen Sie sich auch nicht dafür, dass Sie sich verurteilen. Auch das ist okay. Sie dürfen so sein, wie Sie jetzt im Moment sind. Es ist auch in Ordnung, zu viel zu wiegen – Sie sind damit ganz sicher nicht allein. Die nötigen Veränderungen werden kommen, wenn die Zeit reif ist. Im Augenblick besteht die einzige Aufgabe darin, alles genau so sein zu lassen, wie es ist; der einzige Unterschied zu Ihren üblichen Reaktionen ist, dass Sie diesmal genau hinsehen ... und es dann akzeptieren, wie es ist.

Variante 2: Während Sie zu viel essen oder danach

1. Beobachten Sie, wie Sie mit sich selbst sprechen. Was denken Sie über Ihr Verhalten? Gibt es einen Konflikt zwischen dem, was Sie tun (oder gerade getan haben), und dem, was Sie tun wollten oder gut fänden? Hören Sie genau zu, was Ihre innere Stimme dazu zu sagen hat und wie sie mit Ihnen redet.

2. Schauen Sie sich jetzt Ihre Gefühle an: Wie fühlt sich das an, wenn Sie gegen alle guten Vorsätze verstoßen haben? Was für Gefühle tauchen auf, wenn Sie sich auf die Keksschachtel oder die Pizza stürzen – oder anschließend, wenn die Speisen schon längst in Ihrem Bauch sind? Sind Sie enttäuscht? Ärgern Sie sich? Halten Sie sich für einen hoffnungslosen Fall?

Macht es Sie traurig? Was auch immer auftauchen mag – lassen Sie Ihre Gefühle so sein, wie sie gerade sind.
3. Abschließend sagen Sie sich innerlich: *»Es ist okay, so wie es ist.«* Machen Sie sich bewusst, dass es einen Grund gibt, warum Sie tun, was Sie tun. Auch wenn Sie es nicht verstehen – es gibt für alles einen Grund. Zu viel zu essen ist nicht schlimm. Anderen Menschen passiert das auch oft. Schauen Sie einfach nur zu, was in und mit Ihnen passiert – das genügt fürs Erste vollkommen.

Beenden Sie den Kampf gegen sich selbst

Wollen Sie langfristig abnehmen? Wollen Sie sich wohler in Ihrem Körper fühlen? Möchten Sie etwas für sich tun, und zwar nicht nur für Ihr Aussehen, sondern auch für Ihre Gesundheit und Ihre Ausgeglichenheit? Dann werden wir Ihnen jetzt einen einfachen Trick verraten:

Tun Sie nicht mehr, tun Sie weniger!

Strengen Sie sich nicht noch mehr an, sondern hören Sie damit auf, sich überhaupt anzustrengen. Entspannen Sie sich stattdessen. Wenn Sie auf Dauer erfolgreich sein wollen, dann stellen Sie den inneren Kampf ein, der sich nicht nur gegen Ihre Bedürfnisse, sondern auch gegen Ihre Lebensfreude richtet. Lernen Sie, bedingungslos »Ja« zu sich selbst zu sagen – und zwar auch zu Ihren vermeintlichen Schwächen und Fehlern.

Der einfache Grund dafür, dass wir Ihnen raten, sich

selbst mehr Raum zu geben, ist der, dass Sie sich so wesentlich wohler in Ihrer Haut fühlen werden. Doch es gibt noch einen anderen, ganz pragmatischen Grund: Die Frage ist nämlich, ob das, was Sie tun, auch zu dem führt, was Sie erreichen wollen. Wenn Sie gegen sich selbst kämpfen, eine Diät nach der anderen durchführen und mit besorgtem Gesicht dem Zeiger der Waage folgen, können Sie dabei nur verlieren. Es kann nie zum Ziel führen, Bedürfnisse zu unterdrücken. Wenn überhaupt, dann werden die Wirkungen sehr kurzfristig sein. Am Ende führt das Ganze aber nur zu Erschöpfung und Frust, denn es kostet uns sehr viel Energie, gegen uns selbst in die Schlacht zu ziehen.

Wenn Ihr Kleinkind schreit, können Sie es nicht dadurch beruhigen, dass Sie es in einen dunklen Schrank sperren. Vielleicht wird das Geschrei für kurze Zeit etwas leiser, wenn es durch die Schranktür abgedämpft wird. Doch was kommt am Ende dabei heraus? Ein völlig verängstigtes Kind, dem Sie im wahrsten Sinne des Wortes einen Schreck fürs Leben eingejagt haben und das früher oder später vermutlich Verhaltensstörungen an den Tag legen wird, sofern Sie diese Art der »Therapie« noch öfter wiederholen.

Wenn Sie Ihr Kind wirklich beruhigen wollen, dann ist es sehr viel effektiver, es auf den Schoß zu nehmen und zu umarmen. Und einmal nachzufragen, warum es denn so außer sich ist, kann natürlich auch nicht schaden.

Sperren Sie sich selbst nicht länger in den dunklen Schrank starrer Ernährungsregeln und Kalorientabellen ein. Beginnen Sie, sich selbst mitfühlend zu umarmen. Dadurch werden Sie tief in Ihrem Inneren Geborgenheit und Sicherheit erfahren. Das hilft Ihnen, die nötige innere Ruhe zu entwickeln, die Sie brauchen, um sich zu öffnen und sich achtsam anzunehmen, statt sich selbst ständig für Ihr Tun oder Ihr Aussehen zu verurteilen.

Vermutlich können Sie das alles vom Kopf her ganz leicht einsehen. Dennoch fällt es Ihnen in der Praxis wahrscheinlich alles andere als leicht, sich im Schaukelstuhl zurückzulehnen und sich selbst weise lächelnd zu beobachten. Das liegt zum einen daran, dass ein achtsamer Umgang mit sich selbst in erster Linie Übungssache ist und Sie die nötige Übung vermutlich noch nicht haben. Zum anderen gibt es noch einige andere Gründe dafür, warum es uns so schwerfallen kann, den Kampf mit uns selbst einzustellen. Und diese Gründe hängen mit belastenden Glaubensmustern zusammen:

- *Es geht nur ums Gewicht:* Wenn Sie sich zu sehr auf einzelne Aspekte Ihres Lebens konzentrieren, bekommen diese eine überdimensionale Bedeutung, die sie nicht verdienen. Menschen, die unter Übergewicht oder Essstörungen leiden, neigen zu einer eingeengten Wahrnehmung. Eine zu starke Konzentration auf BMI- und Gewichtstabellen oder auf Problemzonen macht es nicht nur unmöglich, die Dinge klar zu sehen – sie nährt auch den inneren Kampf.
- *Ich bin schuld:* Gerade Frauen geraten immer wieder in die »Ich-bin-an-allem-schuld«-Falle. Ganz gleich ob die Kinder schlechte Noten haben, der Ehemann muffig ist, der eigene Hund einen anderen beißt oder ob Kollegen, Nachbarn oder der Briefträger einen schlechten Tag haben – der Schuldige ist schnell gefunden. Oder besser gesagt: die Schuldige. Und mit Gewichtsproblemen,

Zellulitis, zu üppigen Hüften oder Oberschenkeln ist es natürlich genau dasselbe: »Alles meine Schuld – weil ich die Diät wieder mal nicht durchgehalten habe, weil ich so träge bin, weil ich so undiszipliniert bin, weil ich schon wieder versagt habe...«

Wussten Sie, dass es einige Völker gibt, die mit dem Begriff »Schuld« gar nichts anfangen können? Beispielsweise gibt es kein tibetisches Wort für »Schuld«. Natürlich gibt es Ursache und Wirkung: Wenn ich »A« tue (zum Beispiel den Topf unbeaufsichtigt auf dem Herd stehen lasse), dann erfolgt »B« (die Milch kocht über). So ist das eben. Kein Grund, sich von Schuldgefühlen plagen zu lassen. Natürlich können Sie beim nächsten Mal den Herd ausschalten, aber nicht, weil Sie sich über Vergangenes grämen, sondern weil Sie, wie alle Menschen, lernfähig sind und Ihr zukünftiges Handeln Ihren Erfahrungen anpassen können.

Ihr Chef hat schlechte Laune? Sie wiegen zehn Kilo zu viel? So ist das eben. Und tatsächlich ist es auch gar nicht so klug, dafür die Schuld zu übernehmen, denn oft ist die Sache wesentlich komplexer, als es auf den ersten Blick scheint. Sie müssten schon alle Faktoren kennen, die dazu beigetragen haben – und die kennen Sie gewöhnlich nicht. Möglicherweise ist Ihr Chef griesgrämig, weil er gerade von seiner Therapeutin mit unangenehmen Themen konfrontiert wurde – wer weiß das schon... Und möglicherweise hat Ihr Übergewicht nur scheinbar damit zu tun, dass Sie »undiszipliniert« waren und Süßigkeiten gegessen haben. Gut möglich, dass das eigentliche Problem viel eher darin besteht, dass Sie zu oft einsam waren – und auch dafür gibt es wieder verschiedenste Gründe, die allesamt aber nichts mit Schuld zu tun haben.

Wenn Sie sich also schon auf die Anklagebank setzen wollen, dann gibt es nur ein vernünftiges Urteil: Freispruch!

An dieser Stelle ein kleiner Warnhinweis: In diesem Buch lesen Sie viel über Achtsamkeit, Mitgefühl und Selbsterkenntnis, und Sie lernen einige Übungen dazu kennen. Wenn es mit diesen Übungen nicht gleich klappen sollte, dann ist das normal. Machen Sie an dieser Stelle also bloß keine neue Baustelle auf. Würdigen Sie sich selbst dafür, dass Sie sich auf den Weg gemacht haben, und sehen Sie es als wichtiges Feedback an, wenn Sie immer wieder einmal scheitern. Wer keine Fehler macht, der lernt nämlich auch nichts.

- *Alles, immer, niemals:* »Alle Menschen neigen immer dazu, alles zu übertreiben.« Einen Satz wie diesen nennt man eine übertriebene Verallgemeinerung. Das Problem mit dieser Art von Aussagen ist, dass sie nicht stimmen. Gerade im Umgang mit uns selbst und unserem Essverhalten benutzen wir leider oft solche Verallgemeinerungen. Wir sagen oder denken dann Sachen wie etwa: »Ich werde das nie schaffen«, »Immer schauen alle auf mich, wenn ich so viel esse« oder »Was auch immer ich beginne, es ist am Ende doch alles umsonst«. Beliebt ist auch das oben bereits genannte »Ich bin an allem schuld«.

Merkwürdigerweise verallgemeinern Menschen fast immer im negativen Kontext. Wir sagen zum Beispiel selten: »Alles ist immer super.« Beobachten Sie, ob Sie im Zusammenhang mit Ihrer Figur, Ihrem Gewicht oder

Essverhalten zu dramatisierenden Verallgemeinerungen neigen. Übertreiben Sie? Machen Sie sich zu viele Selbstvorwürfe? Gibt es Dinge, die Ihrer Aufmerksamkeit entgehen, wenn Sie so hart mit sich selbst ins Gericht gehen, dass Sie nur noch die Fehler sehen? (Siehe dazu auch die Übung auf Seite 60: »Was ist sonst noch da?«)

- *Jetzt ist auch schon alles egal:* Eine beliebte Variante der übertriebenen Verallgemeinerung ist die Illusion, keine Alternative zu haben. Wenn Sie Ihre guten Vorsätze ohnehin schon über den Haufen geworfen und ein Stückchen Schokolade gegessen haben, dann können Sie jetzt ja auch gleich die ganze Tafel essen. Wenn Sie ohnehin schon schwach geworden und im Hotel zum Frühstücksbuffet gegangen sind, dann können Sie auch gleich so viele Brötchen, Croissants und Aufschnitt auf Ihren Teller häufen, bis Sie kaum noch drübersehen können.

Die Gefahr bei der Sache ist einerseits, dass Sie auf diese Art schnell mitten in einem Fressanfall landen; auf der anderen Seite übersehen Sie dabei, dass es immer noch Alternativen gibt. Es gibt nicht nur Schwarz und Weiß – es gibt auch Grau, Blau, Rosa und unendlich viele Farben dazwischen. Sie müssen also nicht essen, bis Sie platzen. Eine halbe Tafel Schokolade, ein normal oder gar bescheiden gefüllter Frühstücksteller – auch das sind Optionen, die Sie jederzeit haben.

Und jetzt? Wie kommen Sie jetzt raus aus der Schlacht? Wie können Sie den Kampf gegen sich selbst beenden? Ganz einfach: Tun und denken Sie einfach das Gegenteil von dem, worüber Sie gerade in den Hindernissen gelesen haben:

- Es geht *nicht* nur ums Gewicht! Es gibt noch unendlich viele andere Dinge, die wichtig sind. Unterbrechen Sie die einseitige Konzentration auf Ihre Figur- oder Gewichtsprobleme.
- Sie sind *nicht* schuld! Lassen Sie diese Vorstellung los und schauen Sie nach vorne statt nach hinten.
- *Nichts* ist immer genau so! Hüten Sie sich vor übertriebenen Verallgemeinerungen.
- Es ist *nie* alles schon egal! Zwischen Fasten und Fressen gibt es noch tausend andere Möglichkeiten. Machen Sie sich immer wieder Ihre Alternativen bewusst.

Und zu guter Letzt: Haben Sie Geduld. Auch wenn vieles noch nicht so klappen mag, wie Sie es gerne hätten – den ersten Schritt haben Sie längst getan. Sie sind auf dem Weg. Genießen Sie die Blumen am Wegesrand. Fangen Sie jetzt bloß nicht an zu rennen – gehen Sie langsam. Geduld ist das beste Gegenmittel gegen den Kampf mit sich selbst. Nehmen Sie es so oft wie möglich ein.

Fressfallen akzeptieren lernen

Fallen haben es an sich, dass man irgendwann einmal hineintappt. Sie werden diese Erfahrung schon selbst gemacht haben: Selbst nach 999 richtigen Schritten treten Sie mit dem tausendsten Schritt wieder mitten hinein. Das gilt natürlich erst recht, wenn es sich um Fressfallen handelt, die so ziemlich an jeder Ecke lauern. Es ist also ganz normal, wenn Sie gelegentlich einmal einer Essattacke zum Opfer fallen. Wichtiger, als sich darüber zu ärgern, ist es, achtsam und neugierig zu beobachten, was da eigentlich genau mit Ihnen passiert.

Was aber, wenn es Ihnen nicht etwa »gelegentlich einmal«, sondern dauernd so geht, dass Sie viel mehr essen, als Ihnen guttut? Dann gilt das soeben Gesagte noch viel mehr: Wichtiger, als sich darüber zu ärgern, ist es, achtsam und neugierig zu beobachten, was da genau mit Ihnen geschieht.

Falls Sie regelmäßig in der Fressfalle landen sollten, dann zeigt das nur, dass Sie bisher noch keine bessere Möglichkeit gefunden haben, effektiver mit typischen Fress-Situationen umzugehen. Das heißt aber glücklicherweise nicht, dass Sie das nicht ändern können. Der erste Schritt, der aus der Falle führt, besteht darin zu erkennen, was wirklich passiert; der zweite darin, dass Sie aufhören, Situationen oder Emotionen, die Sie regelmäßig dazu verführen, zu viel zu essen, als »böse« oder »katastrophal« anzusehen: Die Chips, die Kekse in der Schublade, die Konditorei oder das Wiener Schnitzel trifft ebenso wenig die Schuld wie Zustände der Langeweile oder Einsamkeit. Sie sind einfach nur, was sie sind. Und natürlich trifft auch Sie keine Schuld, nur weil Sie in die Falle tappen. Doch es gibt etwas, das Sie tun können: Sie können achtsamer werden und versuchen aufzuwachen. Und dazu dienen die beiden folgenden Methoden:

🔑 Wo lauern die Fallen?

Wahrscheinlich wissen Sie ohnehin, welche Situationen oder inneren Zustände bei Ihnen dazu führen, dass Sie in die Fressfalle tappen. Trotzdem – je genauer Sie hinsehen und je mehr Informationen Sie über Ihr Handeln sammeln können, desto besser.

Beobachten Sie sich in den nächsten Wochen einmal ganz genau. Versuchen Sie möglichst genau herauszufinden, wo Ihre persönlichen Fressfallen auf Sie lauern. Welches sind Ihre »Top 3« in der folgenden Liste?

- Knabbern beim Fernsehen, im Kino oder am Computer,
- Eile und Stress im Alltag,
- Feste und Einladungen,
- Alkohol beim Essen,
- Fastfood,
- Langeweile,
- »All-You-Can-Eat«-Lokale oder kalte Buffets,
- gut gefüllte Vorratskammern oder Küchenschränke,
- Einsamkeit,
- Geselligkeit,
- Schokolade und Süßes,
- üppige Portionen im Restaurant oder in der Kantine,
- Tiefkühlkost, Mikrowellengerichte, Snacks.

Achtsam in der Fressfalle

Zwei Dinge sind für Fressfallen typisch: Erstens nehmen wir in solchen Augenblicken in kürzester Zeit extrem viele Kalorien auf, und zweitens passiert das gewöhnlich ganz ohne unsere Kontrolle – wir handeln scheinbar wie in Trance. »Scheinbar« – das ist hier jedoch das Schlüsselwort; denn selbst inmitten eines Heißhungeranfalls gibt es immer auch Momente, in denen wir durchaus wissen, was wir da gerade tun. Und selbst wenn es nur wenige Sekunden sind, können Sie diese Sekunden doch nutzen. Letztlich ist nämlich auch ein Fressanfall nichts anderes als eine Erfahrung, die es uns ermöglicht, etwas über uns selbst zu lernen.

In jedem noch so kleinen Moment, in dem Sie sich des Rauschzustandes bewusst werden, in dem Sie sich gerade befinden, können Sie drei Dinge tun:

1. Fragen Sie sich, woran Sie überhaupt erkennen, dass Sie gerade in der Fressfalle sitzen: Essen Sie schneller als sonst? Essen Sie mehr, als Ihnen guttut? Essen Sie heimlich?
2. Nehmen Sie wahr, wie sich Ihr Körper im Moment anfühlt: Wie ist die Körperhaltung? Nehmen Sie dann Ihre Gefühle wahr: Fühlen Sie sich wohl, berauscht, oder sind Sie geradezu in Ekstase? Oder haben Sie eher Schuldgefühle? Sind Sie traurig oder frustriert?
3. Lenken Sie Ihre Aufmerksamkeit nun für einige Sekunden auf Ihren Atem. Verändern Sie dabei nichts. Versuchen Sie nicht, länger oder tiefer zu atmen als sonst. Beobachten Sie einfach nur, wie sich Ihre Bauchdecke hebt und senkt. Vielleicht schaffen Sie es, Ihren Atem zwischendurch zwei bis drei Atemzüge lang zu verfolgen. Und wenn Sie dann eine Weile weitergegessen haben und dann noch einmal daran denken, Ihre Achtsamkeit auf Ihren Atem zu

> lenken, ist das umso besser! Je öfter Sie sich die oben genannten Fragen stellen und/oder Ihren Atem beobachten, desto länger können Sie die Momente ausdehnen, in denen Sie die Kontrolle wieder übernehmen.
>
> Last but not least: Was auch immer geschieht – es ist in Ordnung. Es ist nur eine Fressfalle, weiter nichts. Und wenn Sie weiteressen wollen, dann erlauben Sie sich das. Wenn Sie aber lieber aufhören wollen, dann geben Sie sich auch dazu die Erlaubnis. Es ist nicht so wichtig, wie Sie sich entscheiden, denn bei diesen Übungen geht es nur darum, genau hinzusehen und die eigenen Bewertungen loszulassen.

Ein Blick in den Rückspiegel oder »Die Macht der Gewohnheit«

Der Mensch ist ein Gewohnheitstier. Das ist auch ganz gut so, denn es erleichtert uns den Alltag ungemein. Beispielsweise müssen wir nicht mehr überlegen, ob wir uns morgens anziehen, bevor wir ins Büro gehen, oder ob wir uns abends nach dem Essen die Zähne putzen – wir tun das einfach. Wir sind es so gewohnt.

Gewohnheiten sind im Grunde nichts anderes als festgelegte, stereotype Verhaltensweisen, die in das limbische System unseres Gehirns einprogrammiert und tief in unsere Nervenbahnen eingegraben sind. Gewohnheiten sind nicht dazu da, uns zu ärgern. Wir selbst haben sie irgendwann einmal »installiert« – und das aus gutem Grund: Muster lassen uns schneller und sicherer handeln; sie sagen uns, wo es langgeht – sowohl bei der Arbeit als auch bei der Partnerschaft, der Freizeitgestaltung oder der Kommunikation mit anderen Menschen.

Im Grunde bestimmen Muster unser ganzes Leben. Und natürlich bestimmen sie auch zum großen Teil darüber, was, wann und wie viel wir essen. Ob Sie morgens Toastbrot mit Himbeermarmelade und ein Frühstücksei oder eher Müsli essen, ob Sie Ihren Kaffee lieber schwarz oder mit Milch und Zucker trinken, ob Sie nach 18:00 Uhr gar nichts mehr essen oder vor dem Zubettgehen noch eine halbe Tafel Schokolade verdrücken – all das ist vor allem auch eine Frage der Gewohnheit.

Und hier fängt das Problem an, denn wie wir alle wissen, gibt es nicht nur gute, sondern auch jede Menge schlechte Gewohnheiten. Da Gewohnheiten unsere Lebensweise und unsere täglichen Entscheidungen prägen, wirken sie sich auch stark auf unser Essverhalten und somit auch auf mögliche Gewichtsprobleme aus.

Gewohnheiten entlasten einerseits den Arbeitsspeicher unseres Gehirns enorm, aber andererseits erhöhen sie das Risiko, dass wir unser Leben wie in Trance verbringen, da wir nicht länger bewusst entscheiden, sondern in den »Autopilot-Modus« umschalten.

Jede Gewohnheit hat irgendwann einmal mit einer mehr oder weniger bewussten Entscheidung angefangen: mit Lust (einer eher unbewussten Entscheidung) oder einer konkreten Absicht (einer eher bewussten Entscheidung). Doch je öfter wir ein Verhalten wiederholen, desto automatischer handeln wir. Auf diese Weise nähert unser Verhalten sich dem eines programmierten Roboters an: Statt bewusst zu entscheiden, schalten wir einfach die Automatik ein. Himbeermarmelade oder Müsli? Darüber denken wir dann gar nicht mehr lange nach, sondern machen, »was wir sowieso immer machen«.

- Das Gute an Gewohnheiten ist, dass sie uns das Leben erleichtern.
- Das Schlechte an Gewohnheiten ist, dass sie es uns erschweren, lebendig zu bleiben.

Vom freundlichen Umgang mit Gewohnheiten

Wenn wir darüber nachdenken, wie wir am besten mit unseren Gewohnheiten umgehen sollen, dann denken wir dabei immer an die schlechten Gewohnheiten. Das ist auch kein Wunder, denn mit den guten haben wir schließlich kein Problem. Es gibt viele Strategien, die dabei helfen können, aus negativen Gewohnheiten auszubrechen. Die einfachste besteht darin, einfach neue Gewohnheiten anzunehmen. Schlechte Gewohnheiten verschwinden, indem wir gute schaffen – so einfach ist das. Wenn Sie zum Beispiel damit beginnen, jeden Tag gleich nach dem Aufstehen 15 Minuten zu meditieren, wird es zwischen 14 und 66 Tage dauern, bis Ihnen das neue Verhalten in Fleisch und Blut übergegangen ist – das haben Studien ergeben. Und spätestens dann können Sie fast nicht mehr anders.

Doch halt – so einfach ist es eben doch nicht!

Gewohnheiten sind sehr mächtig. Sie beeinflussen das Glück, das Schicksal und natürlich auch die Gesundheit eines Menschen. Und wenn Sie gewohnheitsmäßig Dinge tun, die gut für Ihre Figur sind, wie zum Beispiel viel Obst, Gemüse und Salate und wenig Kalorienbomben zu essen und täglich Sport zu treiben, werden Sie auch nicht so leicht Gewichtsprobleme bekommen.

Das, was ist, ist die Frucht unseres Handelns. Doch wie wir handeln, ist die Folge unserer Einstellungen und Absichten, die wiederum durch unsere Gefühle und Gedanken bestimmt werden. Wenn Sie also das, »was hinten rauskommt« (Ihre Gewohnheit), ändern wollen, müssen Sie zunächst das verändern, was dem Ganzen zugrunde liegt (Ihr Denken und Fühlen). Doch genau hier gibt es ein Problem: Gedanken und Gefühle lassen sich nämlich nicht einfach verändern – erst recht nicht mit purer Willenskraft. Und das erklärt auch das klägliche Scheitern, mit dem wir jedes Jahr aufs Neue konfrontiert sind, nachdem unsere guten Neujahrsvorsätze mal wieder allesamt den Bach hinuntergegangen sind.

Was können wir also tun?

Wenn Sie Ihre schlechten Gewohnheiten erst einmal als die Bösewichte ausgemacht haben, die für Ihr Übergewicht verantwortlich sind, dann sollten Sie sehr behutsam mit ihnen umgehen. Sie können diese Muster nicht einfach schnell mal umprogrammieren – auch wenn Motivationstrainer uns das immer wieder weismachen wollen.

Wenn Sie Ihre negativen Muster ausmerzen wollen, gibt es dazu eine sehr wirkungsvolle Technik: Lassen Sie sie so sein, wie sie sind. Bringen Sie ihnen Akzeptanz entgegen, aber bekämpfen Sie sie nicht; sonst landen Sie nur wieder im erschöpfenden Kampf gegen sich selbst. Tun Sie stattdessen jedoch etwas anderes:

1. *Sehen:* Beobachten Sie sich und versuchen Sie, Muster in dem Moment zu erkennen, wo sie auftauchen. Benennen Sie die Gewohnheit mit einfachen Worten (»Ich sehe fern und esse Kekse«). Versuchen Sie aber nicht nur die einzelne Tätigkeit zu sehen, also beispielsweise das Essen an sich, sondern achten Sie auf den gesamten Handlungsablauf, der das Muster bestimmt (bequeme Kleidung anziehen, die Keksschachtel aus der Küche holen, sich auf das Sofa setzen, die Fernbedienung in die Hand nehmen und den Fernseher einschalten, die Kekspackung aufreißen ...).
2. *Verstehen:* Jede Gewohnheit hat einen Grund. Es geht hier also nicht um Zufall. Einige Gewohnheiten wurden in der Kindheit geformt, andere durch Entscheidungen, die Sie irgendwann einmal in Ihrem Leben gefällt haben. Versuchen Sie zu verstehen, was das Gute an Ihrer Gewohnheit ist. Was ist die positive Absicht dabei? (Zum Beispiel Genießen und Entspannen, wie bei Süßigkeiten. Oder Zeit sparen durch Fastfood usw.). Wobei hat Ihre negative Gewohnheit Ihnen bisher geholfen?
3. *Akzeptieren:* Nachdem Sie sich Ihre Gewohnheit genau angesehen und zumindest ansatzweise ihre Funktion verstanden haben, sollten Sie sie in einem letzten Schritt mitfühlend und respektvoll behandeln. »Auch wenn ich mit dieser Gewohnheit meine Schwierigkeiten habe – es ist okay, so wie es ist.«

Wenn die Zeit reif ist, wird sich die belastende Gewohnheit ganz von selbst auflösen. Je offener und verständnisvoller Sie mit eingeschliffenen Mustern umgehen und je achtsamer Sie sich ihnen zuwenden, desto schneller wird das geschehen.

Belastendes Tun –
Muster im eigenen Verhalten erkennen

Zu den Mustern, die im Zusammenhang mit Übergewicht stehen, gehören vor allem die Verhaltensmuster. Gewichtsprobleme bekommen wir, weil wir zu große Mengen essen oder zu den falschen Lebensmitteln greifen, kurzum: Weil wir etwas Bestimmtes *tun.*

Verhaltensmuster bestimmen viele unserer alltäglichen Handlungen – ob Sie mit dem Fahrrad oder dem Auto zum Einkaufen fahren, beim Anziehen erst in das rechte oder linke Hosenbein schlüpfen oder ob Sie Zahnseide benutzen oder nicht, hängt mit Ihren individuellen Verhaltensmustern zusammen. Und genauso gibt es rund um das Essen viele feste Grundmuster, von denen sich einige leider recht nachteilig auf Ihr Aussehen, Ihre Fitness und Ihr Wohlbefinden auswirken.

Wie im oberen Abschnitt beschrieben, sollten Sie Ihren Mustern in drei Schritten begegnen:

- Erstens sollten Sie diese Gewohnheiten erkennen und identifizieren.
- Zweitens ist es wichtig herauszufinden, was die gute Absicht ist, die sich hinter dem Muster verbirgt.
- Drittens sollten Sie versuchen, Ihre Gewohnheit zu akzeptieren, und den inneren Kampf gegen Ihr Verhaltensmuster aufgeben. (Keine Sorge – später werden Sie noch mehr darüber erfahren, wie Sie positive Gewohnheiten kultivieren können.)

Schädliche Verhaltensmuster, die im Zusammenhang mit unserem Essverhalten stehen, sind allesamt Gewohnheiten, bei denen wir abgelenkt, nebenbei und/oder unbewusst essen.

Schauen Sie sich die folgenden, weit verbreiteten Muster an, und dann beobachten Sie sich in Ihrem Alltag – wahrscheinlich werden Sie negative Gewohnheiten schnell erkennen können:

- Schlingen, zu schnelles Essen,
- immer alles aufessen,
- abgelenkt essen – Naschen im Kino, beim Fernsehen, Autofahren, Telefonieren, Zeitunglesen usw.,
- Verhaltensmuster, die an bestimmte Orte gebunden sind: Essen in Cafés, Schlemmergassen, bestimmten Restaurants, bei Stammtischen, in Snackbars, bei Kiosks usw.,
- unregelmäßiges Essen, zwischendurch essen,
- heimlich naschen, nachts vor dem Kühlschrank essen, abends vor dem Schlafengehen schlecken,
- Verhaltensmuster, die darin bestehen, dass Sie immer wieder zu den gleichen Nahrungsmitteln greifen – Pizza, Süßigkeiten, Fastfood, Salzgebäck,
- Essen unterwegs – im Zug, Auto, Flugzeug, auf Bahnhöfen usw.

Wenn (Nicht-)Essen zur Sucht wird

Was heißt schon Sucht? Ist das nicht ein etwas drastisches Wort? Bei Sucht denkt man an ausgezehrte Heroin-Junkies, die sich auf Bahnhofstoiletten den goldenen Schuss verpassen. Oder zumindest an Alkohol- oder Tablettenabhängige, an körperlichen Verfall und sozialen Abstieg. Aber von Sucht nach Schokolade zu sprechen – führt das nicht doch zu weit?

Das kommt darauf an. Wer auf der Suche nach Entspannung zur Weinflasche greift, handelt im Prinzip auch nicht anders als derjenige, der sich beim Versuch, seiner inneren Leere zu entfliehen, stundenlang vor den Fernseher setzt – oder eben Massen an Nahrungsmitteln in sich hineinstopft, obwohl er eigentlich gar nicht hungrig ist. Gelegentlich einmal auf diese Weise abzuschalten ist die eine Sache. Eine ganz andere ist es aber, wenn dieser Mechanismus zur Gewohnheit wird und schließlich zu zwanghaftem Verhalten führt.

Wo normales Kompensationsverhalten aufhört und die Sucht beginnt, das können nur Sie selbst für sich entscheiden. Zwänge sind bis zu einem gewissen Punkt völlig normal. Auf der anderen Seite können selbst »ganz normale Zwänge« unsere Freiheit zerstören, uns unglücklich und darüber hinaus auch übergewichtig machen.

Es ist ein mutiger Schritt, sich einzugestehen, von gewissen Substanzen (und dazu gehören auch Genussmittel) abhängig zu sein. Doch wir können diesen Schritt auch schon machen, bevor die Zwänge irgendwann so massiv sind, dass sie uns zu selbstzerstörerischem Handeln zwingen. Wir müssen also mit anderen Worten nicht warten, bis wir reif für die Therapie sind.

Es gibt sehr viele verschiedene Ausprägungen von zwanghaftem Essen wie auch von zwanghafter Essensverweigerung. Der Weg der Achtsamkeit, der sich Ihnen durch den Gebrauch Ihres Seelenschlüssels eröffnet, ist ein sehr sanfter und einfühlsamer Weg. Er unterstützt Sie und gibt Ihnen die Kraft, den Dingen ins Auge zu sehen, egal worum es sich handelt. Was auch immer es sei: Niemals wird es darum gehen, sich selbst zu verurteilen oder mit dem erhobenen Zeigefinger herumzufuchteln.

»Ich esse oft locker doppelt so viel, wie ich sollte. Statt nachts zu schlafen, schleiche ich um meinen Kühlschrank herum. Manchmal verbringe ich sogar ganze Tage damit, ans Essen zu denken oder mir Sorgen um meine Figur zu machen...«

- »Kein Problem – schau es dir einfach nur an«, sagt die Achtsamkeit.
- »Das ist schon in Ordnung – im Augenblick ist das eben nun einmal der Zustand, in dem du dich befindest«, sagt die vollkommene Akzeptanz.

Nicht wegschauen, sondern hinsehen. Nicht urteilen, sondern verstehen und annehmen – das ist der Weg der Achtsamkeit.

Sind Sie ein emotionaler Esser?

Werden Sie das Gefühl nicht los, dass Ihr Essverhalten sehr viel mehr mit Ihren Stimmungen, Problemen, Launen und Emotionen zu tun hat als mit rein körperlichen Bedürfnissen? Haben alle Diäten, mit denen Sie es bisher versucht haben, früher oder später versagt? Glauben Sie, dass Ihr Hunger eigentlich viel eher aus der Seele als aus dem Bauch kommt? Dann spricht vieles dafür, dass Sie ein emotionaler Esser sind: Willkommen im Club!

Mediziner schätzen, dass heute gut ein Drittel aller Deutschen zu den emotionalen Essern gehört. Beschränken wir uns aber nur auf die Gruppe der Übergewichtigen, so können Sie wetten, dass der Anteil jener, die nur aus emotionalen Gründen essen, hier noch wesentlich höher ist. Wir denken sogar, dass im Grunde jeder, der Gewichtsprobleme hat, bis zu einem gewissen Grad zu den emotionalen Essern zählt.

Natürlich haben Psychologen und Mediziner längst entdeckt, dass die Gründe für Gewichtsprobleme wesentlich tiefer liegen als auf der Ebene der Kalorien. Im Zusammenhang mit emotionalem Essen tauchen oft Begriffe wie »Essstörungen«, »Zwänge« oder »Sucht« auf. Letztlich ist es aber gar nicht so wichtig, welche Worte wir benutzen, um Probleme mit unserem Essverhalten zu benennen. Ohnehin sind die Übergänge fließend, und am Ende ist das Ganze vor allem eine Definitionsfrage. Wir werden später noch über Sucht und Zwänge sprechen. Fürs Erste trifft »emotionales Essen« das Problem jedoch am besten, denn ob Sucht, Zwang oder Essstörungen – immer haben wir es dabei bestimmt auch mit einer Form emotionalen Essens zu tun.

Emotionale Esser benutzen Nahrungsmittel, um Stress zu verdauen oder besser mit belastenden Gefühlen umgehen zu können – kurzum, um sich besser zu fühlen. In den USA sprechen Experten darum auch von »Comfort Eating« (»Comfort« bedeutet hier nicht »Bequemlichkeit«, sondern in einem weiteren Sinn auch »Trost«, »Geborgenheit« und »Freude«).

Falls Sie sich nicht sicher sind, ob Sie nun zu den emotionalen Essern gehören oder nicht, finden Sie hier einen kleinen Test. Beantworten Sie spontan die folgenden zehn Fragen:

1. Essen oder naschen Sie besonders oft, wenn Sie enttäuscht, traurig, verärgert oder einsam sind?
2. Hängt die Auswahl und Menge Ihres Essens stark von Ihren Stimmungen ab?
3. Essen Sie in Phasen, in denen Sie gestresst sind, mehr als sonst?
4. Essen Sie häufig, um sich zu verwöhnen oder sich etwas Gutes zu tun?
5. Gibt es starke Schwankungen in Ihrem Essverhalten? Pendeln Sie zwischen Askese und Exzessen hin und her?
6. Essen Sie, um sich zu beruhigen oder sich geborgener fühlen zu können?
7. Essen Sie oft aus purer Langeweile?
8. Naschen Sie regelmäßig nebenbei – zum Beispiel beim Fernsehen, Lesen, Telefonieren oder Autofahren?
9. Essen Sie, weil Sie sich leer fühlen?

10. Brauchen Sie etwas zu essen, wenn Sie müde, erschöpft und ausgepowert sind?

Mit der Testauswertung kommt nun gleich auch die schlechte Nachricht: Schon ein »Ja« genügt nämlich für den »Anfangsverdacht«. Und ab drei Ja-Antworten besteht kaum noch ein Zweifel darüber, dass Sie zu den emotionalen Essern gehören.

Falls dem so ist, haben Sie einen großen Nachteil: Sie können so viele Diäten machen und Ernährungsregeln studieren, wie Sie wollen – Sie werden damit vermutlich keinerlei Erfolg haben. Aber falls Sie wirklich ein emotionaler Esser sind, haben Sie dafür auch zwei große Vorteile:

1. Sie können sehr effektiv abnehmen, wenn Sie einen spirituellen Weg wählen und Ihren Seelenschlüssel benutzen, um die vier Tore zu durchschreiten (klares Erkennen – vollkommene Akzeptanz – heilsame Absicht – mitfühlende Achtsamkeit).
2. Sie sind wesentlich näher an Ihren Gefühlen dran als andere Menschen. Und da Ihr Essverhalten stark mit Gefühlen zusammenhängt, können Sie beim Abnehmen viel über sich selbst lernen und sich auf achtsame Weise nicht nur von Übergewicht, sondern gleichzeitig auch noch von Zwängen und belastenden Gewohnheiten befreien.

Fressen und vergessen – Binge Eating

Wenn emotionale Esser sich verwöhnen wollen, dann nehmen sie oft große Mengen an Kalorien zu sich. Es kommt zu wahren Fressattacken, bei der die Kontrolle über das eigene Essverhalten verloren gehen kann. Das Ausmaß des Kontrollverlusts markiert die Grenze zwischen emotionalem Essen und sogenanntem »Binge Eating« (von engl. »binge«, »Gelage«). Im Grunde sind Binge Eater nur eine Sonderform der emotionalen Esser – wenn auch oft eine recht extreme. Wenn emotionales Essen in Binge Eating übergeht, kommt es immer häufiger zu Heißhungeranfällen, und auch die Menge der Lebensmittel, die bei solchen Anfällen verschlungen wird, wird immer größer.

Falls Sie unter Binge Eating (hierzulande meist unter dem Begriff »regelmäßig wiederkehrende Fressanfälle« bekannt) leiden, dann kommt Ihnen die folgende Schilderung einer Betroffenen sicher bekannt vor:

> »Es fing meist alles ganz harmlos an – oft beim Fernsehen, auf dem Sofa, nach einem anstrengenden Arbeitstag. Ich hab mir dann beim Fernsehen immer schon gleich einmal ein paar Süßigkeiten gegönnt. Und nach jedem Stückchen Schokolade dachte ich: ›So – jetzt reicht's aber. Reiß dich mal am Riemen.‹
>
> Ich wusste schließlich genau, wie das enden würde, wenn ich meinem Heißhunger auf Süßes nachgeben würde, denn diese Erfahrung hatte ich leider schon allzu oft gemacht. Aber irgendwie ist es dann doch

nie beim ersten Bissen (oder auch nur bei den ersten zwei bis drei Keksen oder Schokoriegeln) geblieben. Dabei waren die ersten Bissen eigentlich die einzigen, wo überhaupt noch von ›Genuss‹ die Rede sein konnte.

Also bin ich in den Werbepausen in die Küche gelaufen und hab die Familienpackung Vanilleeis aus der Truhe geholt. ›Lass es doch – heute schaffst du es auch ohne Eis!‹, hab ich dann gedacht. Also habe ich mir nur einen einzigen Löffel gegönnt, denn einmal ist schließlich keinmal. Doch schon beim ersten kleinen Löffel habe ich dann diesen übermächtigen Drang verspürt. Nachdem ich ja ohnehin schon angefangen hatte, kam es jetzt ja auch nicht mehr drauf an. Also habe ich mir zwei Kugeln – ach nein, doch lieber drei – in ein Schälchen gefüllt und bin wieder ins Wohnzimmer.

Irgendwann sind dann immer die Pferde mit mir durchgegangen. Das Schlingen hat mich in einen geradezu euphorischen Zustand versetzt – der Stress aus der Kanzlei war wie weggeblasen.

Die dritte Kugel hat dann meistens schon nicht mehr so gut geschmeckt. ›So – jetzt ist aber endgültig Schluss... Oder vielleicht doch noch eine einzige Kugel...?‹ Und so ging das dann weiter, bis ich sage und schreibe die ganze Eispackung samt aller Schokoladenkekse verdrückt hatte und mit Übelkeit und Bauchschmerzen auf der Couch lag.

In solchen Augenblicken habe ich mich vor mir selbst geekelt. Und ich habe mich maßlos darüber geärgert, dass ich so unglaublich gierig und unbeherrscht war. Wenn ich eine Fressattacke hatte, hatte ich anschließend immer das Gefühl, dass sich da eine Art Dämon meiner bemächtigt oder irgendeine fremde Macht das Steuer übernommen hat. Das schlechte Gewissen und die Schuldgefühle waren nach den Heißhungeranfällen oft so groß, dass ich am nächsten Tag zum Ausgleich gar nichts gegessen habe. Aber leider war es immer nur eine Frage der Zeit, bis das große Fressen dann wieder von Neuem losging...«

Vor einigen Jahren war der Begriff »Binge Eating« bei uns so gut wie unbekannt (nicht aber das Verhalten). Heute gehört Binge Eating jedoch auch hierzulande zu einer der häufigsten behandelten Essstörungen. In einem einzigen Heißhungeranfall können Binge Eater locker 3000 Kalorien und mehr aufnehmen – das Ganze meist in Form von stark gesüßten oder fetthaltigen Speisen sowie gesüßten Getränken. Rund zwei Drittel der Betroffenen sind Frauen.

Es gibt eindeutige Kriterien, die Binge Eating von nichtkrankhaftem emotionalem Essen abgrenzen. Wenn einige der folgenden Symptome auf Sie zutreffen, gehören Sie sehr wahrscheinlich zu den Binge Eatern:

- Die Nahrungsmittel werden sehr schnell gegessen beziehungsweise geschlungen. Das Essen wird dabei kaum zerkaut.
- Obwohl man sich nicht wirklich hungrig fühlt, werden in kurzer Zeit sehr große Mengen an Nahrung aufgenommen.
- Während der Essanfälle haben Betroffene keinerlei Kon-

trolle mehr über ihr Essverhalten – sie haben das Gefühl, »nicht mehr aufhören zu können«.
- Es wird so lange weitergegessen, bis Übelkeit, Völlegefühl oder andere Beschwerden auftreten. Binge Eater essen quasi, »bis sie platzen«.
- Während der Anfälle werden Nahrungs- und Genussmittel mehr oder weniger wahllos konsumiert.
- Während und vor allem nach den Heißhungerattacken kommt es zu Ekelgefühlen sich selbst gegenüber, zu Schuldgefühlen und Scham bis hin zu depressiven Verstimmungen.
- Binge Eater schämen sich für ihr Verhalten. Sie essen fast immer alleine und oft heimlich.
- Erst wenn die aus dem Ruder gelaufenen Essanfälle wiederholt auftreten, spricht man von Binge Eating.

Ebenso wie für emotionale Esser ist es auch für Binge Eater enorm wichtig, sich ihr Verhalten achtsam anzusehen, statt es zu verdrängen. Machen Sie sich bewusst, das Binge Eating ebenso wie alle anderen Formen von Essstörungen immer Ausdruck einer Sehnsucht ist.

Essanfälle können geradezu ekstatische Zustände hervorrufen, in denen Sie endlich einmal »die Welt vergessen« können. Essen kann zu einer Burg des Vergessens werden – zu einem sicheren Ort, zu dem keine Probleme durchdringen. Kurzzeitig können Fressanfälle also eine Art Therapie sein – eine Medizin für den Notfall, durch die Geborgenheit und Wärme erfahren werden können.

Vor allem aber können häufig wiederkehrende Heißhungerattacken ein wichtiges Signal sein. Dank dieses Signals können Sie beispielsweise erkennen,

- dass Sie sich leer fühlen und sich nach Glück sehnen;
- dass Sie Zuwendung und Mitgefühl brauchen – nicht unbedingt von anderen, aber auf jeden Fall von sich selbst;
- dass Sie sich wünschen, Ihre Probleme zu vergessen und Frieden in sich zu erfahren.

Wenn Sie unter emotionalen Schmerzen leiden, ist das kein Grund, sich dafür zu verurteilen. Überall auf der Welt leiden Menschen – einige leiden körperlich, andere leiden an Verlusten, Sorgen und Ängsten oder einem Mangel an positiven Gefühlen und Lebensfreude. Das Leiden ist ein fester Bestandteil des Lebens, und nach einem Ausweg zu suchen ist nichts, wofür Sie sich schämen sollten – ganz im Gegenteil.

Dass Sahnetorten, Pralinenschachteln und XXL-Portionen Ihnen nur kurzfristig Erleichterung verschaffen können, wissen Sie längst. Ebenso wissen Sie natürlich auch, dass das Hoch der Ekstase allzu schnell dem Tief der Ernüchterung weicht. Und dass Ihre Probleme durch exzessives Essverhalten nicht einfach so verschwinden, ist Ihnen sicherlich auch schon lange klar. Doch daraus sollten Sie nun nicht den falschen Schluss ziehen, dass Ihr Verhalten deshalb sinnlos und zu nichts nütze wäre.

Wenn Sie ein Ziel haben, von dem Sie nicht so ganz genau wissen, wo es liegt, kann es sehr leicht passieren, dass Sie eine falsche Abzweigung nehmen. Sobald Ihnen bewusst wird, dass Sie auf dem Holzweg sind, sollten Sie nicht anfangen, sich zu ärgern, sich zu verurteilen oder gar zu denken, dass Sie versagt haben. Nur weil dieser Weg nicht zum Ziel führt, heißt das ja noch lange nicht, dass Sie Ihr Ziel deshalb vergessen würden. Im Gegenteil: Wenn Ihnen schwant, dass Sie in einer Sackgasse stecken, können Sie eine neue Richtung einschlagen. Und damit sind Sie der Sache schon wesentlich näher gekommen.

Ganz gleich, ob Sie zu den emotionalen Essern oder zu den extremeren Binge Eatern gehören: Wenn Sie Ihr Essen benutzen, um zu vergessen, dann genießen Sie diese Zeit des Vergessens! Genießen Sie den Rausch so intensiv wie möglich! Solange Sie noch keine andere Methode gefunden haben abzuschalten, sind Fressanfälle zumindest einmal eine Möglichkeit, für sich zu sorgen. Und wenn Sie dann wieder aus dem Rausch erwachen, sollten Sie sich keine Gedanken über Ihr Gewicht oder Ihre Figur machen – diese Probleme werden Sie später lösen; viel wichtiger sind im Augenblick jedoch zwei andere Dinge:

1. *Hinsehen:* Versuchen Sie herauszufinden, *warum* Sie sich unterversorgt gefühlt haben. Woran hat es Ihnen wirklich gefehlt? Was ist es, das in Ihrem Leben nicht so läuft, wie es laufen sollte? Können Sie es für sich in Worte fassen, oder ist es eher ein subtiles Gefühl?
2. *Akzeptieren:* Wie auch immer die Antwort lautet oder ob Sie überhaupt eine Antwort erhalten – verurteilen Sie sich nicht, sondern akzeptieren Sie, dass Ihr Essverhalten ein wichtiger Teil von Ihnen ist. Wenn Sie neugierig und offen genug sind und an diesem Punkt nicht resignieren, kann Ihre Essstörung Ausgangspunkt eines interessanten Weges werden. Am Ende dieses Weges warten Ziele auf Sie, die noch wesentlich attraktiver sind als ein flacher Bauch oder eine gute Figur (auch wenn das eine das andere natürlich nicht ausschließt).

Inmitten von Zwängen frei werden

Das zweite Tor auf dem Weg zum inneren Gleichgewicht, der zugleich der Weg zum äußeren Wunschgewicht ist, ist das Tor zur vollkommenen Akzeptanz. Es ist jedoch nicht leicht, die Dinge zu akzeptieren, wie sie sind. Andere Menschen mitsamt ihren negativen Eigenschaften anzunehmen ist nicht leicht, vor allem nicht, wenn sie im Bett schnarchen (wie der Ehemann), ihr Zimmer nicht aufräumen (wie die Kinder) oder uns auf einem Berg von Arbeit sitzen lassen (wie der Chef).

Sich selbst zu akzeptieren fällt aber oft sogar noch schwerer – besonders wenn wir im Job oder Privatleben scheitern, falsche Entscheidungen getroffen haben oder eben beispielsweise auch 20 Kilo Übergewicht haben.

Und dennoch: Wir sind nur Menschen. Wir sind nicht perfekt; wir sehen nicht perfekt aus, und die anderen (zum Glück) auch nicht. Solange wir mit den Tatsachen, die nun einmal nicht zu ändern sind (oder zumindest nicht so schnell) auf Kriegsfuß stehen, werden wir angespannt, unzufrieden und gestresst sein. Daher ist es auch so wichtig, dass wir lernen, Frieden zu schließen mit dem, was ist – denn das bedeutet auch, dass wir Frieden mit unserem Leben schließen können.

Wir brauchen Stärke, um uns einzugestehen, dass wir keine Kontrolle mehr haben. Wenn wir erst in der Achterbahn sitzen, können wir nicht mehr mittendrin aussteigen. Dann können wir uns innerlich wehren – oder aber loslassen. Und leider ist das Leben oft auch eine Achterbahn.

Akzeptanz erfordert außerdem viel Übung, denn in der Regel sind wir es nicht gewohnt, unsere Widerstände loszulassen. Durch die Achtsamkeitstechniken, die Sie in diesem Buch kennen lernen, können Sie immer wieder üben loszulassen.

Auch die folgende Übung hilft dabei, frei und entspannt zu bleiben. Bei dieser Akzeptanz-Übung benutzen Sie ein Mantra. Mantras sind kurze, prägnante Wortfolgen, die beispielsweise im Hinduismus und Buddhismus bei der Meditation rezitiert werden. Durch regelmäßige und häufige Wiederholung entfalten Mantras eine starke Wirkung auf unser Unterbewusstsein.

Das Mantra, das jetzt zum Einsatz kommt, kennen Sie schon, denn es ist das Thema dieses gesamten Kapitels. Es lautet: »*Es ist okay.*« Drei einfache Worte, durch die Sie eine Menge Stress abbauen und schlagartig ruhiger und entspannter werden können. Dieses Mantra schenkt uns die Gelassenheit, den Dingen ihren Lauf zu lassen und es ihnen so zu ermöglichen, Probleme auch ganz ohne unser Eingreifen zu regeln. Wir müssen uns also weder einmischen noch das Geschehen kommentieren oder es verurteilen. Wir geben die Zügel einfach ganz aus der Hand: »Es ist okay.«

Besonders hilfreich ist das Mantra bei zwanghaftem Essverhalten, aber auch bei zwanghaften Gedanken oder Gefühlen, die mit dem Thema Essen zusammenhängen. Zwänge haben Suchtcharakter und machen uns unfrei. Doch die Kraft der vollkommenen Akzeptanz, die wir durch das Mantra »Es ist okay« einüben können, bewirkt, dass wir lernen, auch mitten im Zwang loszulassen.

Jedes Mal, wenn wir bemerken, dass wir zwanghaft handeln oder denken, können wir loslassen. Dadurch können wir gerade in Situationen, in denen wir uns sonst sehr schlecht fühlen, gleichmütig bleiben. Andererseits werden Zwänge sich so auch schneller auflösen. Solange wir nämlich angespannt sind und uns ärgern, haben Zwänge ein leichtes Spiel; bleiben wir hingegen entspannte Beobachter, verlieren sie schnell ihre Macht über uns.

»Es ist okay« – das Mantra der Gelassenheit

Wenden Sie dieses Mantra möglichst oft an – vor allem, wenn Sie sich mit Ihrem Essverhalten oder Ihren Gedanken unwohl fühlen. Die folgende Liste dient nur als Beispiel für solche Momente. Wann immer ähnliche Situationen oder Zustände auftauchen, setzen Sie das Mantra ein. Beachten Sie dabei drei einfache Regeln:

1. Sprechen Sie das Mantra nur innerlich – wenn Sie alleine sind, können Sie es auch flüstern, doch es genügt, wenn Sie die Worte denken.
2. Wiederholen Sie das Mantra drei Mal.
3. Kombinieren Sie die Worte mit dem Ausatmen: Atmen Sie aus und denken Sie dabei *»Es ist okay«*. Atmen Sie wieder ein. Atmen Sie dann etwas langsamer aus und denken Sie wieder *»Es ist okay«* – wobei Sie die Worte etwas langsamer sprechen. Wiederholen Sie dies ein drittes Mal, doch atmen Sie beim letzten Mal noch länger und tiefer aus und wiederholen Sie das Mantra im Rhythmus Ihrer Ausatmung ganz ruhig und langsam.

Hier einige Beispiele für die Anwendung im Alltag:

- Wenn Ihre Gedanken ständig ums Essen kreisen, dann erkennen Sie das und sagen Sie sich innerlich drei Mal: *»Es ist okay.«*
- Wenn Sie Schuldgefühle haben oder sich schämen, dass Sie sich nicht beherrschen konnten, dann erkennen Sie das und sagen Sie sich innerlich drei Mal: *»Es ist okay.«* (Es ist in Ordnung, Schuldgefühle zu haben – lassen Sie es zu.)
- Wenn Sie sich dabei ertappen, dass Sie nebenbei und unachtsam essen, dann erkennen Sie das und sagen Sie sich innerlich drei Mal: *»Es ist okay.«* (Sie können und müssen nicht ständig achtsam sein.)
- Wenn Sie Ihren Körper ablehnen und sich selbst wegen Ihrer Gewichtsprobleme verurteilen, dann sehen Sie ganz klar, dass es so ist, und sagen Sie sich innerlich drei Mal: *»Es ist okay.«* (Auch wenn es nichts bringt, sich zu verurteilen, kann es natürlich trotzdem leicht passieren. Selbst bei regelmäßiger Übung wird es Momente geben, in denen Sie sich selbst nicht mögen, wenngleich diese Zustände dann schneller vorbeigehen werden.)
- Wenn Sie panikartige Ängste davor haben zuzunehmen, dann erkennen Sie das und sagen Sie sich innerlich drei Mal: *»Es ist okay.«* (Die Angst ist einfach nur Angst – ein Gefühl, das kommt und auch wieder geht.)
- Wenn Sie zu Hause oder unterwegs der Zwang überfällt, jetzt unbedingt etwas (oder auch sehr viel) essen zu müssen, dann sehen Sie dieser Tatsache ins

> Gesicht und sagen Sie sich innerlich drei Mal: »*Es ist okay.*« (Es ist vollkommen in Ordnung, diesen Zwang zu verspüren. Es ist allerdings nicht nötig, dann auch tatsächlich zum Kiosk zu laufen. Doch selbst wenn es so enden sollte, ist auch das okay.)

Falls Sie Probleme damit haben, Dinge zu akzeptieren, die Ihnen eigentlich gegen den Strich gehen, sollten Sie sich bewusst machen, dass Sie nicht an diesem Punkt der reinen Akzeptanz stehen bleiben werden. Im nächsten Kapitel erfahren Sie noch einiges über heilsame Absichten und die Praxis der Veränderung. Versuchen Sie jedoch nicht, den dritten Schritt vor dem zweiten zu tun: Offenheit und Akzeptanz sind die Voraussetzungen für einen tief greifenden Wandel. Ohne sie wird jede Veränderung immer äußere Kosmetik bleiben.

Kann Essen süchtig machen?

In den letzten Abschnitten haben wir über emotionales Essen, Binge Eating und zwanghaftes Essen gesprochen. Damit nähern wir uns dem Begriff der Sucht. An sich sind Begriffe jedoch, wie bereits erwähnt, nicht so wichtig. Viel wichtiger ist es, ob und inwiefern unser Essverhalten zum Problem für uns und unser Körpergewicht wird. Je mehr unsere Art zu essen einen Suchtcharakter bekommt, desto eher wird das natürlich der Fall sein.

Wir werden nun einen kurzen Blick auf ein paar typische Essstörungen werfen. Einerseits ist das wichtig, um abschätzen zu können, wann es Zeit wird, professionelle Hilfe in Anspruch zu nehmen. Es geht also um Grenzen, denn ein Buch kann nie das Gleiche leisten wie eine persönliche Betreuung. Auf der anderen Seite ist es im Prinzip jedoch egal, ob Sie nur ein oder 30 Kilogramm Übergewicht haben und ob Sie sich nur gelegentlich überessen, weil Sie gestresst sind, oder ob Sie an einer klassischen Essstörung wie Ess-Brech-Sucht leiden. Natürlich ist das subjektiv sehr wohl ein großer Unterschied, und je nach Symptomen müssen dann auch unterschiedliche medizinische und therapeutische Schritte unternommen werden. Prinzipiell ist es aber dennoch in jedem Fall hilfreich, achtsamer zu werden, genauer hinzusehen, bessere Entscheidungen zu treffen und Techniken einzuüben, durch die Sie Ihre Körperwahrnehmung verbessern und Stress reduzieren können.

Mit anderen Worten: Ihren Seelenschlüssel können Sie ganz unabhängig von dem Ausmaß Ihres Leidens einsetzen und auch in Verbindung mit Therapien nutzen. Und nicht selten berichten gerade Menschen, die unter schweren Essstörungen gelitten haben, darüber, dass Achtsamkeits- und Meditationsübungen ihnen bei der Bewältigung ihrer Probleme sehr geholfen haben.

Eine Essstörung ist keine Suchterkrankung

In den Industrienationen verbreiten sich Essstörungen epidemisch. Zu den typischen Essstörungen gehören beispielsweise die Ess-Brech-Sucht, die Magersucht oder die Esssucht. Obwohl diese Essstörungen allesamt den Begriff »Sucht« im Namen tragen, handelt es sich dabei im engeren

Sinn nicht wirklich um Süchte. Ohnehin ist der Begriff »Sucht« in Fachkreisen umstritten. Bei der Weltgesundheitsorganisation WHO wurde dieser Begriff nach 1963 abgeschafft und durch »Missbrauch« und »Abhängigkeit« ersetzt. Heute ist zunehmend von dysfunktionalem oder schädlichem Gebrauch die Rede.

Natürlich stimmt es, dass auch Essstörungen zu rauschartigen Zuständen führen können, bei denen wir die Kontrolle verlieren. Dennoch sollten wir unser Essverhalten nicht vorschnell als »Sucht« einordnen, denn Essstörungen gehören nicht zu den Suchterkrankungen, sondern zu den Zivilisationskrankheiten.

Die häufig geäußerte Meinung, dass »Sucht« von »suchen« kommt, stimmt übrigens nicht, denn etymologisch leitet sich »Sucht« von »siechen« (= an einer Krankheit leiden) ab. Bleiben wir also lieber beim klareren Begriff der »Essstörungen«, die auch hierzulande immer mehr Menschen betreffen, wobei ein Großteil Frauen sind.

Wenn Ihr natürliches Essverhalten gestört ist und/oder Ihre Gedanken und Gefühle ständig um das Thema Essen kreisen, und wenn zudem die Gefahr einer Schädigung Ihrer Gesundheit etwa durch hohes Übergewicht oder eine Mangelernährung besteht, ist es sehr wahrscheinlich, dass auch Sie an einer Essstörung leiden.

Zu den bekanntesten und am häufigsten auftretenden Essstörungen gehören das bereits besprochene Binge Eating sowie die Magersucht, die Esssucht, die Ess-Brech-Sucht und die Orthorexie. Allerdings sind die einzelnen Krankheitsbilder nicht eindeutig voneinander abgegrenzt und vermischen sich teilweise auch.

- Bei der weit verbreiteten *Esssucht* sind die Gedanken stark eingeengt und beschäftigen sich pausenlos mit dem Essen. Diese Essstörung führt besonders häufig zu Übergewicht bis hin zur Fettleibigkeit, da regelmäßig deutlich mehr Kalorien aufgenommen als verbraucht werden.
- Bei der *Magersucht (Anorexie)* ist es nicht das Essen, sondern die Essensverweigerung, die zum Problem wird. Durch eine extrem niedrige Nährstoffzufuhr und Hungern wird das Gewicht immer weiter nach unten gedrückt. Mit der Zeit kommt es dadurch zu einer kritischen Unterversorgung mit Nährstoffen, zu Untergewicht und gefährlichen Folgen wie Muskelschwund, Osteoporose, Herzproblemen und einer erhöhten (und zuweilen tödlichen) Anfälligkeit für Infektionen.

  Typisch für die Magersucht ist eine Körperschemastörung: Die Körperwahrnehmung ist verzerrt. Das Selbstwertgefühl hängt stark von der Fähigkeit ab, die Herrschaft über das eigene Gewicht zu behalten.
- Die *Ess-Brech-Sucht (Bulimie)* ist eine Essstörung, bei der die extreme Angst vor Übergewicht im Vordergrund steht. Dabei kommt es – ähnlich wie bei Binge Eatern – zu Ess-Attacken, die dann allerdings durch anschließendes, willentlich herbeigeführtes Erbrechen »neutralisiert« werden sollen. Durch das Erbrechen, das nicht selten zu Entzündungen in Mund und Speiseröhre führt, entsteht erneut ein Mangelzustand, so dass der nächste Essanfall, bei dem Nahrungsmittel wahllos verschlungen werden, vorprogrammiert ist. Zuweilen versuchen Bulimiker ihre »Fress-Sünden« auch durch exzessiven Sport und Fasten »wiedergutzumachen«.

Betroffene berichten, dass sie das Erbrechen nach dem Überessen oft kurzfristig als befreiend und entspannend erleben. Auf Dauer gesehen überwiegen jedoch Scham und Schuldgefühle, zudem isolieren sich Bulimiker ebenso wie Binge Eater häufig, da sie nicht mit ihrem Leiden konfrontiert werden wollen. Für beide Essstörungen ist es typisch, dass oft alleine und heimlich gegessen wird.

- Weniger bekannt, aber zunehmend verbreitet ist die *Orthorexie*. Die Betroffenen sind geradezu besessen von der Idee, sich gesund zu ernähren. Sie zählen Kalorien, werten Vitamin- und Nährstofftabellen aus und teilen Lebensmittel in »gut« und »böse« ein. Ob beim Einkaufen, im Restaurant oder beim Kochen – im Hinterkopf haben sie meist komplizierte Ernährungsregeln und -tabellen abgespeichert. Die Betroffenen sind darauf fixiert, bloß nichts »falsch zu machen«. Oft essen sie nur noch unverarbeitete, ungesüßte und ausschließlich biologisch angebaute Lebensmittel, oder sie verzichten je nach Neigung auf Milchprodukte, Brot oder andere Grundnahrungsmittel.

Während es ja im Prinzip durchaus sinnvoll ist, auf eine gesunde Ernährung zu achten, wird das Essen bei Menschen, die unter Orthorexie leiden, zum Selbstzweck. Die Listen der verbotenen Nahrungsmittel werden immer länger; es geht längst nicht mehr darum, ob das Essen schmeckt, sondern nur noch um den »Gesundheitswert«. Betroffene denken mehrere Stunden täglich über ihr Essen nach, haben oft schon den Speiseplan für die nächsten Tage im Kopf und schränken ihre Freizeitunternehmungen teilweise stark ein, damit ihre

Essgewohnheiten nicht darunter leiden müssen, was schnell zur sozialen Isolation führen kann.

Trotz aller Unterschiede haben Essstörungen doch einige typische Gemeinsamkeiten:

- Sie beginnen oft im Jugendalter.
- Es werden zahlreiche Einflüsse vermutet, darunter familiäre Einflüsse oder die Einflüsse von Medien und dem Freundeskreis sowie eine gestörte emotionale Selbstwahrnehmung und die Unfähigkeit, in Kontakt mit den eigenen Gefühlen zu treten beziehungsweise diese gut zu managen.
- Einerseits verursachen Essstörungen Stress, andererseits ist Stress auch erheblich an der Entstehung von Essstörungen beteiligt.
- Essstörungen gehen mit zwanghaftem Essen (oder Nicht-Essen) einher; die Kontrolle geht verloren. Für die Betroffenen hat Essen nichts mehr mit Genuss zu tun. Die Signale des Körpers werden regelmäßig überhört.
- Oft führen Essstörungen zu depressiven Verstimmungen oder sogar zu Depressionen.

Wenn Sie glauben, dass Sie an einer klassischen Essstörung leiden, und wenn Sie das Gefühl haben, nicht mehr alleine klarzukommen, sollten Sie sich nicht scheuen, Hilfe in Anspruch zu nehmen. Sie können über Ihren Hausarzt oder einen Anruf bei Ihrer Krankenkasse einen geeigneten Therapeuten finden. Auch gibt es in jeder Stadt zahlreiche psychologische Beratungsstellen. Essstörungen können oft sehr erfolgreich behandelt werden. Die psychotherapeutische oder auch familientherapeutische Behandlung steht dabei im Mittelpunkt.

Eine wichtige Unterstützung bieten auch Achtsamkeits- oder MBSR-Kurse. In diesen Kursen entwickeln Sie nicht nur Ihre Achtsamkeit, sondern Sie lernen auch, mit schwierigen Gefühlen umzugehen und Stress im Alltag zu reduzieren. Und wenn Sie möchten, können Sie sich auch direkt an unser Institut für achtsames Essen wenden, an dem Ärzte, Psychologen, MBSR-Lehrer und Ernährungsberater tätig sind, die Ihnen weiterhelfen können.

Im Internet finden Sie uns unter dem Suchbegriff »Institut für achtsames Essen« oder direkt unter: www.institut-für-achtsames-essen.de.

Das dritte Tor: Heilsame Absicht

*»Vermeide das Unheilsame.
Kultiviere das Gute.«*
Buddha

Viele Probleme rund ums Essen könnten allein dadurch gelöst werden, dass wir lernen, sie klarer zu erkennen und mit ihnen statt gegen sie zu arbeiten. Doch es genügt nicht, nur durch diese ersten beiden Tore – klares Erkennen und vollkommene Akzeptanz – zu gehen und dann stehen zu bleiben: Wenn Sie sich nach einer wirklich tief greifenden Veränderung sehnen, wenn Sie nicht nur abnehmen, sondern auch lernen wollen, genussvoller und bewusster zu essen und sich mit sehr viel weniger Nahrung als bisher wohlzufühlen, dann sollten Sie noch einen Schritt weitergehen:

In diesem Kapitel werden wir uns mit dem dritten Tor beschäftigen, durch das wir zur »heilsamen Absicht« gelangen.

Heilsame Absicht? Was heißt denn das? Ganz einfach: Es geht darum, dass Sie möglichst genau wissen sollten, was Sie wollen und wohin Ihre Reise gehen soll – Sie sollten Ihre Absichten genau kennen und vor allem auch erkennen, ob diese hilfreich und heilsam sind oder eher nicht. In den folgenden Abschnitten werden Sie daher einiges über die Theorie und Praxis der heilsamen Absicht erfahren.

Konkret bedeutet das,

- dass Sie lernen, Ihre Wünsche auf den Prüfstand zu stellen,
- dass Sie sich dessen bewusst werden, wie wichtig es ist, die Verantwortung für sich selbst zu übernehmen und weise Entscheidungen zu treffen,
- dass Sie Ihren Herzenszielen folgen und auf inneres Wachstum setzen sollten,
- dass Sie hinter dem Wunsch abzunehmen Ihre spirituellen Möglichkeiten erkennen und frei werden können.

Vielleicht denken Sie, dass es doch genügen sollte, ein paar Kilo abzunehmen, und dass damit alles wieder in bester Ordnung wäre. Doch da irren Sie sich, denn es ist sehr wahrscheinlich, dass es für Sie um noch viel mehr geht. Menschen, die ihr Gewicht durch eine radikale Diät oder eine Schönheitsoperation reduziert haben, werden dadurch weder ihre Esszwänge los, noch fühlen sie sich in ihrem Körper wirklich wohler – von Glück oder Gelassenheit einmal ganz zu schweigen. Das Problem liegt nicht so sehr in der Methode (obwohl wir, wie Sie sich inzwischen denken können, sehr wenig von Diäten und noch weniger von operativen Eingriffen wie Fettabsaugen halten). Das Problem liegt eher darin, dass diese Menschen zu wenig über ihre Absicht nachgedacht haben, bevor sie gehandelt haben.

Alle unsere Handlungen beginnen mit einer Absicht. Unsere Absichten sind die Samen unseres Geistes, und alles, was wir tun, hängt von diesen Samen ab. Gute Samen bringen gute Früchte hervor, schlechte bringen schlechte hervor. Ihre Absichten sind es, die darüber entscheiden, ob Sie ein Heiliger oder ein Schwerverbrecher werden. Und auf einer sehr viel weniger dramatischen Ebene bestimmen

Ihre Absichten auch über Ihren Umgang mit dem Thema Essen und Abnehmen.

Benutzen Sie Ihren Seelenschlüssel, um das dritte Tor zu öffnen: Entwickeln Sie heilsame Absichten. Sehen Sie sich Ihre jeweiligen Absichten und Pläne sehr genau an, denn ebenso wie Ihre Wünsche haben auch Ihre Absichten weit reichende Folgen.

Heilsame Absichten zeichnen sich durch zwei Faktoren aus – durch Gewaltlosigkeit und Heilung beziehungsweise Freiheit von Leiden:

1. *Gewaltlosigkeit:* Heilsame Absichten richten keinen Schaden an. Wie auch immer Ihre Ziele aussehen – achten Sie darauf, dass Sie sich selbst keine Gewalt antun – weder Ihrem Körper noch Ihren Gefühlen. Heilsam zu handeln heißt vor allem, dass Sie versuchen, gut für sich selbst zu sorgen, statt sich zu quälen. Denken Sie dabei aber nicht nur an Ihre oberflächlichen Bedürfnisse, die sich vielleicht nur auf Ihr Aussehen beziehen. Wenden Sie sich auch der tieferen Sehnsucht in Ihrem Herzen zu. Bleibt diese unerfüllt, entstehen dadurch viele Schwierigkeiten, wobei Gewichtsprobleme noch die harmloseren sind. Was immer Sie also tun, um abzunehmen: Achten Sie darauf, dass der Weg, den Sie wählen, nicht zu weiteren Problemen und unangenehmen Erfahrungen führt.
2. *Heilung und Freiheit:* Heilsame Absichten führen zur Heilung. Bei dem Begriff »Heilung« müssen wir nicht unbedingt an etwas Großartiges oder an ein Wunder denken. Geheilt zu sein kann zwar bedeuten, dass wir uns von einer lebensbedrohenden Erkrankung befreit haben, doch auch wenn wir nur eine Erkältung losgeworden sind, sind

wir geheilt. Wenn Sie große Entwicklungsschritte gemacht haben und sich von allen Zwängen (und Essstörungen) befreit haben, sind Sie im spirituellen Sinne »heil geworden«. Doch auch wenn Sie nur ein wenig seltener als sonst unter Fressattacken leiden oder zum Beispiel gelernt haben, beim Essen den Fernseher auszuschalten, ist das bereits eine Form der Heilung.

Heilung hat viel mit Befreiung zu tun. Wenn Sie Ihrem Arzt erzählen, dass Sie Ihren BMI von 32 auf 22 senken konnten, wird er Sie für geheilt erklären, denn Sie haben sich vom Übergewicht befreit. Und wenn Sie Ihrem Psychotherapeuten erklären, dass Sie nicht länger an Bulimie leiden, da Sie sich von dem Zwang befreien konnten, Massen an Nahrungsmitteln zu verschlingen, um diese dann kurz darauf wieder zu erbrechen, dann wird er (oder sie) vermutlich auch von einer Heilung sprechen.

Aber es gibt noch andere Dinge, von denen Sie sich befreien können – beispielsweise davon, weitgehend unbewusst zu handeln, immer wieder in den »Autopilot-Modus« zu schalten, zu viel zu grübeln oder sich von falschen Wünschen leiten zu lassen. Allerdings wird das dann vermutlich weder Ihren Arzt noch Ihren Therapeuten interessieren, da sie üblicherweise nicht für die spirituelle Ebene zuständig sind.

✐ Die Folgen unserer Absichten erkennen

Es gibt zwei Varianten dieser Übung – eine vorausschauende und eine rückblickende. Sinn des Ganzen ist es einerseits, die eigenen Absichten im Alltag genauer unter die Lupe zu nehmen; andererseits geht es darum, die Zusammenhänge zwischen Ursache und Wirkung klarer zu erkennen – man könnte diese Übung also auch als eine kleine Lektion zum Thema Karma sehen. Denn im engeren Sinne besagt das Karma-Gesetz lediglich eines: dass jede Ursache eine Wirkung hat, jede Handlung zu bestimmten Folgen führt und jede Absicht ihre Früchte hervorbringt.

Variante 1: Absichten und der Blick nach vorne

Immer wenn Sie im Alltag etwas tun, das mit dem Essen zusammenhängt, sollten Sie sich zwei einfache Fragen stellen: *»Was ist meine Absicht?«* und *»Wozu wird das, was ich tue, wohl führen?«* Es geht also nicht nur darum, herauszufinden, was die Folgen Ihres Tuns sein werden, sondern auch nachzufragen, welche Absicht sich dahinter verbirgt. Beispielsweise könnten Sie sich das fragen, wenn Sie auf dem Nachhauseweg einen kleinen Umweg zur Eisdiele machen:

Erste Frage: *»Was ist meine Absicht?«*

Mögliche Antwort: »Ich will drei Kugeln Erdbeereis. Ich habe Lust darauf und ich will mich entspannen.«

Zweite Frage: *»Wozu wird das, was ich tue, wohl führen?«*

Mögliche Antwort: »Ich werde das Eis und die letzten Sonnenstrahlen genießen und mich dann aufs Fahrrad setzen und zufrieden nach Hause fahren.«

Doch möglicherweise wird Ihre Antwort auf die zweite Frage auch ganz anders ausfallen: »Ich werde wahrscheinlich ein schlechtes Gewissen bekommen und das Eis gar nicht richtig genießen können. Danach werde ich mich wieder schuldig fühlen, und zu Hause werde ich verheimlichen, dass ich noch schnell ein Eis gegessen habe, weil ich nicht will, dass mein Partner denkt, dass ich undiszipliniert bin.«

Sie sehen schon – es geht hier gar nicht um tiefgründige Philosophie, sondern um sehr einfache Fragen und einfache, klare Antworten. Wichtig ist nur, dass Sie dabei ehrlich zu sich selbst sind und immer versuchen, noch einen Schritt weiter nach vorne zu schauen, wenn Sie über die Folgen Ihrer Absichten nachdenken.

Hier sind einige Situationen, die ein gutes Übungsfeld bieten, um zwischendurch einmal seine Absichten zu erforschen – zum Beispiel

- nachdem Sie im Restaurant die Karte gesichtet haben – kurz bevor Sie bestellen wollen,
- sobald Sie beim Essen die Fernbedienung für den Fernseher in die Hand nehmen,
- wenn Sie beim Einkaufen ins Regal greifen, um bestimmte Lebensmittel in Ihren Einkaufswagen zu legen,
- während Sie sich überlegen, was Sie heute Abend kochen werden,
- wenn Sie die Keksschachtel in Ihre Handtasche packen und/oder mit ins Auto nehmen,
- wenn Sie sich vornehmen, Sport zu treiben oder eine Diät zu machen, um abzunehmen,
- kurz bevor Sie die Chipstüte aufreißen,
- kurz bevor Sie den Kühlschrank öffnen.

Wenn Sie möchten, können Sie die erste Frage (»Was ist meine Absicht?«) noch konkretisieren: *»Höre ich gerade auf das, was mein Körper sagt? Folge ich meiner natürlichen Lust oder eher meiner Gier? Sind da gerade bestimmte Gefühle, die meine Absicht beeinflussen?«*

Und auch die zweite Frage (»Wozu wird das, was ich tue, wohl führen?«) können Sie noch ergänzen: *»Kann meine Absicht negative Folgen haben? Füge ich meinem Körper oder meinen Gefühlen Schaden zu? Oder trägt mein Handeln dazu bei, freier zu werden? Ist es heilsam?«*

Variante 2: Absichten und der Blick zurück

Diese Variante funktioniert genauso wie die oben beschriebene Übung. Der Unterschied ist nur, dass wir unsere Absichten und ihre Folgen nicht im Moment, sondern in der Vergangenheit überprüfen. Wir schauen uns das Prinzip von Ursache und Wirkung also mit einem zeitlichen Abstand noch einmal rückblickend an.

Es empfiehlt sich dabei, seine Überlegungen auf den gestrigen oder zumindest auf die letzten Tage zu richten. Mit etwas Übung kann es aber auch sehr interessant sein, sich die Entscheidungen anzusehen, die wir in vergangenen Lebensphasen wie der Kindheit, unserer Jugend, dem Studium usw. getroffen haben. Was, wann, wie und wie viel haben Sie damals gegessen? Und welche Folgen hatte das für Ihr Aussehen und Ihr Wohlbefinden?

> Denken Sie bei dieser Übung jedoch unbedingt noch einmal an die ersten beiden Tore »klares Erkennen« und »vollkommene Akzeptanz«: Es geht bei diesen Übungen nicht darum, sich für irgendetwas zu verurteilen. Wichtig ist, einfach nur genau hinzusehen, um seine Absichten und deren Folgen zu erkennen – ohne sich aufzuregen, neutral und gelassen und von ganz weit oben betrachtet...

Wünsche auf dem Prüfstand

Wünsche sind etwas weniger konkret als Absichten. Sie sind »weicher« und nicht so sehr an direkte Handlungen gekoppelt – dafür haben sie einen längeren Atem; oft dauern sie sogar ein ganzes Leben lang an.

Unsere Wünsche können uns Flügel verleihen und außerordentliche Kräfte freisetzen. Ebenso können sie uns aber auch ins Unglück stürzen – sei es, weil sie nicht in Erfüllung gehen, oder sei es, weil sie uns in die völlig falsche Richtung führen.

Jeder von uns hat Wünsche, manchmal sehr bewusste, manchmal eher unbewusste. Wünsche sind wichtig, da sie uns unsere Bedürfnisse zeigen. Sie machen uns auf das aufmerksam, was uns »fehlt«. So wollen Kranke wieder gesund werden, Arme wollen reich werden, Einsame wünschen sich einen Partner fürs Leben, und wer unter Gewichtsproblemen leidet, wünscht sich, schlank und attraktiv zu sein.

Und hier tauchen bereits die ersten Probleme mit unseren Wünschen auf: Dummerweise sind sie nicht auf das gerichtet, was wir haben, sondern auf das, woran es uns fehlt. Und natürlich fehlt immer irgendetwas: die Sonne für unseren Ausflug; der besser bezahlte Job, um unsere Nebenkosten zu decken; der perfekte Partner, um eine Familie zu gründen – oder eben der flachere Bauch, um wieder in unsere Lieblingsjeans zu passen.

Wenn der Wunsch nach Glück zur Falle wird

Leider haben viele Wünsche die unangenehme Eigenschaft, nicht in Erfüllung zu gehen. Es gibt einfach zu wenig Wunschfeen auf der Welt. Und wissen Sie, was die meisten Menschen gerne tun, wenn ihre Wünsche sich nicht erfüllen? Sie versuchen es dann mit Ersatzbefriedigungen: »Wenn ich schon meinen Traumpartner nicht kriege, dann esse ich jetzt wenigstens die Crème Caramel«, »Wenn ich schon den Stress im Job nicht abstellen kann, dann will ich jetzt wenigstens abends mein Leben genießen – mal schauen, was ich noch im Vorratsraum habe«.

Natürlich denken wir solche Dinge nicht bewusst. Aber im Prinzip funktionieren Ersatzbefriedigungen so. Wir sehnen uns nach Glück, aber da wir das nicht so leicht bekommen können, greifen wir zum Naheliegenden – und das sind eben meist Genuss- oder Nahrungsmittel.

Dass wir uns nach Glück sehnen, ist gut. Dass unsere Wünsche uns jedoch oft vorgaukeln, das Glück in Dingen finden zu können, in denen es nie und nimmer zu finden ist, ist weniger gut. Manchmal können uns unsere Wünsche sogar regelrecht zum Verhängnis werden, wenn sie uns nämlich auf den falschen Weg führen: Wer sich wünscht, reich zu sein, kann durch riskante Aktiengeschäfte schnell im Bankrott landen. Und wen dieser Wunsch gar dazu treibt, eine Bank auszurauben, der hat noch wesentlich Schlimmeres zu befürchten.

- Wer sich Anerkennung wünscht, kann schnell im Burnout landen.
- Wer ständig von Autos, Häusern, Schmuck und Kleidung träumt, wird leicht konsumsüchtig und verliert dabei am Ende sich selbst.
- Wer sich wünscht, Stress loszuwerden und sich zu entspannen, kann dadurch zum TV-Dauerkonsumenten oder sogar zum Drogenkonsumenten werden.
- Der Wunsch, immer noch schlanker zu sein, hat schon manch eine junge Frau in die Magersucht getrieben.
- Und selbst der ganz normale Wunsch nach Gewichtsreduktion ist nicht ohne, denn viele Abnehmwillige quälen sich ein Leben lang mit Diäten und Verboten herum, die auf Kosten ihrer Lebensfreude und nicht selten auch auf Kosten ihrer Gesundheit gehen.

Wenn Sie gerne abnehmen möchten, dann sollten Sie sich auch die Wünsche, die sich möglicherweise dahinter verbergen, gut anschauen. Es ist nämlich recht wahrscheinlich, dass Ihre Assoziationen Sie an der Nase herumführen. Meistens glauben wir ja, dass abzunehmen und sein »Idealgewicht« zu erreichen gleichzeitig bedeutet, dass wir dadurch mehr Lebensfreude und mehr Erfolg haben werden und selbstbewusster oder liebenswerter sind. Doch wenn wir uns schlanke Menschen einmal genauer ansehen, werden wir feststellen, dass das durchaus nicht stimmt. Wer erfolgreich, selbstbewusst oder liebenswert ist, der ist das bestimmt nicht, weil er plötzlich ein paar Kilo weniger wiegt.

Hinter dem Wunsch, abzuspecken und besser auszusehen, verbirgt sich meist der Wunsch nach Glück. Genau genommen laufen sogar all unsere Wünsche darauf hinaus – ob wir nach Anerkennung, menschlicher Wärme, materieller Sicherheit oder Gesundheit streben, letztendlich wollen wir doch vor allem eins: glücklich sein.

Zu allen Zeiten und in aller Welt haben Philosophen und Weisheitslehrer uns immer wieder darauf hingewiesen, dass wir das Glück in der äußeren Welt nicht finden können.

Abzunehmen, *um* glücklicher zu werden, das funktioniert einfach nicht. Andersherum stehen die Chancen jedoch wesentlich besser: Wenn wir uns um Glück, Ausgeglichenheit und innere Ruhe bemühen, wird eine der vielen Folgen sein, dass auch unser Körper wieder zu seinem natürlichen Gleichgewicht zurückfindet. Indem wir heilsame Absichten kultivieren, uns mit achtsamem Essen beschäftigen und den Kontakt zu unserem Körper wiederherstellen, werden wir immer öfter auf Ersatzbefriedigungen verzichten können. Wer in sich ruht, kann natürlich weiterhin Paprikachips essen und Cola trinken – brauchen tut er diese Dinge dann aber nicht mehr.

Wunschlos glücklich im Universum?

Wünsche beflügeln unsere Phantasie und regen die Vorstellungskraft an. Wünsche können sehr hilfreich sein, um unserem Leben eine Richtung zu geben. Das gilt auch für den Wunsch abzunehmen. Und meist geht es ja dabei nicht ausschließlich darum, unser Gewicht zu reduzieren, sondern uns leichter, beweglicher und energiegeladener zu fühlen. Wenn wir uns wünschen, leichter zu sein, sehnen wir uns meist zugleich auch danach, uns wohler in unserem Körper, aber auch in unseren Kleidern fühlen zu können. Wir sehnen uns nach Gesundheit und Vitalität. Und daran ist nichts verkehrt – ganz im Gegenteil: Von einem schönen Körper zu träumen kann sehr heilsam sein, jedenfalls dann, wenn wir uns dabei nicht nur auf unser Spiegelbild fixieren, sondern »das ganze Paket« bestellen.

Trotzdem – Wünschen kann auch Nachteile haben: Für gewöhnlich verbringen wir eine Menge Zeit mit unseren Wünschen. Wie viele Übergewichtige verwenden nicht deutlich mehr Energie darauf, vom Schlanksein zu träumen, Models im Fernsehen und in Zeitschriften zu bewundern, sich in neue Diäten und Ernährungstheorien zu vertiefen oder den Versprechungen der Werbung auf den Leim zu gehen, als wirklich aktiv zu werden?

Hinzu kommt, dass Wünschen niemals endet, denn irgendetwas wird es immer geben, das uns fehlt. Außerdem erzeugen Wünsche innere Spannungen: »Das, was jetzt ist, ist nicht genug. Erst wenn dies oder jenes erreicht ist, werde ich glücklich sein. Nicht jetzt, sondern später einmal.«

Wünschen zielt auf die Zukunft ab, und dabei können wir nur allzu leicht versäumen, worum es wirklich geht – um unser Leben, das ausschließlich im Jetzt stattfindet. Manchmal ist es daher besser, einmal ganz aus dem Wunschkarussell auszusteigen, als allzu viel Energie mit den eigenen Vorstellungen zu vergeuden.

Aber wunschlos glücklich sein – geht das überhaupt?

Wenn man erleuchtet ist, bestimmt. Entspannt und frei von Begehren im Hier und Jetzt zu sein ist kein unerreichbares Ziel. Wenn wir alle unsere Wünsche über Bord werfen, hat das nichts mit Hoffnungslosigkeit oder Resignation zu tun, sondern es handelt sich im Gegenteil um einen sehr kraftvollen und zugleich entspannten Zustand. Und sogar unserem Aussehen täte das gut, denn wer nichts wünscht, der braucht auch keine Schokolade, um froh zu werden. Wunschlos glücklich zu sein scheint also durchaus eine Option zu sein. In der Realität ist das aber leider schwieriger, als man denkt, denn ebenso wie unsere Gedanken oder Gefühle lassen sich unsere Sehnsucht und unsere Wünsche nicht einfach so abschalten. Was also tun?

Richtig wünschen lernen

Wie Sie gesehen haben, ist es gar nicht so einfach, seine eigenen Wünsche auf eine heilsame Art einzusetzen. Wenn Sie jedoch die folgenden beiden Punkte beachten, können Sie verhindern, dass Ihre Wünsche Sie in die Sackgasse führen:

1. *Achtsam wünschen:* Überprüfen Sie Ihre Wünsche immer wieder einmal. Wenn Sie eine Vorstellung von einer »idealen« Zukunft in Ihrem Bewusstsein bemerken, wenn Sie anfangen zu träumen oder sich mit anderen Menschen zu vergleichen (zum Beispiel mit Hollywoodstars), dann überlegen Sie, ob Sie es nur mit einem oberflächlichen Wunsch zu tun haben oder ob Ihre Sehnsucht Sie Ihren Herzenszielen näherbringt. Es ist relativ leicht,

weise Wünsche von eitlen Wünschen zu unterscheiden. Ganz tief in Ihrem Bauch werden Sie den Unterschied sofort spüren

2. *Nicht im Wünschen steckenbleiben:* Vorausgesetzt, dass Sie die richtigen Wünsche haben (das sind diejenigen, die Sie glücklicher machen werden), sollten Sie einen häufigen Fehler vermeiden: Bleiben Sie nicht dabei, sich eine bessere Zukunft zu wünschen – machen Sie sich auf den Weg! Wie gesagt: Wünsche erzeugen Spannungen, nämlich die Spannung zwischen dem Jetzt-Zustand und dem späteren Ziel-Zustand. Und die einzige Möglichkeit, positive Veränderungen zu bewirken, besteht darin, dass Sie über die Brücke gehen, die Ihre Wünsche mit Ihren Zielen verbindet. Mit anderen Worten: Werden Sie aktiv, bleiben Sie nicht in der Theorie stecken. Lesen Sie beispielsweise nicht nur über achtsames Essen und Entschleunigung, sondern wenden Sie die Übungen auch aktiv an. In den späteren Kapiteln dieses Buches werden Sie dazu noch zahlreiche Möglichkeiten kennen lernen. Wenn Sie nicht die Initiative ergreifen, besteht die Gefahr, dass Sie die Erfüllung Ihrer Wünsche immer wieder verschieben. Und die Folge wird sein, dass Sie unzufrieden sind und Ihre Gewichtsprobleme nicht in den Griff bekommen.

Übernehmen Sie die Herrschaft über Messer und Gabel

Aus medizinischer und psychologischer Sicht ist der Begriff »Essstörung« klar definiert. Zu den klassischen Essstörungen gehören demnach die Bulimie, die Magersucht, die Orthorexie und noch einige wenige, eher seltene Erkrankungen. In einem viel weiteren Sinne können wir jedoch immer dann von Essstörungen sprechen, wenn unser natürliches, auf Hunger und Sättigung basierendes Essverhalten gestört ist. Und das ist sogar dann der Fall, wenn wir zu viel essen oder zu Nahrungsmitteln greifen, die unser Körper nicht braucht.

Alle Essstörungen, ob im engeren oder weiteren Sinne, haben eines gemeinsam: Sie führen zu einem Verlust an Kontrolle. Ob Sie die Kontrolle über Ihr Essverhalten schon vor sehr langer Zeit oder erst vor kurzem verloren haben, wissen wir natürlich nicht. Aber eines ist sicher: Wenn Sie unter Übergewicht leiden oder zwanghaft essen, dann kontrollieren nicht Sie Ihr Essen, sondern Ihr Essen kontrolliert Sie. Dann haben Sie die Herrschaft über Messer und Gabel verloren. »Heilsame Absicht« bedeutet in diesem Fall, dass Sie sich entschließen, die Herrschaft wieder zu übernehmen.

Solange Sie wie ferngesteuert essen und Ihr Essverhalten von alten Mustern bestimmt wird, werden Sie sich weder von Übergewicht noch von den Belastungen befreien können, die damit zusammenhängen, dass Sie zu viel wiegen und/oder zwanghaft essen.

Um eine Entscheidung zu treffen, brauchen Sie nicht allzu viel Willenskraft. Sie können auch ganz entspannt das Segel halten, während Sie auf Ihr Ziel zusteuern. Der Wind wird Ihr Boot in die richtige Richtung tragen, auch ohne dass Sie die Zähne zusammenbeißen oder in Stress geraten.

Haben Sie aber kein Ziel vor Augen, dann wird auch der beste Wind Ihnen nichts nützen.

Sich zu entscheiden heißt, einen Schalter umzulegen. Das ist auch mit sehr wenig Anstrengung möglich. Und nachdem Sie einmal eine Entscheidung getroffen haben, wird alles sogar noch sehr viel leichter. Denn während wir in der Entscheidungsphase oft eine Menge Energie verbrauchen, fällt uns mit jeder getroffenen Entscheidung eine Last vom Herzen – erst recht dann, wenn wir die richtige Entscheidung getroffen haben.

»Rechts oder links?« »Stehen bleiben oder weitergehen?« Um eine gute Entscheidung zu treffen, müssen Sie nicht Philosophie studieren. Die meisten Entscheidungen können Sie einfach aus dem Bauch treffen. Eine Entscheidung, die es Ihnen ermöglicht, die Kontrolle über Ihr Essverhalten wiederzugewinnen, sollte einige Faktoren berücksichtigen. Und damit dabei auch nichts schiefgehen kann, haben wir in der folgenden Übung bereits alles Wichtige für eine gute Entscheidung formuliert.

Das Einzige, was Sie jetzt noch tun müssen, ist, sich die Erklärung durchzulesen und sie dann zu unterschreiben…

> **⚷ Selbstverpflichtung: schlank und glücklich werden**
>
> Hiermit erkläre ich, dass ich die Verantwortung für mein äußeres und inneres Gleichgewicht ab jetzt selbst übernehmen werde. Ich entscheide mich,
>
> - belastende Muster zu durchbrechen,
> - meine Achtsamkeit zu entwickeln,
> - mitfühlend mit mir selbst umzugehen und mich nicht zu schädigen, während ich neue Verhaltensweisen einübe,
> - meinen Weg zu meinem Wunschgewicht auch für mein inneres Wachstum zu nutzen und nach meinen Herzenszielen Ausschau zu halten.
>
> (Ort) .... (Datum) ....
>
> (Unterschrift) ....

Setzen Sie auf inneres Wachstum

Dass Sie heilsame Absichten pflegen, sich Ihre Wünsche achtsam ansehen und Entscheidungen treffen, durch die negative Verhaltensweisen durchbrochen werden – all das hat nichts damit zu tun, dass Sie »in den Krieg ziehen«. Ihr Weg ist absolut gewaltlos. Sie brauchen also nicht die Muskeln anzuspannen. Sie brauchen nur ein Streichholz...

Kampf (auch gegen sich selbst) erzeugt immer nur Stress, und Stress ist eine der häufigsten Ursachen für Übergewicht. Das Einzige, was Sie tun müssen, um grundlegende Veränderungen zu bewirken, ist, eine Kerze anzuzünden. Es ist vollkommen gleichgültig, wie lange die Dunkelheit, die durch unsere Unbewusstheit genährt wird, schon währen mag – ob einen Tag oder 100 Jahre: Sobald wir ein Licht anzünden, wird es schlagartig hell. Und im Grunde geht es bei allen Achtsamkeitsübungen auch um nichts anderes als darum, die Vorhänge aufzuziehen und das Sonnenlicht ins düstere Zimmer zu lassen.

Natürlich ist es wichtig, sich von Übergewicht zu befreien, vor allem, wenn Sie schon lange und womöglich unter sehr hohem Übergewicht leiden sollten. Allein schon aus medizinischen Gründen ist Abspecken dann eine Notwendigkeit. Doch denken Sie nicht nur an Ihren BMI. Geben Sie sich nicht mit ein paar Glasperlen zufrieden, wenn ein Goldschatz auf Sie wartet: Auf dem Weg, der Sie zu Ihrem Wunschgewicht führt, sollten Sie gleichzeitig auch nach Ihren Herzenszielen Ausschau halten. Übergewicht kann zu einer großen Chance für Ihr inneres Wachstum werden.

»Ich will in drei Monaten fünf Kilo weniger wiegen« – das ist zwar durchaus ein realistisches Ziel, denn drei Monate sind genug Zeit, um Achtsamkeit beim Essen zu üben (vorausgesetzt, dass Sie es auch wirklich tun) und dabei sein Gewicht entsprechend zu reduzieren. Doch die Frage ist, was sich in dieser Zeit noch so alles verändern könnte. Wonach sehnt sich Ihr Herz?

Um Ihre wahren Ziele zu erkennen, müssen Sie lernen, auf die Stimme Ihres Herzens zu hören. Leider flüstert diese Stimme jedoch meist so leise, dass sie nahezu unhörbar ist. Dafür sagt sie Ihnen aber sehr genau, was jetzt gerade besonders wichtig für Sie wäre, um glücklich zu werden. Vielleicht müssen Sie zum Beispiel damit beginnen, mehr zu genießen, entspannter mit sich selbst umzugehen, sich von vorgefassten Meinungen (etwa über Ernährung) zu befreien oder etwas dafür zu tun, dass Sie sich in sich selbst geborgener und ruhiger fühlen können...

Die beste Methode, die uns die Ohren für die Stimme unseres Herzens öffnet, ist die Meditation. In der Meditation können wir die Erfahrung machen, dass unsere Vorstellungen oft nur Illusionen sind, die uns beispielsweise vorgaukeln, dass wir nur schlank werden müssten, um glücklicher zu sein. Worum es jenseits der schlanken Linie aber sonst noch alles geht, das erfahren wir nur, wenn wir still werden und unsere oberflächlichen Gedanken einmal ganz zum Schweigen kommen.

In einem späteren Kapitel werden Sie erfahren, dass sogar Essen zu einer Meditationsübung werden kann. Das ist sehr praktisch – vor allem dann, wenn Sie im Alltag ansonsten keine Zeit für Stille-Übungen finden.

Der Weg in die Freiheit

Übergewicht kann uns zur Verzweiflung bringen: Der Blick in den Spiegel, der Kampf mit der Waage, das Gefühl, dass die anderen sich über uns lustig machen oder dass wir unattraktiv und minderwertig sind – all das eignet sich gut, um uns immer tiefer in Esszwänge, Neurosen oder Depressionen zu stoßen.

Auf der anderen Seite kann Übergewicht aber auch zu

einer Brücke werden, die uns zu mehr Freiheit und Leichtigkeit führt – zu einem Weg zum Frieden mit uns selbst.

Krisen bergen immer beides – sowohl große Gefahren als auch große Chancen; sie können uns in die Dunkelheit stürzen oder ins Licht leiten. Und ebenso wie Erkrankungen, Verluste, große Veränderungen, berufliche oder private Probleme können auch Gewichtsprobleme ernste Krisen auslösen. Wenn es Ihnen jedoch gelingt, Ihre Probleme nicht länger bloß als eine Belastung zu sehen, dann können Sie leichter die Chance ergreifen, die in ihnen verborgen ist.

Sanfte Veränderungen

Das Geheimnis der Achtsamkeit ist das Geheimnis der sanften Veränderungen. Haben Sie Geduld. Worin auch immer Ihre Probleme mit dem Essen bestehen mögen – sie haben alle ihren Sinn und erfüllen eine bestimmte Funktion. Essen kann Ihnen beispielsweise dabei helfen, Gefühle wie Trauer, Wut oder Einsamkeit besser zu verarbeiten.

Mit der Zeit werden Sie lernen, achtsamer und angemessener mit Emotionen umzugehen. Auch werden Sie lernen, dass andere Dinge besser geeignet sind, um Ihnen Entspannung oder Trost zu spenden, als Essen; oder Sie werden erkennen, dass es nicht nötig ist, große Mengen ungesunder Nahrungsmittel zu verschlingen, um sich selbst besser spüren zu können. Doch all das braucht seine Zeit. Wachstum braucht seine Zeit. Nehmen Sie sich diese Zeit.

Sich selbst verzeihen

Den Kampf gegen sich selbst einzustellen bedeutet für viele von uns einen enormen Fortschritt. Nicht länger gegen den eigenen Körper anzukämpfen, sondern wirklich einmal hinzuhören auf das, was er uns zu sagen hat, ist die beste Voraussetzung für das Wiederlangen unseres inneren Gleichgewichts. Doch ebenso wichtig ist es, uns selbst zu verzeihen.

Verzeihen Sie sich all die falschen Entscheidungen, die Sie in Ihrem Leben getroffen haben, und alle Fehler, die Ihnen unterlaufen sind. (Wer weiß schon so genau, ob es wirklich so falsche Entscheidungen oder Fehler waren und wozu das alles gut war?)

Ganz egal ob Sie schon seit Jahren deutlich zu viel essen oder ob Ihr »Vergehen« ganz frisch ist und Sie gerade eben wieder Opfer eines Fressanfalls geworden sind – seien Sie nicht wütend auf sich selbst. Beschimpfen Sie sich nicht. Ebenso wie Sie einer guten Freundin verzeihen würden, wenn sie mal Mist gebaut hat, sollten Sie auch sich selbst in die Arme schließen können.

Manchmal gelingt das nicht sofort. Vor allem dann nicht, wenn wir es nicht gewohnt sind, liebevoll mit uns selbst umzugehen. Doch gerade dann ist es besonders wichtig, dass wir so schnell wie möglich damit beginnen!

Denken Sie noch einmal an die ersten beiden Tore (oder blättern Sie zu den ersten Kapiteln zurück): Wichtig ist, dass Sie die Augen öffnen und klar erkennen, worin das Problem liegt. Und dann kommt es darauf an zu akzeptieren, was ist – und sich selbst zu verzeihen.

Frei von Zwang

Sie können innere Freiheit nicht erzwingen. Ihre Willenskraft hilft Ihnen hier nicht weiter. Disziplin hilft auch nicht besonders. Übrigens auch nicht beim Abnehmen, denn im Zweifelsfall siegt unser genetisches Überlebens- und Lustprogramm immer über unsere reine Willenskraft. Das erklärt auch, warum Menschen, die ehrgeizig und im Beruf sehr erfolgreich sind, oft kläglich scheitern, wenn es ums Abspecken geht. »Reiß dich doch zusammen!«, »Du musst es nur wirklich wollen« und all die anderen gut gemeinten Ratschläge, die Übergewichtige tagtäglich zu hören bekommen, sind daher für die Katz.

Der Weg in die Freiheit von zwanghaftem Essen kann niemals über den Zwang führen. Zwang kann Zwang ebenso wenig neutralisieren, wie Hass durch Hass geheilt werden kann.

Ein Weg ganz ohne Zwang? Das klingt erst einmal ziemlich angenehm und gut, denn wer hat schon Lust, sich in inneren Kämpfen gegen sein Gewicht aufzureiben? Leider ist »Zwanglosigkeit« aber gar nicht so leicht zu erreichen: Solange Sie Ihre Nahrungsmittel noch in »gesund« oder »ungesund« einteilen, solange Sie noch Diäten machen oder sich vornehmen, mehr Sport zu treiben (nicht etwa aus Spaß, sondern Ihrer Figur zuliebe) und solange Sie noch Dinge essen, auf die Sie im Grunde gar keine Lust haben, sind Sie nicht frei von Zwängen.

Sich von inneren Zwängen und Leistungsdenken zu befreien ist nicht leicht, aber es ist möglich. Die Qualitäten, die Ihnen dabei helfen, sind Offenheit, Mitgefühl, Heiterkeit und Achtsamkeit. Und genau diese Qualitäten sind es auch, die Sie nicht nur dabei unterstützen werden, auf sanfte Weise abzunehmen, sondern auch dabei, zu mehr innerer Ruhe, Gelassenheit und Lebensfreude zu finden.

Erleuchtung statt Übergewicht?

»Erleuchtung« – kommt Ihnen dieses Wort ein wenig suspekt vor? Möglich wäre das durchaus, denn im Grunde weiß niemand so ganz genau, was Erleuchtung wirklich bedeutet. Und diejenigen, die es wissen – einige wenige Erleuchtete – haben dummerweise die Angewohnheit, nicht sehr viel über ihre Erfahrung zu erzählen. Der Grund dafür ist allerdings naheliegend: Erleuchtung ist ein Zustand jenseits aller Worte – zumindest gilt das für die große, letztendliche Erleuchtung, die die Frucht jahrelanger Meditation ist. Jede Erklärung muss hier bruchstückhaft bleiben. Daher wollen wir uns auch nicht zu weit aus dem Fenster lehnen, sondern nur kurz zusammenfassen, was für unsere Zwecke wichtig ist:

Jeder Mensch sehnt sich im Grunde seines Herzens nach Erleuchtung – auch wenn ihm das gar nicht so bewusst ist. Erleuchtet zu sein bedeutet, die Wirklichkeit im Hier und Jetzt unmittelbar zu erfahren. Sogar wenn Sie sich nur wünschen, überflüssige Pfunde loszuwerden, sehnen Sie sich auf einer tieferen Ebene nach Glück, nach innerem Frieden und in letzter Konsequenz danach, erleuchtet und frei zu sein.

Erleuchtung ist an sich nichts besonders Respekteinflößendes oder Ehrfurchtgebietendes. Zumindest »kleine Erleuchtungen« kennt jeder von uns. Sie finden tagtäglich statt, einfach deshalb, weil ja auch inneres Wachstum ständig stattfindet: Zu erkennen, wie gut es tut, mehr für sich selbst zu sorgen oder auch mal »Nein« zu sagen; zu erfahren, dass Genuss und Sättigung auch dann möglich sind, wenn wir nur ganz wenig Nahrung zu uns nehmen, oder zu verstehen, dass der Hunger, der uns zur Schokolade greifen lässt, gar nicht wirklich aus dem Bauch, sondern meist aus der Seele kommt – all das sind kleine Erleuchtungen, die unser Leben manchmal von Grund auf verändern können.

Erleuchtungen lassen sich jedoch nicht erzwingen. Um frei zu werden, dürfen Sie nicht versuchen, die Dinge in den Griff zu bekommen. Das Leben ist zu lebendig, zu beweglich und zu unbegreiflich, als dass wir es in den Griff kriegen könnten. Achtsamkeit hilft dabei, loszulassen und den Weg zu finden, der uns ins Licht führt. Und wie Sie sich denken können, hat »Licht« ja auch eine Menge mit »Erleuchtung« zu tun…

Dukkha und Karma

Wenn wir uns die größeren Zusammenhänge zwischen Essen, Seele und innerer Freiheit bewusst machen wollen, so ist ein Blick auf die östlichen Weisheitslehren hilfreich. Insbesondere die buddhistische und die Yoga-Philosophie haben sich eingehend mit der Erforschung des menschlichen Geistes beschäftigt und einiges darüber herausgefunden, was uns glücklich oder eben auch unglücklich macht. »Dukkha« ist ein elementarer Begriff des Buddhismus. »Nur eines lehre ich, jetzt wie früher: das Leiden und das Beenden des Leidens« – das hat der Buddha in einer seiner Lehrreden gesagt, und im Grunde bildet Dukkha sogar den Kern der buddhistischen Lehre. Zumeist wird »Dukkha« als »Leiden« übersetzt.

In seinen Vier Edlen Wahrheiten erklärt der Buddha, dass Dukkha allgegenwärtig und ein Hauptaspekt des Daseins ist. Zu den verbreiteten Vorurteilen gegen den Buddhismus zählt, dass sich bei Buddhisten »doch immer alles nur um das Leiden dreht« – und wer möchte schon mit einer derart miesepetrigen Einstellung konfrontiert werden?

Doch hier gibt es zwei große Missverständnisse: Erstens ist es ja durchaus nicht so, dass Buddhisten gerne leiden würden – ganz im Gegenteil, gerade ihnen geht das Leiden besonders gegen den Strich. Daher ist der Buddhismus auch nicht etwa »die Lehre vom Leiden«, sondern »die Lehre von der Überwindung des Leidens«, was ja doch ein gewaltiger Unterschied ist.

Tatsächlich lautet die Erste Edle Wahrheit, dass Leid aus unserem Leben nicht wegzudenken ist: Trotz aller Vergnügungen, Freuden und all unserer schönen Erlebnisse wird es zwangsweise immer wieder dazu kommen, dass wir in irgendeiner Form leiden müssen. Wir sind Menschen: Unsere Beziehungen währen nicht ewig, wir müssen uns von geliebten Menschen trennen, unser Körper wird krank, wir altern, und niemand sieht mit 70 noch so hübsch aus wie mit 20. Damit nicht genug, müssen wir letzten Endes auch noch sterben. Keine schönen Aussichten also.

Bei dieser bitteren Erkenntnis blieb der Buddha allerdings zum Glück nicht stehen, ging es ihm sein Leben lang doch vor allem um eines: einen Ausweg aus dem Leiden zu finden. Und so ergänzte er seine Erste Edle Wahrheit noch um drei weitere.

Die zweite besagt, dass es eine Ursache für unser Leiden gibt, und die besteht darin, dass wir »anhaften« und »begehren«. Etwas zeitgemäßer ausgedrückt: Wir wollen ständig irgendetwas, sind immer auf der Suche nach dem Angenehmen und rennen ständig vor dem Unangenehmen davon. Wir sind nicht zufrieden, da wir nicht in uns selbst ruhen. Das Gefühl der inneren Leere bewirkt, dass wir die ganze Zeit nach Befriedigung suchen – wir sind einfach »nicht sattzukriegen«. Wir suchen nach dem idealen Job, der Liebe fürs Leben, finanziellen Erfolgen, Anerkennung – oder zumindest nach der nächsten Konditorei, wenn die anderen Wünsche schon unerfüllbar scheinen. Kurz gesagt, besteht die Ursache des Leidens also darin, dass wir unser Glück in oberflächlichen, vergänglichen Dingen suchen und dabei immer wieder unseren inneren Weg verlieren.

Die Dritte Edle Wahrheit bringt eine gute Nachricht: Befreiung vom Leiden ist möglich. Und tatsächlich gab und gibt es immer wieder Menschen, die dieses Ziel erreicht haben: Sie haben ihr wahres, grenzenloses Wesen entdeckt. Kein Unglück kann sie noch in ihrem Innersten treffen. Sie haben den Schleier der Illusion durchschnitten; sie sind »jenseits von Gut und Böse« oder anders ausgedrückt: Sie haben Erleuchtung erlangt.

Die Vierte Edle Wahrheit beschreibt den Weg, der zu diesem Ziel führt – den Edlen Achtfachen Pfad. Da es an Büchern zum Thema Buddhismus wahrlich nicht mangelt, wollen wir hier nicht näher darauf eingehen. Vielleicht nur so viel: Die rechte (oder »heilsame«) Absicht ist nicht von ungefähr die Überschrift des Kapitels, das Sie gerade lesen.

Und die »rechte Achtsamkeit«, um die es in den meisten Übungen dieses Buches geht, bildet ebenfalls eine zentrale Säule des achtgliedrigen Pfades.

Doch kommen wir noch kurz zum zweiten großen Missverständnis über die »leidenden Buddhisten«: Der Begriff »Dukkha« bezieht sich nämlich durchaus nicht nur auf die großen Leiden der Menschheit wie Verlust, Alter, Krankheit oder Tod. Die genaue Übersetzung des Sanskritbegriffs lautet »schwer zu ertragen«. Viele heutige buddhistische Lehrer übersetzen Dukkha daher mit »Unbehagen«, »Unzufriedenheit« oder auch einfach mit »Stress«.

Seinen Partner zu verlieren verursacht zweifellos Stress. Aber so weit müssen wir gar nicht denken, denn Stress entsteht auch schon, wenn wir unseren Bus verpassen, der Hund des Nachbarn die halbe Nacht bellt oder wir unsere neuen roten Socken aus Versehen zusammen mit den weißen Hemden gewaschen haben. Und natürlich entsteht Stress auch dann, wenn wir mit unserem Gewicht oder unserem Aussehen unzufrieden sind.

Dukkha kann Übergewicht verstärken, da Stress – zum Beispiel auch in Form leidvoller Gefühle wie Einsamkeit – schnell dazu führt, dass wir mehr essen, als uns bekommt. Umgekehrt führt Übergewicht oft zu Dukkha, da wir frei sein wollen – frei von überflüssigen Pfunden und frei von einem Essverhalten, das uns nicht guttut. Und sich nach Freiheit zu sehnen, ist eben auch eine Form von Dukkha. Doch niemand zwingt Sie, bei Ihrer Sehnsucht stehen zu bleiben: Hier kommt die heilsame Absicht ins Spiel, denn sie führt dazu, dass Sie konkrete Schritte unternehmen werden, um frei zu werden – frei von Stress und frei von Übergewicht.

Karma und Übergewicht

Ebenso wie »Dukkha« ist auch »Karma« ein Begriff, der oft fehlinterpretiert wird. So kann man mitunter den Eindruck gewinnen, dass schwierige Lebenssituationen, Probleme und Schicksalsschläge schlicht und direkt auf ein schuldhaftes Verhalten in einem früheren Leben zurückzuführen seien.

Doch so einfach ist die Sache gottlob nicht. Oder besser gesagt: So kompliziert ist sie nicht. Denn »Karma« heißt nicht Schicksal und ist auch bei weitem nicht so undurchschaubar. »Karma« bedeutet übersetzt nichts anderes als »Tat« oder »Wirken«. Im Buddhismus ist daher auch einfach nur die Rede davon, dass alles, was wir tun, Folgen hat. Mit einer »göttlichen Strafe« hat das Ganze also absolut nichts zu tun.

Wenn Sie zu spät aus dem Haus gehen, Ihren Zug verpassen und folglich zu spät in die Arbeit kommen, ist das Karma. Wenn Sie bei Regenwetter ohne Schirm aus dem Haus gehen, werden Sie nass werden; wenn Sie zu viel essen, nehmen Sie zu: alles Karma. Wer neidisch, eifersüchtig und selbstsüchtig ist, darf nicht erwarten, dass andere Menschen ihn mit offenen Armen empfangen; wenn diese dann abweisend sind, ist auch das nichts anderes als Karma, denn wie man in den Wald hineinruft, so schallt es heraus.

Jeder Same bringt seine Frucht hervor. Und wenn die Frucht verblüht ist, erzeugen neue Samen wieder neue Früchte. Der ewige Kreislauf von gutem und schlechtem Karma wird auf Sanskrit als »Samsara« (»ewiges Wandern«)

bezeichnet. Achtsamkeit und Meditation können uns mit der Zeit aus diesem Kreislauf befreien. Und achtsames Essen kann uns aus dem Kreislauf des andauernden Kampfes gegen das eigene Gewicht befreien.

In dem Augenblick, in dem Sie alte Muster durchbrechen, die Sie immer wieder aufs Neue dazu gezwungen haben zu essen, obwohl Ihr Körper eigentlich gar keinen Hunger hatte, haben Sie sich aus dem Kreislauf befreit. Dann werden Sie kein neues »Essens-Karma« mehr ansammeln. Sie essen Ihren natürlichen Bedürfnissen entsprechend – einfach nur, um Ihren körperlichen Hunger zu stillen. Und in der Folge werden Sie dauerhaft abnehmen. Das Karma, das dadurch entstanden ist, dass Sie sich regelmäßig übergessen haben, haben Sie dann endgültig aufgelöst.

Belastende Glaubenssätze löschen

»Ich denke, also bin ich« – dieser Satz ist gut 370 Jahre alt und stammt von dem Philosophen René Descartes. Wir könnten ergänzen: »Wie ich denke, bestimmt, wie ich bin.« Oder vielleicht noch etwas alltagstauglicher: »Das, was ich denke, bestimmt, wie ich mich fühle.« Und ganz bestimmt gilt das auch für die Art und Weise, wie wir über uns selbst denken.

Unsere Glaubenssätze bestimmen darüber, ob wir selbstsicher oder ängstlich auftreten, ob wir Erfolg haben oder scheitern. Sie prägen unsere Ausstrahlung und wirken sich darauf aus, wie andere Menschen uns wahrnehmen. Ganz besonders stark aber beeinflussen Glaubenssätze das Verhältnis, das wir zu uns selbst haben. Und was das betrifft, so steht es bei den meisten Menschen leider nicht gerade zum Besten.

Belastende, negative Glaubenssätze sind wohl bei jedem von uns wirksam. Diese Glaubenssätze graben sich umso tiefer in die neuronalen Muster unseres Gehirns ein, je öfter wir sie denken. Oft entstehen sie gewissermaßen durch »Programmierungen« in der Kindheit und Jugend, wenn Eltern, Lehrer, Spielkameraden oder später auch unsere erste große Liebe gewisse Sätze so oft wiederholen, bis wir anfangen, an sie zu glauben.

Wenn wir viele zerstörerische Glaubenssätze haben, also schlecht über uns denken, wird das zu einer Quelle der Unsicherheit und Unzufriedenheit. Das Gefährliche an Glaubenssätzen ist, dass wir sie meist unbewusst wiederholen. Nichtsdestotrotz haben diese giftigen Gedanken eine verheerende Wirkung. Glaubenssätze untergraben unser Selbstwertgefühl langsam, aber sicher.

»Mein Körper ist nicht schön genug«, »Ich bin nicht liebenswert« oder »Ich bin dick und hässlich« – Sätze wie diese lösen in Ihrem Unterbewusstsein Befehle aus, die sich dann auch wieder auf der körperlichen Ebene manifestieren. Je schlechter Sie über sich denken, desto mehr wird Ihr Aussehen darunter leiden, was wiederum dazu führt, dass Sie sich noch mehr ablehnen werden – und so stecken Sie mittendrin im Teufelskreis.

Destruktive Glaubenssätze ziehen einen Rattenschwanz an negativen Folgen nach sich: Wenn Sie sich überessen, bekommen Sie Schuldgefühle und denken, Sie seien charakterschwach. Sie fangen an, sich mit Diäten zu quälen, sich bestimmte Nahrungsmittel, die Sie gerne mögen, zu verbieten oder Ihren Körper zu verstecken. Früher oder später geben Sie die Diät wahrscheinlich auf und denken erneut, dass Sie versagt haben. Und garantiert fühlen Sie sich dabei im Laufe der Zeit immer weniger wohl in Ihrer Haut.

Viele Variationen auf ein hässliches Thema

Wenn es darum geht, sich immer neue negative Glaubenssätze auszudenken, ist der menschliche Geist sehr erfinderisch. Im Grunde sind alle Glaubenssätze jedoch Variationen auf das Thema »Ich bin nicht okay. Das, was jetzt ist, darf auf keinen Fall so bleiben.«

Einige dieser Variationen werden von unserer Außenwelt genährt. Unmengen an negativen Urteilen hängen nämlich damit zusammen, dass wir die Glaubenssätze anderer Menschen ungeprüft übernommen haben. Schädliche Einstellungen, die uns durch die Gesellschaft vermittelt werden, lauten beispielsweise: »Nur wer schlank ist, kann erfolgreich sein«, »Dicke sind faul und undiszipliniert« oder »Wer sich Zeit für sich selbst nimmt, ist egoistisch«. Obwohl es eigentlich nicht unser Problem sein sollte, was andere (über uns) denken, beeinflusst es uns eben doch – und zwar umso stärker, je schwächer unser geistiges Immunsystem ist und je leichter mentale Viren uns angreifen können.

Neben kulturbeherrschenden Vorurteilen haben wir es vor allem mit einer Fülle ganz konkreter Glaubenssätze zu tun, die die Folge unserer eigenen inneren Selbstgespräche sind. Hier sind einige verbreitete Varianten:

»Ich bin hässlich!« – direkte Aussagen darüber, »wie ich bin«

- »Ich bin zu dick.«
- »Ich habe hässliche Beine.«
- »Mein Busen ist zu groß/zu klein.«
- »Solche Kleider darf ich nicht anziehen, das ist nur was für Leute mit einer guten Figur.«
- »Ich bewege mich so plump wie ein Elefant.«
- »Ich wiege *viel* zu viel.«

Schuld, Scham und Urteile – die sehr beliebte Variante, alles (Negative) auf sich zu beziehen oder andere zu bewerten

- »Ich bin an allem schuld.« (siehe auch Seite 79)
- »Ich sollte mich schämen, so zu fressen.«
- »Ich bin zu schwach/zu undiszipliniert/zu faul …«
- »Ich habe einfach keinen Geschmack.«
- »Ich lasse mich gehen.«
- »Dicke sehen unmöglich aus.«
- »Kinder sollen nicht so viel Süßigkeiten essen.«
- »Fastfood gehört verboten.«
- »Gemüse ist gesund/Fleisch ist schlecht/Zucker macht krank/vegetarische Ernährung ist am besten/Low-Carb ist am besten/Rohkost ist gesund/Pommes sind Gift …«
- »Ich muss mehr Sport machen – Sport ist gesund.«
- »Die Leute werden immer fauler …«

Zu den oben aufgezählten Glaubenssätzen gehören sehr viele unserer automatisch ablaufenden Bewertungsmuster, Urteile und Selbstverurteilungen. Diese beziehen sich aber nicht nur auf uns selbst, sondern auch auf vermeintliche »Tatsachen« oder sogenannte »wissenschaftliche Erkenntnisse«, auf das, was die Leute machen, und darauf, was die Medien uns Tag für Tag weismachen.

»Wenn..., dann...« – eine häufige Variante, bei der das Positive an Bedingungen geknüpft wird und Schein-Kausalitäten hergestellt werden

- »Wenn ich erst einmal schlank (fit, sexy...) bin, werde ich einen besseren Job bekommen/werde ich auch gesund sein/werde ich glücklicher und zufriedener sein/wird mein Partner mich wieder lieben...«

Das Ganze funktioniert aber auch mit »um«:

- »Um erfolgreich/liebenswert/glücklich... zu sein, muss ich erst einmal abnehmen.«

Abschied vom Grübelkarussell

Wenn man im Hochgebirge an der falschen Stelle einen Schneeball loswirft, kann das eine Lawine verursachen. Das ist zwar unwahrscheinlich, aber theoretisch möglich. Ebenso kann ein einzelner negativer Gedanke eine ganze Grübellawine auslösen, doch das ist nicht nur theoretisch möglich, sondern es passiert ganz praktisch tagtäglich. Viele Menschen sitzen von morgens bis abends im Grübelkarussell fest. Schon der erste sorgenvolle Gedanke beim Aufwachen bringt das Karussell in Fahrt, und es wird dann immer schwieriger, aus dem Gedankenkreisel auszusteigen, der sich zunehmend selbstständig macht.

Der Mensch denkt. Das ist ganz natürlich und auch gut so. Doch das viele Denken kann auch zur Qual werden, vor allem dann, wenn wir uns über alles und jeden und insbesondere auch über uns selbst einen Haufen unnützer und fruchtloser Gedanken machen. Und leider neigen Menschen, die unter Gewichtsproblemen oder zwanghaftem Essverhalten neigen, besonders stark zum Grübeln.

Ob Streitereien in der Familie, Probleme im Job, die Dinge, die wir zu jemandem gesagt haben oder die jemand zu uns gesagt hat, die Sorgen über unsere Gesundheit oder unsere Finanzen – jeder negative Gedanke, der uns nicht mehr loslässt, führt dazu, dass wir uns früher oder später im wahrsten Sinne des Wortes das Hirn zermartern. So wie diese Frau:

»Ich kann meinen Körper nicht mehr ausstehen. Schon morgens im Bad vor dem Spiegel fängt der Kampf an: Meine Beine sind viel zu dick, der Po zu üppig, und eine Taille kann man da nur mit viel Phantasie erahnen. Ich kann es einfach nicht glauben, dass ich mir gestern Abend doch tatsächlich wieder einen Eisbecher mit Sahne bestellt habe. Und das nach dem ohnehin schon üppigen Pasta-Teller. Wenn ich so weitermache, passe ich bald nur noch in Übergrößen rein. Wie viele Kalorien das wohl gestern wieder waren? Und was haben sich Susanne und Frank wohl gedacht? Die haben ja bestimmt gesehen, dass ich schon wieder zugenommen habe. Und morgen erzählen sie das garantiert Juliane, wenn die sich beim Tennis treffen.

Und am Ende zerreißen die sich in der ganzen Firma das Maul über mich. Wie konnte ich auch nur so blöd sein, gestern das viel zu enge T-Shirt anzuziehen? Da sieht ja ein Blinder, dass ich richtig fett geworden bin.

Das mit dem Hallenbad am Wochenende sage ich jedenfalls ab. Da soll Martin mit den Kindern mal schön alleine hingehen. Die müssen sich ja auch schon denken, was für eine undisziplinierte Mutter sie haben. Wahrscheinlich werden sie in der Schule deswegen schon gehänselt – ›Na – wartet eure dicke Mutti zu Hause schon mit den Pfannkuchen auf euch? Haha‹. Ach – ich bin einfach kein gutes Vorbild für die beiden. Was das betrifft, hab ich als Mutter wohl auf der ganzen Linie versagt. Und Lina kommt jetzt langsam in das Alter, wo Mädchen Probleme mit ihrem Aussehen bekommen. Wenn die mal keine Essstörungen entwickelt. Gestern hat sie schon so komisch auf meinen Bauch gestarrt... «

Vielleicht kommt Ihnen das irgendwie bekannt vor. Wahrscheinlich kennen Sie aber zumindest das Gefühl, in der eigenen Gedankenwelt eingesperrt zu sein. Die Gedanken drehen sich dann im Kreis, und es scheint keinen Ausweg aus der Spirale zu geben. Psychologische Studien haben gezeigt, dass Grübeln das Risiko, an einer Depression zu erkranken, signifikant erhöht. Und tatsächlich ist intensives Grübeln auch ein charakteristisches Symptom von Depressionen.

Durch unser Grübeln schneiden wir uns von der Wirklichkeit ab. Die Welt in unserem Kopf übernimmt die Regie, und so versäumen wir Stunde um Stunde die wirkliche Welt. Unsere Sinne verhungern: Wir sehen nicht mehr die Farben des Sonnenuntergangs, hören weder den Gesang der Vögel noch die Musik aus dem Radio; wir spüren unseren Körper nicht mehr und schmecken unser Essen nicht mehr. Und all das nur, weil wir statt zu leben grübeln und immerzu grübeln.

Es ist kein Wunder, dass uns die Grübelei oft in die Verzweiflung und manchmal sogar in die Depression stürzt, denn durch unsere Sorgen, Ängste, Selbstverurteilungen und die vielen inneren Kommentare sperren wir uns in einen selbst gebauten Käfig ein. Und wenn wir nicht aufpassen, vergeht unsere kostbare Lebenszeit, und wir sitzen lebenslang in diesem mentalen Gefängnis.

Da wir unseren Käfig jedoch selbst gebaut haben, haben wir es in der Hand, ihn selbst auch wieder niederzureißen. Höchste Zeit also, auszubrechen und belastenden Glaubenssätzen ebenso wie den daraus resultierenden Grübelanfällen endgültig Lebewohl zu sagen.

Ausbruchspläne

Sicher würden Sie nie auf die Idee kommen, einen guten Freund oder eine Freundin dauernd zu kritisieren, denn vermutlich gehen Sie höflich und warmherzig mit Ihren Freunden um. Warum also sollten Sie weiterhin an sich selbst herummäkeln – schließlich sollten Sie mit sich selbst mindestens genauso wohlwollend umgehen wie mit Ihren Freunden. Je schneller Sie aus der Grübelspirale aussteigen, desto besser. Bei den folgenden »Ausbruchsplänen« handelt es sich um einfache Strategien, die Ihnen dabei helfen werden, Ihren Geist von negativen Glaubenssätzen zu befreien.

> ### ⚔ Was sagt der Feind in meinem Kopf?
>
> Solange Sie nicht wissen, dass Sie überhaupt grübeln oder worüber Sie sich denn eigentlich den Kopf zerbrechen, können Sie der mentalen Falle nicht entkommen. Glücklicherweise gibt es aber auch inmitten der größten Dunkelheit immer wieder einmal kleine Lichtblicke. Nutzen Sie jedes kurze Aufleuchten – diese kurzen Momente, in denen Ihnen bewusst wird: »Hoppla – ich grüble ja schon wieder über etwas nach.«
>
> Indem Sie mit Ihrer Achtsamkeit wie mit einer Taschenlampe in die Bereiche Ihres Bewusstseins hineinleuchten, die ansonsten meist im Dunkeln bleiben, dehnen sich nach und nach die Zeiträume, in denen Sie klar sehen können, immer weiter aus.
>
> 1. Immer wenn Sie sich dabei ertappen, wie Sie in negativen Glaubenssätzen oder Grübeleien feststecken, sollten Sie sich die Frage stellen: »*Was denke ich eigentlich genau? Welche Worte benutze ich bei meinen inneren Selbstgesprächen?*«
>   Hier einige kleine Hilfestellungen, um negativen Gedankenketten auf die Schliche zu kommen:
>   – Achten Sie auf verneinende Formulierungen, die »nicht« oder die Vorsilbe »un« enthalten (»Das darf ich nicht essen«/»Das schaffe ich nicht«/

»Das sieht unmöglich aus«/»Das ist unfassbar, unerträglich...«).

- Achten Sie auf Sätze mit abwertenden Eigenschaftswörtern, vor allem, wenn diese in Verbindung mit »Ich bin« auftreten (»Das sieht furchtbar aus«/»Das ist ekelhaft«/»Ich bin faul, willensschwach, unfähig...«).
- Achten Sie besonders auf negative Glaubenssätze, die etwas mit dem Essen zu tun haben (»Ich esse immer zu viel«/»Das ist nicht gesund«/»So etwas sollte ich nicht essen«/»Ich bin immer so gierig«/»Dauernd denke ich an Süßigkeiten«/»Ich muss mehr Obst essen...«).
- Und zuletzt noch ein wichtiger Tipp: Achten Sie auf Ihre Gefühle! Wenn Sie frustriert sind, sich minderwertig fühlen, erschöpft, traurig oder verärgert sind, dann sollten Sie genau nachforschen, welche Gedanken diese Gefühle ausgelöst haben beziehungsweise weiter nähren.

2. Sobald Sie fündig geworden sind, sprechen Sie den Satz leise aus und schreiben ihn dann auf. Ein kleines »Grübel-Tagebuch« kann dabei sehr hilfreich sein – ein einfaches Notizbüchlein und ein Stift genügen dafür vollkommen.

Wann immer es Ihnen im Alltag möglich ist, sollten Sie Ihre negativen Gedanken aufschreiben – dabei geht es wohlgemerkt nicht darum, sich dafür zu verurteilen. Erkennen Sie einfach nur, dass es solche Gedanken gibt, und schreiben Sie auf, welche Formulierungen Sie benutzen. Überlegen Sie außerdem, ob es bestimmte Situationen gibt, in denen negative Glaubenssätze immer wieder auftauchen. Vielleicht sind es auch Begegnungen mit bestimmten Menschen, die diese Gedanken regelmäßig heraufbeschwören.

Verurteilen Sie nicht, aber sehen Sie sehr genau hin. Allein schon dadurch, dass Sie sich Ihrer belastenden Gedankengänge bewusster werden, werden diese ihre Macht über Sie verlieren.

Stimmt das überhaupt?

Eine weitere Technik, die sehr effektiv ist, um giftige Gedanken endgültig loszuwerden, besteht darin, seine Gedanken in Frage zu stellen.

»Das schaffe ich nie!«, »So lange ich so viel wiege wie jetzt, wird mich keiner lieben ...«, »Man soll keinen Zucker essen!«

Wirklich? Nie? Sind Sie da tatsächlich ganz sicher? Wer oder was bestimmt das? Wer garantiert Ihnen, dass Ihre Meinung die einzig wahre ist?

Überlegen Sie einmal, wie es sich anfühlen würde, wenn Sie Ihren Glaubenssatz nicht hätten. Schließen Sie die Augen und malen Sie sich aus, was sich in Ihrem Leben verändern würde, wenn Sie nicht an diesem Gedanken festhalten würden ... Wäre das ein Unterschied – würde Ihnen das mehr Leichtigkeit schenken?

Denken Sie immer wieder daran, dass Ihre Gedanken nicht die Wirklichkeit sind; Sie sind nicht Ihre Gedanken! Haben Sie das erkannt, kann ruhig mal wieder ein destruktiver Glaubenssatz auftauchen. Wenn der dann beispielsweise sagt: »Du bist wirklich eine totale Versagerin!«, dann können Sie lächelnd reagieren und innerlich antworten: »Ja ja – schon recht. War's das, oder gibt es sonst noch was?«

In dem Moment, in dem Sie aufhören, Ihrer inneren Stimme alles zu glauben, sind Sie frei.

Auditive Belief Change

Falls Sie negativen Gedanken, die gegen Ihr Selbstbewusstsein und Ihr Selbstwertgefühl gerichtet sind, zu viel Glauben schenken, gibt es eine recht unterhaltsame und wirkungsvolle Übung aus dem NLP (»NLP« oder »Neurolinguistische Programmierung« ist eine Sammlung von psychologischen Methoden, die vor allem im Coaching eine wichtige Rolle spielt).

Für diese Übung sollten Sie einige Minuten ungestört und in einem ruhigen Zimmer sein. Die »ABC«-Technik (»Auditive Belief Change«, was in etwa »Glaubensveränderung über das Gehör« bedeutet) besteht aus vier Schritten:

1. Wählen Sie einen negativen, einschränkenden Glaubenssatz aus, der mit Ihrem Übergewicht oder Essverhalten in Zusammenhang steht (zum Beispiel: »Ich schaffe es nie, zehn Kilo abzunehmen«). For-

mulieren Sie den Gedanken in der »Ich-Form« (also nicht: »Es ist unmöglich, zehn Kilo abzunehmen«). Sprechen Sie den Gedanken innerlich zwei bis drei Mal aus und achten Sie darauf, wie sich das auf Ihre Gefühle auswirkt.

2. Versetzen Sie sich in einen Zustand der Achtsamkeit. Lenken Sie Ihr Bewusstsein auf das Hier und Jetzt, um sich gut in Ihrer Mitte zu verankern. Schließen Sie dazu die Augen und atmen Sie drei Mal tief und langsam durch die Nase ein und aus. Entspannen Sie gleichzeitig Gesicht und Schultern und lassen Sie Ihre Hände ganz entspannt auf Ihren Oberschenkeln ruhen.

3. Wiederholen Sie jetzt wieder den negativen Glaubenssatz – doch diesmal sprechen Sie ihn laut aus und verändern dabei die Sprechweise wie folgt:
   - Sprechen Sie ihn fünf Mal in normalem Tempo und normaler Tonlage... dann drei Mal tief durchatmen und entspannen.
   - Sprechen Sie ihn fünf Mal schnell, aber mit tiefer Stimme... anschließend drei Mal tief durchatmen und entspannen.
   - Sprechen Sie den Satz fünf Mal sehr langsam und gedehnt... dann drei Mal tief durchatmen und entspannen.
   - Sprechen Sie fünf Mal langsam und sehr tief (wie mit einer Geisterstimme)... wieder drei Mal tief durchatmen und entspannen.
   - Sprechen Sie fünf Mal sehr schnell und piepsig (wie mit einer Mickymaus-Stimme)... dann drei Mal tief durchatmen und entspannen.

> 4. Was hat sich verändert? Sprechen Sie den Glaubenssatz jetzt noch ein letztes Mal mit normaler, leiser Stimme. Welche Gefühle können Sie jetzt beobachten? Vermutlich kommt Ihnen Ihr Gedanke inzwischen reichlich komisch vor ...
>
> Wenden Sie diese Technik, wenn nötig, auch mit anderen Glaubenssätzen an.

Sie sind nicht Ihre Gedanken

Es gibt wohl keine wirkungsvollere und nachhaltigere Möglichkeit, einen gesunden Abstand zwischen sich selbst und seinen eigenen destruktiven Gedanken zu schaffen, als Meditation. Nur in der Meditation können wir den Raum entdecken, der jenseits allen Denkens ist. Wenn wir innerlich still werden, werden wir zum Beobachter unserer eigenen Gedanken. Dabei machen wir die Erfahrung, dass Gedanken kommen und gehen. So wie Geräusche kommen und gehen – oder Wolken, die am Himmel vorüberziehen. Mit anderen Worten: Unsere Gedanken sind gar nicht so schrecklich wichtig, wie sie uns oft erscheinen, wenn wir grübeln.

Meditative Übungen ermöglichen Ihnen den Zugang zu einem Zufluchtsort jenseits Ihres Verstandes – zu einer Seeleninsel des Glücks. Auf dieser inneren Insel können Sie mit einer Wirklichkeit in Berührung kommen, die weitaus realer ist als die Welt Ihrer Vorstellungen und inneren Dialoge.

Meditation hat nichts mit Tagträumen zu tun – ganz im Gegenteil: Es geht darum, absolut präsent zu sein. Denn nur wenn Sie ganz wach und aufmerksam sind, werden Sie mit der Zeit spüren, dass Sie zwar Gedanken *haben*, dass Sie jedoch nicht Ihre Gedanken *sind*. Und so besteht auch keine Notwendigkeit, auf die Gedankenzüge aufzuspringen, die ständig durch Ihren Geist brausen. Bemerken Sie sie, und dann... lassen Sie sie einfach weiterfahren und schauen Sie interessiert zu, welche Gedanken wohl als Nächstes aufsteigen werden.

Um der Grübelfalle zu entkommen, raten wir Ihnen, Ihren Geist im Alltag möglichst häufig zu konzentrieren. Sie brauchen keine anspruchsvollen oder sonderlich kreativen Tätigkeiten, um sich konzentrieren zu können – obwohl diese natürlich auch nicht schaden. Selbst ganz einfache Alltagstätigkeiten wie Abspülen, Rasenmähen oder Kochen können Trainingsfelder für die Konzentration werden. Wichtig ist dabei nur, dass Sie achtsam bei dem sind, was Sie jeweils im Augenblick tun.

Geben Sie Ihren sinnlichen Wahrnehmungen mehr Raum und lassen Sie die Gedanken mehr in den Hintergrund treten. Wann immer Ihre Gedanken dann wieder dominant werden und/oder Sie sich in Grübeln zu verstricken drohen, richten Sie Ihre ganze Aufmerksamkeit wieder auf das, was Sie gerade tun. Lenken Sie Ihre Achtsamkeit dabei zum Beispiel auf

- das warme Wasser, das Ihnen beim Abspülen über die Hände läuft,
- die Geräusche des Rasenmähers und den Geruch des Grases,

- das Zerschneiden der Zutaten beim Kochen und das Aroma der Speisen und Gewürze.

Kurzum: Richten Sie Ihre Aufmerksamkeit immer wieder geduldig auf das, was Sie sehen, spüren, riechen, hören und schmecken. Ihr Bewusstsein kann nicht an zwei Orten gleichzeitig sein: Solange Sie bei der Wahrnehmung sinnlicher Reize bleiben, können Sie nicht gleichzeitig über sich selbst und andere nachgrübeln.

Denken Sie daran, dass Sie jederzeit Ihren Seelenschlüssel benutzen können, einfach indem Sie Schritt für Schritt die Tore aufsperren, die Ihnen den Weg zur Freiheit und Leichtigkeit versperren: Erkennen Sie ganz klar, was gerade geschieht (erstes Tor). Akzeptieren Sie dies dann zunächst einmal, statt dagegen anzukämpfen (zweites Tor). Entscheiden Sie sich schließlich, heilsame Veränderungen einzuleiten (drittes Tor), und setzen Sie mitfühlende Achtsamkeit ein, um alte Muster umzuprogrammieren (viertes Tor).

Meditation: die Gedanken beobachten

Eine besonders wirkungsvolle Möglichkeit, von belastendem Denken frei zu werden, bietet die folgende Sitzmeditation. Dabei richten Sie Ihre Achtsamkeit abwechselnd auf Ihre Gedanken und Ihren Atem. Mit der Zeit werden Sie sich dadurch der Vorgänge in Ihrem Denken und auch des Entstehens und Vergehens negativer Gedankenmuster immer bewusster werden. Sie werden die Erfahrung machen, dass es jenseits allen Denkens noch die Welt des Hier und Jetzt gibt. Um sich mit dieser Dimension der Wirklichkeit zu verbinden, benutzen Sie immer wieder Ihren Atem.

Sie brauchen einen ruhigen Platz. Nehmen Sie sich fünf bis zehn Minuten Zeit. Erwarten Sie nicht, dass die Meditation Sie schon nach den ersten Versuchen von allen Glaubenssätzen und Grübelmustern befreien wird. Die besten Erfolge zeigen sich, wenn Sie nur kurz, dafür jedoch regelmäßig üben, und zwar am besten täglich. Viel Disziplin brauchen Sie dafür allerdings nicht, da die Meditation Ihnen schon bald so guttun wird, dass Sie nicht mehr darauf verzichten wollen. Die »Anstrengung«, die es erfordert, täglich mindestens einmal bei sich selbst anzukommen, ist nichts im Vergleich zu den Anstrengungen, die Diäten uns abverlangen.

1. *Bequem und aufrecht sitzen:* Ob nun auf einem Stuhl, einem Meditationsbänkchen oder -kissen – achten Sie vor allem darauf, dass Sie zugleich aufrecht und entspannt sitzen können. Der Rücken sollte gerade sein, die Augen sind sanft geschlossen, und die Schultern sinken weich nach unten. Ihre Sitzhaltung sollte stabil sein und Würde ausstrahlen. Quälen Sie sich nicht mit komplizierten Beinhaltungen – je wohler Sie sich fühlen, desto besser werden Sie sitzen. Legen Sie die Hände gefaltet in den Schoß oder mit den Handflächen nach unten auf die Oberschenkel.
2. *Den Atem frei strömen lassen:* Atmen Sie nun zunächst vorbereitend drei Mal tief und langsam ein und aus. Versuchen Sie mit jedem Ausatmen Spannungen und Belastungen in Körper und Geist loszulassen.

Dann lassen Sie Ihren Atem einfach in Ruhe. Atmen Sie normal durch die Nase und beobachten Sie lediglich, wie der Atem ganz natürlich kommt und geht. Verändern Sie nichts – Ihr Atem weiß ohnehin am besten, wie Sie atmen müssen. Schauen Sie einfach nur der Atembewegung zu. Vielleicht fällt Ihnen das am leichtesten, wenn Sie auf die Bauchdecke achten, die sich sanft hebt und senkt. Aber natürlich können Sie Ihre Achtsamkeit auch auf die Nasenlöcher lenken, wo Sie den Luftstrom wahrnehmen können. Entscheiden Sie sich jedoch für eine der beiden Möglichkeiten und bleiben Sie dabei: Halten Sie Ihre Achtsamkeit also entweder auf den Eingang der Nasenlöcher oder die Bauchdecke gerichtet. Versuchen Sie »locker konzentriert« zu bleiben. Ohne Anstrengung – mitfühlend und gelassen, aber auch wach und klar.

3. *Die Gedanken beobachten:* Schon nach wenigen Atemzügen werden Ihre Gedanken abschweifen. Das ist kein »Fehler«, sondern im Gegenteil sehr gut so, denn es zeigt, dass Sie noch nicht eingeschlafen und zudem auch noch am Leben sind. Sobald Sie Gedanken bemerken, denken Sie einfach: »Da ist ein Gedanke« oder »Da sind Gedanken«. Beobachten Sie die verschiedenen Gedanken, aber steigen Sie nicht in Denk- oder Grübelspiralen ein. Lenken Sie Ihre Achtsamkeit stattdessen wieder auf den Atem.

Wiederholen Sie diesen Wechsel im Laufe der Meditationssitzung einige Male: Den Atem achtsam wahrnehmen – und sobald Gedanken kommen, die Achtsamkeit auf die Tatsache richten, dass Gedanken da sind. Die Gedanken kurz beobachten – und dann wieder zum Atem zurückkehren usw.

Beenden Sie die Übung nach fünf bis zehn Minuten.

Variante: Gedanke oder Grübelei?

Wenn Sie nach mindestens ein bis zwei Wochen etwas vertrauter mit der Übung geworden sind, können Sie noch einen Schritt weitergehen. Folgen Sie der Übungsanweisung, wie Sie oben beschrieben ist: Nehmen Sie also zuerst eine gute Sitzhaltung ein, konzentrieren Sie sich dann auf den Atem und bemerken Sie, wann immer Gedanken im Feld Ihres Bewusstseins auftauchen.

Stellen Sie dabei innerlich wieder fest: »Aha – da sind Gedanken«; doch diesmal schauen Sie genauer hin. Sind es nur einzelne Gedanken, die da vorüberziehen? Sind die Gedanken in die Zukunft gerichtet? Dann sagen Sie innerlich »Planen, Planen«. Oder denken Sie an die Vergangenheit? Dann benennen Sie die Gedanken mit »Erinnerung, Erinnerung«.

Und nun die schwierigste Aufgabe: Versuchen Sie herauszufinden, ob es einzelne Gedanken oder kleine Gedankenfolgen sind, die durch Ihren Geist ziehen – oder ob es gar ganze Gedankenkomplexe, mit anderen Worten: Grübeleien sind. Achten Sie besonders auf Gedanken, Glaubenssätze oder Grübeleien, die mit dem Thema Übergewicht zusammenhängen. Bleiben Sie jedoch nie länger als ein bis zwei Atemzüge dabei,

> diese Gedanken zu beobachten, sondern richten Sie Ihre Achtsamkeit jedes Mal wieder auf Ihren Atem und entspannen Sie dabei Ihren Körper.
>
> Nach fünf bis zehn Minuten beenden Sie die Übung, indem Sie die Augen öffnen und sich kurz durchstrecken.

Belastendes Tun verändern: Verhaltensmuster durchbrechen

Wenn wir heilsame Absichten kultivieren, also Entscheidungen treffen wollen, die positive Veränderungen herbeiführen sollen, dann fangen wir am besten damit an, typische Muster zu durchbrechen. Es gibt ein paar weit verbreitete Verhaltensmuster, die sehr häufig zu Übergewicht führen beziehungsweise uns immer wieder dazu verleiten, zu viel zu essen. Diese Muster können nur überleben, solange wir beim Essen unbewusst handeln und daher gar nicht wirklich merken, was und wie viel wir essen.

Unachtsames Essen äußert sich vor allem in drei dickmachenden Angewohnheiten:

1. Wir essen zu schnell.
2. Wir essen zu viel.
3. Wir essen zu oft zwischendurch.

Obwohl diese Muster an sich ja leicht zu erkennen sind, fallen wir im Alltag doch immer wieder auf sie herein – das ist die schlechte Nachricht. Die gute aber ist, dass wir daher auch immer wieder aufs Neue die Möglichkeit haben, unsere Achtsamkeit zu entwickeln, indem wir aus dem »Autopilot-Modus« aussteigen. Wenn wir lernen würden, langsamer, weniger und weniger oft zwischendurch zu essen, so würde schon allein das unser Körpergewicht wie auch unseren Stresspegel deutlich reduzieren.

Wenn Sie zu schnell essen

Möchten Sie wissen, wie die einfachste Methode aussieht, um dauerhaft abzunehmen? Ganz einfach: Essen Sie langsamer! Wenn Sie nämlich dazu neigen zu schlingen, werden Sie dabei immer mehr Kalorien aufnehmen, als Ihr Körper benötigt. Essen Sie hingegen langsam und achtsam, dann haben Sie gar nicht die Zeit, allzu große Mengen zu verspeisen.

Wenn Sie Ihr Essen gründlich kauen, statt die Nahrungsmittel in sich hineinzuschaufeln, werden Sie für eine Hauptmahlzeit locker zwei bis drei Mal so lange brauchen wie sonst. Und da Sie vermutlich noch anderes zu tun haben, als den ganzen Tag mit Essen zu verbringen, verhindern Sie allein schon durch diese Entschleunigung, dass Sie Berge von Essen verdrücken.

Apropos »langsam und achtsam«: Es ist ein weit verbreitetes Missverständnis, dass achtsam zu sein heißt, alles schrecklich langsam tun zu müssen. Mit etwas Übung können Sie auch achtsam joggen oder Ihre Küche ganz achtsam in Windeseile aufräumen. Eines stimmt jedoch: Beim Eintrainieren neuer Verhaltensmuster ist Langsamkeit wirklich Gold wert. Jeder Musiker weiß, dass Tonleitern, musikalische Läufe und später auch Musikstücke auf dem Instrument nie gelingen können, wenn sie nicht zuvor sehr langsam und bewusst einstudiert wurden.

Anfangs benötigen Sie also etwas mehr Zeit als sonst, um von automatischem Schlingen auf achtsames Essen umzuschalten. Doch abgesehen davon, dass Sie auf diese Weise Ihre Achtsamkeit trainieren, gibt es noch einige andere gute Gründe, warum Sie sich für Ihr Essen mehr Zeit nehmen sollten:

- Ihr Bauch braucht seine Zeit, um Sättigungssignale an die zuständige Zentrale im Gehirn weiterzuleiten. Wenn Sie automatisch weiterschlingen, werden Sie diese Signale garantiert überhören.
- Wenn Sie in sehr kurzer Zeit viel essen, bedeutet das, dass Sie Ihre Nahrungsmittel kaum kauen. Da das Kauen jedoch bereits die erste Phase des Verdauungsprozesses ist, belasten Sie durch hastiges Essen nicht nur Ihre Figur, sondern auch Magen und Darm.
- Je schneller Sie essen, desto wahrscheinlicher ist es, dass Sie Ihre Mahlzeiten nicht genießen. Sie bekommen dann kaum mit, wie Ihr Essen eigentlich schmeckt.
- Wer sich für Slowfood entscheidet, entscheidet sich dabei meist automatisch auch für frische, traditionell zubereitete Nahrung. Im Gegensatz dazu wird Fastfood praktisch immer aus industriell stark verarbeiteten, kalorienreichen Nahrungsmitteln hergestellt. Wer genießt, achtet viel mehr darauf, was er isst, und legt viel Wert auf Qualität. Umgekehrt werden wir selten beobachten, dass jemand, der seinen Mikrowellen-Hamburger im Vorbeigehen hinunterschlingt, sein Essen wirklich genießt.

- Je weniger Sie Ihr Essen genießen, desto weniger werden Sie vermutlich auch Ihr ganzes Dasein genießen. Genießen erfordert Zeit, und wenn Sie sich diese Zeit nicht nehmen, dann verpassen Sie den besten Teil Ihres Lebens ...

Langsam, langsam

- Die erste Übung ist sehr einfach: Erkennen Sie, dass Sie zu schnell essen, wann immer Sie zu schnell essen. Sagen Sie sich dann innerlich einfach zwei oder drei Mal den Satz: »Ich esse gerade zu schnell.« Ganz einfach. Oder vielleicht doch nicht ...? Probieren Sie es aus.
- Sobald Sie sich dabei erwischen, dass Sie Ihr Essen mechanisch schlingen, atmen Sie einmal tief aus. Überlegen Sie, ob es einen Grund dafür gibt, dass Sie sich den Bauch gerade so hektisch vollschlagen. Betreiben Sie aber keine Psychoanalyse – es genügt vollkommen, kurz und spontan die Frage zu beantworten: »Warum esse ich in dieser Situation wohl zu schnell?« Die Antwort könnte »Zeitmangel«, »Stress« oder auch »Gier« oder »Lust auf Ablenkung« lauten. Wie auch immer die Antwort ausfällt – wichtig ist nur, dass Sie klar erkennen, was passiert, ohne sich dafür zu verurteilen. Und wenn keine Antwort kommt, ist das auch in Ordnung. Bleiben Sie trotzdem bei dieser Strategie.

Die folgenden fünf Punkte helfen Ihnen dabei, Ihr Essen zu entschleunigen:

1. Essen Sie nur im Sitzen. Selbst wenn es nur ein Snack ist – setzen Sie sich zumindest auf eine Parkbank oder an eine Bushaltestelle. Vermeiden Sie es prinzipiell, im Stehen oder gar im Gehen zu essen.
2. Nehmen Sie sich für eine durchschnittliche Mahlzeit etwa 20 Minuten Zeit. Das funktioniert sicher nur, wenn Sie den Essvorgang verlangsamen. Probieren Sie dazu Folgendes aus: Beißen Sie ein Stück Brot ab. Essen Sie es in Ihrem ganz normalen Tempo und zählen Sie, wie oft Sie kauen, bevor Sie den Bissen hinunterschlucken. Verdoppeln Sie dann diese Zahl. Jetzt haben Sie einen Anhaltspunkt, wie oft Sie kauen sollten.

   Schon vor mehr als 100 Jahren hat der Ernährungsreformer Horace Fletcher eine Kaumethode entwickelt, mit der er sich selbst vom Übergewicht befreit hat. Vor wenigen Jahren wurde diese Methode wieder aufgegriffen, wobei empfohlen wurde, 40 bis 50 Kaubewegungen durchzuführen. Allerdings ist es unter dem Gesichtspunkt der Achtsamkeit nicht nötig, seine Kaubewegungen zu zählen, da das leicht mechanisch werden kann (übrigens hat auch Horace Fletcher niemals eine bestimmte Anzahl von Kaubewegungen propagiert). Versuchen Sie stattdessen, sich einfach nur viel Zeit zum Essen zu nehmen, Ihr Essen zu kauen, bis es weich und breiig ist, und insbesondere auf den Geschmack des Essens zu achten. Mit anderen Worten: Schalten Sie möglichst oft auf »Slowfood« um.
3. Einfach, aber effektiv: Legen Sie Ihr Besteck nach jedem Bissen wieder ab. So widerstehen Sie der Ver-

suchung, sich schon die nächste Gabel aufzuhäufen, während Sie noch beim Kauen sind. Lehnen Sie sich, wenn möglich, an der Stuhllehne an, während Sie Ihr Essen kauen. Was immer sonst noch dazu beiträgt, hektisches Essen zu unterbrechen, ist hilfreich. Lassen Sie Ihrer Phantasie freien Lauf – probieren Sie es beispielsweise mal mit Essstäbchen.
4. Falls Sie mehrere Gänge zu sich nehmen, sorgen Sie für kleine Pausen zwischen den einzelnen Gängen.
5. Meiden Sie vor allem anfangs Fastfood-Ketten und Snack-Restaurants, da Fastfood immer dazu verführt, mehr als nötig zu essen.

Wenn Sie immer alles aufessen

»Iss brav deinen Teller leer!« – viele von uns haben diesen wohlmeinenden Ratschlag in ihrer Kindheit wieder und wieder zu hören bekommen. Doch früher gab es einmal Zeiten, da es als unanständig galt, alles aufzuessen, denn die Etikette verlangte es, einen kleinen Anstandsrest übrig zu lassen. In China ist das auch heute noch so: Wenn Sie dort Ihren Teller leer essen, wird der höfliche Gastgeber ihn sogleich nachfüllen – und das so lange, bis Sie entweder platzen oder endlich einen Rest übrig lassen.

Als Erwachsener haben Sie die Wahl. Sie müssen nicht mehr alles aufessen – Sie können einen Rest übrig lassen. Und dazu müssen Sie noch nicht einmal Chinese sein. Leider fällt es den meisten trotzdem schwer, ihre Mahlzeit »vorzeitig« zu beenden. Gerade Menschen, die mit Gewichtsproblemen zu kämpfen haben, essen oft auch dann noch weiter, wenn sie längst satt sind. Studien haben gezeigt, dass sie die Sättigungssignale ihres Körpers dabei vollkommen ignorieren.

Wer als Kind dazu erzogen wurde, »brav aufzuessen«, der isst auch als Erwachsener oft bis an die Grenzen seiner Aufnahmekapazität. Da die Portionen in Kantinen und Gaststätten (ganz zu schweigen von Fastfood-Ketten) jedoch immer größer werden, ist Übergewicht dabei vorprogrammiert. Doch ebenso, wie unsere Eltern (oder wir selbst) es uns irgendwann einmal angewöhnt haben, unseren Teller leer zu essen, können wir uns das zum Glück auch wieder abgewöhnen.

Mut zum kleinen Rest

- Die folgende Übung klingt ganz einfach: Lassen Sie bei jeder Hauptmahlzeit einen kleinen Rest auf Ihrem Teller liegen. Ein bis zwei Gabeln genügen. (Falls Sie eingeladen sind, können Sie Ihrem Gastgeber ja auch sagen, dass Sie satt sind.) Allerdings gibt es dabei zwei Schwierigkeiten: Erstens sollten Sie diese Übung mindestens zwei Wochen lang konsequent anwenden, da Sie sonst leicht wieder in Ihr altes »Alles-aufessen-Muster« zurückfallen. Zweitens sollten Sie schon dann an den Anstandsrest denken, wenn Sie mit der Mahlzeit beginnen. Wenn Sie sich nicht schon von Anfang an vornehmen, den kleinen Rest übrig zu lassen, wird Ihr »Autopilot« Sie nämlich überlisten. Und dann werden Sie gar

nicht (oder erst viel zu spät) bemerken, dass Sie doch wieder alles aufgegessen haben.
- Beobachten Sie, wie es sich anfühlt, wenn Sie Ihren Teller nicht leer essen: Verändert sich Ihre Art zu essen, wenn Sie wissen, dass Sie eine kleine Menge übrig lassen werden? Fällt es Ihnen leicht, Ihren Teller nicht leer zu essen? Oder regen sich Widerstände, da Sie den Impuls haben, alles aufzuessen? Achten Sie auch darauf, wie es sich etwa eine halbe Stunde nach dem Essen anfühlt, wenn Sie nicht bis zum »bitteren Ende« weitergegessen haben.
- Wann fällt es Ihnen besonders schwer, einen Anstandsrest übrig zu lassen? Welche Situationen verleiten Sie dazu, Ihren Vorsatz aufzugeben? Sind es Ihre eigenen Gelüste, die dabei zum Hindernis werden? Ist es die Tatsache, dass Sie für Ihr Essen bezahlen müssen – beispielsweise wenn Sie im Restaurant essen –, die es Ihnen schwer macht, etwas stehen zu lassen? Oder ist es Druck von außen – überredet Sie beispielsweise Ihr Gastgeber, Ihr Partner oder eine Freundin, »den kleinen Rest doch auch noch aufzuessen«?

Denken Sie daran: Es geht nicht darum, sich zu verurteilen, sondern darum, hinzusehen, was in den unterschiedlichen Situationen eigentlich genau mit Ihnen beziehungsweise Ihrem Essverhalten passiert. Selbsterkenntnis ist wichtiger als Kalorien – und außerdem ist Selbsterkenntnis auch der effektivste Schritt, um sein Gewicht dauerhaft wieder unter Kontrolle zu bekommen.

Wenn Sie oft zwischendurch essen

Ein Müsliriegel auf dem Weg zur Arbeit, ein Bagel im Vorbeigehen, ein Croissant zum Cappuccino, zwischendurch etwas Süßes für den Energiekick und abends die Tüte Chips beim Fernsehen ... und schon haben Sie an einem einzigen Tag locker 2000 Kalorien zu viel gegessen.

Wie bitte? Sollen Sie jetzt etwa doch wieder Kalorien zählen? Um Gottes willen – bloß nicht. Schließlich geht es ja gar nicht um Kalorien, sondern um Achtsamkeit. Doch genau hier wird es problematisch: Wer häufig Zwischenmahlzeiten isst, wird es kaum schaffen, dabei jedes Mal seine Achtsamkeit ins Spiel zu bringen. Um achtsam und mit Genuss essen zu können, braucht man Zeit – doch gerade Menschen, die oft unter Zeitdruck stehen, haben sie nicht und essen deshalb häufig Zwischenmahlzeiten. Ein Teufelskreis.

Ein ganzer Industriezweig lebt davon, Hamburger, Pizzaecken, Mikrowellen-Baguettes, Schokoriegel, Trinkjoghurts, Chips, Flips & Co. an den Mann (und natürlich auch an die Frau) zu bringen. Das Geschäft mit Snacks und Fastfood läuft bestens. Kein Wunder, ist doch das hektische Leben unserer Nonstop-Gesellschaft ganz darauf ausgerichtet, dass alles bequem sein und vor allem schnell gehen muss; und das gilt natürlich auch beim Essen.

Längst haben Wissenschaftler einen Begriff für das ständige Essen und Knabbern geprägt: »Grazing« lautet er, ganz in Anlehnung an die pausenlos Gras fressenden Pferde auf der Koppel oder Schafe auf der Weide. Während

Pferde und Schafe jedoch selten zu Chips oder Fischbrötchen greifen, sieht das bei uns leider ganz anders aus.

In Deutschland fällt Grazing ebenso wie Binge Eating in die Kategorie der »nicht näher bezeichneten Essstörungen«. Und von einer Essstörung kann man auch durchaus sprechen, da die vielen Zwischenmahlzeiten nicht nur zwischen den Mahlzeiten, sondern am liebsten auch noch nebenbei verzehrt werden – während wir am Computer oder am Steuer, hinter der Zeitung oder vor dem Fernseher sitzen, wo wir alles andere als bewusst essen.

Inzwischen erfreut sich eine neue Trenddiät vor allem in den USA großer Beliebtheit – und raten Sie mal, wie die heißt: Grazing! Die Theorie dahinter klingt bestechend einfach: Viele kleine Mahlzeiten (mindestens sieben sollten es sein) werden über den ganzen Tag verteilt. Dauerndes Knabbern als Abnehmmethode – funktioniert das überhaupt? Wenn es nach den Machern der Grazing-Diät geht, auf jeden Fall, denn die empfohlenen Portionen sind klitzeklein – hier mal ein Löffelchen Joghurt, dort eine Scheibe Schinken oder ein Stückchen Parmesan.

Das klingt gut, hat aber einen gewaltigen Nachteil: Wer Grazing als Diät praktiziert, bleibt meist hungrig, und das, obwohl er den ganzen Tag über isst. Ernährungspsychologen warnen, dass Menschen, die ohnehin dazu neigen, zu viel zu essen, natürlich auch bei Zwischenmahlzeiten nicht plötzlich zu Asketen werden. Die Folge ist, dass durch Grazing im Endeffekt meist sehr viel mehr Nahrung aufgenommen wird als bei den drei klassischen Hauptmahlzeiten.

Interessanterweise kommt eine aktuelle Studie, die vor Grazing warnt, just aus dem Land, in dem die Grazing-Diät so großen Zulauf hat: aus den USA. Epidemiologen der University of North Carolina konnten nachweisen, dass von Snacks und Zwischenmahlzeiten ein sehr hohes Risiko ausgeht, übergewichtig zu werden. Der Studie zufolge sind es weniger die typischen XXL-Portionen als vielmehr die ständigen Snacks, die die Amerikaner immer dicker und dicker werden lassen.

Es gibt mindestens drei gute Gründe dafür, warum Sie die Gewohnheit, zwischendurch zu essen, durchbrechen sollten:

1. Zwischenmahlzeiten machen dick: Je öfter Sie essen, desto größer ist die Wahrscheinlichkeit, dass Sie dabei auch zu viel essen.
2. Zwischenmahlzeiten belasten Ihre Gesundheit. Bei den meisten Snacks handelt es sich um hochkonzentrierte Nahrungsmittel, die jede Menge Zucker, Salz, Weißmehl, Geschmacksverstärker und Konservierungsstoffe enthalten. Ihre Verdauungsorgane und die Bauchspeicheldrüse sind im Dauereinsatz, und daher werden Snacks sehr viel eher zu Energieräubern als zu Energiespendern.
3. Zwischenmahlzeiten machen es unserer Achtsamkeit schwer; für gewöhnlich werden sie auf die Schnelle und entsprechend unbewusst gegessen. Oft dienen sie auch als Ablenkung oder dazu, unangenehme Pflichten noch ein Weilchen zu verschieben.

Sie sollten sich übrigens keine Sorgen machen: Drei Mahlzeiten am Tag genügen vollkommen, um sich mit allen wichtigen Nährstoffen zu versorgen. Dass wir fünf Mal am Tag oder gar öfter essen müssten, um gesund zu bleiben, hat sich inzwischen als Mythos erwiesen. In vielen buddhistischen Klöstern werden nur zwei Mahlzeiten am Tag serviert, in einigen sogar nur eine – und dabei leben die Mönche nicht kürzer, sondern im Zweifelsfall sogar eher länger als Übergewichtige.

Natürlich werden wir nicht von Ihnen verlangen, dass Sie nur noch eine Mahlzeit am Tag zu sich nehmen – wie wir übrigens ohnehin nichts von Ihnen verlangen wollen. Stattdessen machen wir Ihnen in diesem Buch lediglich einige Vorschläge und in diesem Fall ganz konkret den folgenden: Verzichten Sie einmal eine Zeit lang bewusst auf Zwischenmahlzeiten oder schränken Sie diese zumindest stark ein. Denn auch das ist eine gute Möglichkeit, um beim Essen wacher, bewusster und selbstbestimmter zu werden. Und nur so können Sie sich dauerhaft und auf sanfte Weise von schädlichen Ernährungsgewohnheiten befreien.

Wir haben zwar bereits mehrfach darüber gesprochen, aber da es so wichtig ist, erwähnen wir es noch einmal: Sie können Ihren Seelenschlüssel jederzeit und überall benutzen, um abzunehmen. Dabei ist es wichtig, das erste Tor zu öffnen und klar zu erkennen, wo das Problem liegt. Der zweite Schritt besteht darin, ohne Wenn und Aber zu akzeptieren, dass es dieses Problem in Ihrem Leben gibt. Beim dritten Tor geht es nun darum, noch einen Schritt weiterzugehen und heilsame Absichten zu kultivieren: Treffen Sie eine Entscheidung und machen Sie sich Ihr Ziel bewusst.

Sicher – Sie wollen abnehmen, und das ist wahrscheinlich momentan eines Ihrer wichtigsten Ziele. Vergessen Sie jedoch nicht, dass Sie, während Sie abnehmen, auch noch wesentlich wichtigere Ziele erreichen können: Durchbrechen Sie Gewohnheiten, die Sie nicht nur schwer, sondern auch unglücklich machen. Lassen Sie die Dunkelheit, die Unbewusstheit und das ferngesteuerte Handeln hinter sich. Wählen Sie stattdessen das Licht und die Achtsamkeit und beginnen Sie damit, immer klarere, bewusstere Entscheidungen zu treffen.

⚘ Eine Woche ohne Zwischenmahlzeiten

Die folgende Übung ist ein kleines Experiment, das es Ihnen ermöglicht, Erfahrungen zu sammeln und Ihre Körperintelligenz zu entwickeln. Sie ist Teil der »Minus-1-Diät«[2], die wir vor einiger Zeit entwickelt haben. Bei dieser Achtsamkeitsdiät geht es darum, gezielt Kleinigkeiten in seinem Ernährungsverhalten zu verändern. Dabei werden neue Erfahrungen möglich, die dabei helfen, alte Gewohnheiten zu durchbrechen.

Das Prinzip dabei ist einfach: Im Lauf von acht Wochen wird auf bestimmte Nahrungs- oder Genussmittel verzichtet – jedoch immer nur auf eines pro Woche. Wichtig ist, sich während dieser Wochen genau zu beobachten und auf kleinste Veränderungen zu achten. Durch die Minus-1-Diät können Sie erforschen, welche Nahrung Ihnen bekommt und welche Ihnen nicht so guttut.

Für die folgende Übung nutzen wir die Anweisung für die zweite Woche der Minus-1-Diät. Sie lautet:

---

2 Ronald P. Schweppe/Aljoscha A. Schwarz: Die Minus-1-Diät. Freier und leichter werden mit der Achtsamkeitsformel. München: Südwest 2011.

Verzichten Sie eine Woche lang völlig auf Zwischenmahlzeiten, Snacks und Fastfood. Essen Sie zwischendurch auch kein Brot oder Obst und nehmen Sie auch keine Joghurtdrinks, Softdrinks, gesüßte Limonaden usw. zu sich. Eigentlich ganz einfach, oder? Interessant wird das Ganze jedoch erst, wenn Sie anfangen, sich genau zu beobachten. Beantworten Sie sich selbst während dieser Woche möglichst jeden Abend in einem Notizblock folgende Fragen:

- Wie geht es mir, wenn ich mich auf die drei Hauptmahlzeiten beschränke? Verändert sich dabei etwas?
- Fühle ich mich besser oder schlechter – habe ich mehr oder weniger Energie?
- Fühle ich mich insgesamt wacher und fitter oder ist eher das Gegenteil der Fall?
- Verändert sich mein Gewicht?

Am Ende der Woche ziehen Sie nochmals Bilanz: Wie war das für Sie, eine Woche lang auf Zwischenmahlzeiten zu verzichten? Hat es Ihnen gutgetan? Haben Sie überhaupt Veränderungen bemerkt? Gab es positive oder negative Erfahrungen?

- Nehmen Sie sich zwischendurch kurz Zeit, um zu notieren, wann und wo es Ihnen besonders schwergefallen ist, auf Snacks zu verzichten. Welche Verführungen waren in dieser Woche am größten?
- Schreiben Sie abschließend auf, welche Erfahrungen besonders positiv waren.

Stopp! – Die Notbremse ziehen

Wären wir den ganzen Tag oder wenigstens während unserer Mahlzeiten achtsam, dann würden wir wahrscheinlich nie mehr zu viel essen. Doch wer ist das schon? An jeder Ecke lauern leckere Versuchungen, und alte Ernährungsmuster sorgen dafür, dass wir sofort wieder in die Falle tappen, sobald wir unter Stress stehen, was leider recht oft der Fall ist.

Mit Selbstdisziplin können wir nicht viel gegen unsere Gelüste ausrichten. Immer wieder brechen wir Diäten ab, und immer wieder essen wir trotz bester Absicht Dinge, die wir eigentlich nie mehr essen wollten.

So ganz stimmt das mit der Selbstdisziplin allerdings nicht, denn wenn wir sie nur in kleiner Dosis einsetzen, können wir durchaus erstaunliche Ergebnisse erzielen. Studien haben gezeigt, dass Übergewicht durch »eiserne Disziplin« kaum in den Griff zu bekommen ist. Andererseits haben Psychologen beobachtet, dass es den meisten Menschen sehr leichtfällt, ein wenig Disziplin aufzubringen. Selbstdisziplin scheint sich wie ein Muskel trainieren zu lassen, und daher ist es wichtig, dass wir das Training sanft beginnen.

Eine einfache Möglichkeit, die Zügel wieder selber in die Hand zu nehmen, besteht in der »Noch-nicht-Strategie«. Das Ganze funktioniert ganz einfach: Wann immer Sie plötzlich Lust oder Heißhunger auf Süßigkeiten, Pizza, Salzgebäck, eine Portion Schokoladeneis oder andere Nahrungsmittel bekommen, von denen Sie wissen, dass es Ihnen besser täte, darauf zu verzichten, denken Sie: »Noch nicht – ein bisschen später werde ich ... essen.«

Während es sehr schwer ist, sich vorzunehmen, dass wir nie wieder Schokolade essen werden (schwerer, als sich das vorzunehmen, ist es natürlich, es dann auch tatsächlich zu tun), fällt es recht leicht, den Genuss noch eine halbe Stunde zu verschieben. Auf diese Weise machen Sie die Erfahrung, dass Sie jederzeit die Wahl haben – niemand zwingt Sie, Ihren ersten Impulsen sofort zu folgen. Und während Sie immer öfter einmal »Stopp – jetzt noch nicht« denken, wächst Ihre Selbstdisziplin mit jeder dieser kleinen Entscheidungen.

Abgesehen davon, dass diese Methode Ihre Willenskraft schrittweise stärkt, hat sie noch zwei weitere große Vorteile: Erstens gewinnen Sie Zeit für Achtsamkeit. Indem Sie nicht gleich Ihrem »Fressinstinkt« folgen, sondern eine kleine Notbremse einbauen, können Sie die Achtsamkeit nach innen lenken und klarer erkennen, was gerade in Ihnen vorgeht. Zweitens werden Sie feststellen, dass Ihre Lust auf Süßes, Salziges, Fettiges usw. oft sehr schnell vergeht. Denn genau wie unsere Gedanken oder Gefühle sind auch plötzliche Impulse, die meist durch Gier oder Mangel ausgelöst werden, nur vorübergehende Phänomene. So ist auch Heißhunger ein Zustand, der sich oft nach wenigen Minuten, wenn nicht gar sekundenschnell wieder auflöst.

»Und was, wenn ich scheitere?«

Sie haben in den letzten Abschnitten einfache Möglichkeiten kennen gelernt, um belastende Ernährungsmuster aufzulösen. Dabei ging es um die häufigen Angewohnheiten, zu schnell, zu viel oder zu oft zwischendurch zu essen. Sie haben erfahren, dass es dabei hilfreich ist, sein Esstempo zu verlangsamen, einen Anstandsrest auf dem Teller zu lassen und auf Zwischenmahlzeiten zu verzichten. Und Sie haben gelernt, wie man in Anbetracht eines nahenden Fressanfalls die Notbremse zieht. Dass Sie diese Strategien nun kennen, heißt natürlich noch nicht, dass es Ihnen immer oder auch nur oft gelingen wird, sie auch in die Praxis umzusetzen. Zwar ist es möglich, dass Ihnen das gut gelingt, aber es kann eben auch sein, dass Sie damit Probleme haben.

Dazu nun zwei Punkte: Erstens fällt Achtsamkeit nicht vom Himmel. Es genügt nicht, etwas darüber zu lesen – Sie müssen die Techniken auch anwenden. Sie müssen es *tun*. Und je öfter Sie es tun, desto schneller werden Sie Fortschritte bemerken. Vieles im Leben ist reine Übungssache – ob es um Radfahren, Klavierspielen, Aquarellmalen oder Achtsamkeit geht. Ärgern Sie sich daher nicht, wenn es »nicht gleich klappt« und Sie vor allem anfangs immer wieder scheitern.

Und da sind wir schon beim zweiten Punkt, dem vermeintlichen Scheitern. Wenn Sie eine Diät abbrechen, können Sie das vielleicht noch als »Scheitern« oder »Misserfolg« verbuchen. Geht es jedoch um inneres Wachstum, dann können Sie definitiv gar nicht scheitern. Was kann schon passieren? Vielleicht, dass Sie Ihren Teller trotz aller guten Absichten wieder ganz leer essen, dass Sie wieder mal zu schnell oder zu oft zwischendurch essen. Doch das ist kein Problem – im Gegenteil: Das Einzige, worum es geht, wenn wir unsere Achtsamkeit und Bewusstheit entwickeln, ist, dass wir aufwachen und uns so langsam aus automatisch ablaufenden Mustern befreien. Wenn Sie also bemerken, dass Widerstände auftauchen, dann bauen Sie das in Ihre Praxis mit ein. Machen Sie Ihre »Fehler«, Ihr »Scheitern« und Ihre inneren Widerstände zum Objekt Ihrer Achtsamkeit. Ärgern Sie sich also nicht, denn Sie können viel über sich erfahren, wenn Sie ganz bewusst hinsehen, statt in der üblichen emotionalen Reaktion steckenzubleiben (Ärger, Enttäuschung, Schuldgefühle...)

Wenn Sie schneller, mehr oder öfter essen, als Ihnen guttut, dann fragen Sie sich konkret:

- Warum esse ich gerade zu schnell oder zu viel?
- Warum fällt es mir so schwer, auf Zwischenmahlzeiten zu verzichten? Warum brauche ich jetzt eigentlich gerade so dringend meinen süßen Snack?
- Was fühle ich? Wie ist meine Stimmung? Gibt es innere Defizite oder Emotionen, die dazu beitragen, dass ich Dinge esse, die ich eigentlich nicht essen wollte? Was steckt dahinter?
- Welche Gedanken und Gefühle tauchen auf, wenn ich »sündige«? Kann ich das trotz allem akzeptieren und mich annehmen oder fange ich an zu hadern und mich schlecht zu fühlen? Gibt es eine Möglichkeit, loszulassen und gelassener zu bleiben?

Fehler sind okay, Widerstände sind okay, und sogar Enttäuschungen sind es. Doch lassen Sie nicht zu, dass Ihre emotionalen Reaktionen unbewusst bleiben. Machen Sie sich bewusst, was abläuft. Auf diese Weise erhöhen Sie die Wahrscheinlichkeit enorm, dass unterschwellige Muster, die Sie bisher immer wieder wie ferngesteuert handeln ließen, sich endgültig auflösen.

Das vierte Tor:
Mitfühlende Achtsamkeit

»Denn wenn Achtsamkeit da ist, wenn ein Gewahrsein da ist, in dem weder Wahl noch Urteil, sondern nur reine Beobachtung ist, dann werden Sie sehen, dass Sie nie wieder verletzt sein werden, und die vergangenen Verletzungen sind weggewischt.«
Jiddu Krishnamurti

Von den vier Toren, die Ihnen den Weg zu sich selbst versperren, hat das vierte eine besondere Bedeutung: Wenn Sie dieses Tor öffnen, wird sich nicht nur Ihr Gewicht, sondern Ihr ganzes Leben verändern. Denn der Weg, der hinter diesem Tor beginnt, ist der Weg der Achtsamkeit und des Mitgefühls für sich selbst – der Weg, der von der Dunkelheit der Gewohnheiten ins Licht des Gewahrseins führt.

Die Sehnsucht nach dem Wunschgewicht ist letztlich nur eine Verkleidung; darunter verbirgt sich eine Sehnsucht, die sehr viel weiter reicht – es ist der Hunger nach Leben, die Sehnsucht danach, ganz bei sich selbst anzukommen.

Um wirklich bei uns selbst ankommen und Geborgenheit in uns selbst erfahren zu können, müssen wir uns von Ängsten, Zwängen und unterschwellig ablaufenden Programmen verabschieden, die dazu führen, dass wir jahrein, jahraus immer wieder in dieselben Fallen laufen – ob in unseren Beziehungen, unserer Arbeit, unserem Verhältnis zu uns selbst oder eben auch beim Essen.

Worum es am Ende geht, ist nicht, ob wir ein paar Kilo mehr oder weniger auf den Rippen haben. Die Gewichtsreduktion sollte nur eine angenehme Nebenwirkung unserer inneren Suche sein. Worum es geht, ist vielmehr, wach und bewusst zu leben, unsere verborgenen Energien zu entdecken und ein liebevolles Verhältnis zu uns selbst zu schaffen – die Basis dafür, dass wir auch für andere Menschen Mitgefühl empfinden können.

In den folgenden Kapiteln werden Sie erfahren, was Achtsamkeit überhaupt ist und wie sie zu einem Seelenschlüssel werden kann, der Sie zu Ihrem Wunschgewicht führt. Ferner werden Sie erfahren, warum Wachheit und Bewusstheit Voraussetzungen für ein glückliches Leben sind und welche Qualitäten dazu beitragen, achtsam und heilsam zu handeln. Und natürlich werden Sie dabei auch effektive Übungen kennen lernen, denn ohne die Möglichkeit zur Praxis nützt Ihnen die schönste Theorie nichts.

Achtsamkeit als Seelenschlüssel zum Wunschgewicht

Wenn heutzutage in den Medien von Achtsamkeit die Rede ist, dann geht es dabei oft um die Behandlung von Stress, Depressionen, chronischen Schmerzzuständen oder Ängsten. Das Konzept der Achtsamkeit wurde Ende der 1970er-Jahre von dem Molekularbiologen Jon Kabat-Zinn als ergänzende, stressreduzierende Behandlungsmaßnahme in Kliniken und Therapiezentren eingeführt. Damals gründete Kabat-Zinn seine inzwischen weltweit bekannte Methode »MBSR« (»Mindfulness-Based Stress Reduction«), die bei uns vor allem unter der Bezeichnung »Stressbewältigung durch Achtsamkeit« bekannt ist.

Nachweislich bietet MBSR ein wirkungsvolles Konzept zur Behandlung oder Bewältigung von Stresssymptomen, chronischen Schmerzen, Depressionen und Suchtverhalten. Die klassischen Acht-Wochen-Kurse erfreuen sich großer Beliebtheit – nicht nur in der Therapie, sondern auch an Volkshochschulen, pädagogischen und betrieblichen Einrichtungen.

Ein großes Wunder war es nicht, als Wissenschaftler vor einigen Jahren entdeckten, dass achtsamkeitsbasierte Übungen bei Übergewichtigen oft zu einer deutlichen Gewichtsreduktion führen. Ganz gleich nämlich, ob wir unter Stress leiden, von bestimmten Substanzen abhängig sind oder die Kontrolle über unser Essverhalten verloren haben: Immer geht es dabei um Gewohnheiten, um schädliche Muster und somit weitgehend darum, dass wir unbewusst handeln. Und das beste Mittel gegen ein Leben im Halbschlaf besteht nun einmal darin, aus dem Bett zu steigen, die Vorhänge aufzuziehen, die Fenster weit zu öffnen und den sonnigen Tag ins Zimmer zu lassen – oder mit anderen Worten: seine Achtsamkeit zu entwickeln. Durch Achtsamkeit lässt sich die Gewohnheit, unbewusst (zu viel) zu essen, effektiv durchbrechen.

Ursprünglich stammt die Philosophie der Achtsamkeit aus der Meditationspraxis des Buddhismus. Schon vor gut 2500 Jahren übten buddhistische Mönche die Fähigkeit ein, achtsam zu sein, um einen klaren Geist zu entwickeln und sich ganz mit der Wirklichkeit des Hier und Jetzt verbinden zu können. Auch heute noch wird Achtsamkeit in vielen buddhistischen Zentren und Klöstern als grundlegende Meditationsmethode gelehrt. Dennoch ist Achtsamkeit keine fernöstliche oder gar esoterische Angelegenheit: Jeder von uns kann achtsam wahrnehmen, was im jeweiligen Augenblick passiert – ob im Körper, im Geist oder in der Welt, die uns umgibt.

Achtsamkeit ist nichts Kompliziertes – im Gegenteil: Jedes Kind kann achtsam sein, und tatsächlich sind Kinder meist sogar viel achtsamer als ihre Eltern. Denn während Erwachsene sich von nie endenden To-do-Listen tyrannisieren lassen, um ihr Leben zu organisieren, fällt es Kindern noch leicht, über das Wunder des Lebens zu staunen. Und wie Sie sich denken können, hat Staunen sehr viel mehr mit Achtsamkeit zu tun als Organisieren.

Jon Kabat-Zinn definiert Achtsamkeit als »eine bestimmte Form der Aufmerksamkeit, die absichtsvoll ist, sich auf den gegenwärtigen Moment bezieht und nicht wertend ist«.

Eine schöne Definition von Achtsamkeit stammt von der Ärztin und Zen-Äbtissin Jan Chozen Bays: »Achtsamkeit bedeutet, dem, was um Sie herum und in Ihnen geschieht – in Ihrem Körper, Herzen und Geist –, bewusst die volle Aufmerksamkeit zu schenken. Achtsamkeit ist Aufmerksamkeit ohne Kritik und ohne Urteil.«[3]

Wenn Sie Achtsamkeit üben – beispielsweise weil Sie bewusster essen und dadurch abnehmen wollen –, dann üben Sie vor allem, sich wieder mehr Zeit zu nehmen, innezuhalten und genau zu beobachten, was von Augenblick zu Augenblick im »Feld Ihrer Achtsamkeit«, mit anderen Worten: in Ihrem Bewusstsein, auftaucht. Und indem Sie

---

3 Jan Chozen Bays: Achtsam durch den Tag, Oberstdorf: Windpferd 2011, Seite 8

das klar erkennen und vollkommen akzeptieren, sind wir wieder bei den ersten beiden Toren aus den ersten Kapiteln angelangt, denn tatsächlich sind die vier Tore, die nach innen führen, nicht voneinander getrennt. Welches Tor Sie auch immer mit Hilfe Ihres Seelenschlüssels öffnen – sobald Sie ein Hindernis beseitigen, beginnen auch die anderen Hindernisse, sich aufzulösen.

»Bewusst sein, ihr Mönche, ist alles«

Im Buddhismus spielt das Prinzip der Achtsamkeit auf dem Weg zur Befreiung eine zentrale Rolle. Achtsamkeit bildet das siebte Glied auf dem »Edlen Achtfachen Pfad« des Buddha, einer Sammlung von Leitlinien, die uns dabei helfen, unser Denken und Handeln auf das Wesentliche hin auszurichten. Wer diesen Pfad beschreitet – so der Buddha –, der wird alle Täuschungen überwinden, klare Erkenntnis erlangen und sich endgültig vom Leiden befreien.

Der tibetische Meditationsmeister Sogyal Rinpoche sagt dazu: »Die Übung der Achtsamkeit löst unsere Negativität, Aggressivität und die anderen stürmischen Gefühle auf (...) Statt diese Emotionen zu unterdrücken oder in ihnen zu schwelgen, ist es wichtig, ihnen mit Achtsamkeit und Großzügigkeit zu begegnen, so offen und weitherzig zu sein wie möglich.«[4]

Auch der Buddha selbst beschrieb die weit reichenden Wirkungen der Achtsamkeit: »Wer achtsam ist, wird freu-

---

4 Zitiert nach Bettina Lemke: Der kleine Taschenbuddhist, München: DTV 2009, Seite 75

dig bewegt; freudig bewegt, wird er Heiterkeit finden; heiteren Herzens kommt der Körper zur Ruhe; herrscht Ruhe im Körper, so herrscht Wohlgefühl; durch Wohlgefühl wird der Geist klar...«[5]

Dass der Buddha den positiven Einfluss der Achtsamkeit auf das Körpergewicht nicht erwähnt hat, hängt vermutlich damit zusammen, dass er selbst wohl kaum unter Übergewicht gelitten haben dürfte. Auch hätte man im alten Indien sicher wenig Verständnis für unser von Frauenzeitschriften geprägtes Schönheitsideal gehabt. Und dennoch: Die Fähigkeit, wach und bewusst zu sein, wird auch unsere Einstellung zu unserem Essen grundlegend verändern. Entscheidend ist dabei aber weniger, *was* wir essen, als vielmehr, *wie* wir essen.

Mitfühlende Achtsamkeit bewirkt einerseits die nötige Präsenz, die wir brauchen, um alte Gewohnheiten zu durchbrechen, andererseits aber auch die von Sogyal Rinpoche erwähnte Offenheit und Weitherzigkeit, die uns dabei hilft, unsere negativen Gedanken und Gefühle, die hinter dem zwanghaften Essen stecken, liebevoll anzunehmen.

Achtsamkeit ist gut, aber sie ist nicht genug. Nur gemeinsam mit Mitgefühl und innerer Anteilnahme kann Achtsamkeit zu jener Kraft werden, die uns (und unsere Art zu essen) von Grund auf verwandelt.

---

5 Buddha-Reden. Fischer E-Books 2010, Position 3543 (Übersetzung K. E. Neumann) (Kapitel: »Die Zehnerfolge«)

Sie haben die Wahl

Vor über 50 Jahren wurde der Film »Rebel without a cause« mit James Dean gedreht. Für die deutsche Titelformulierung wurde auf einen Bibelvers Bezug genommen, in dem Jesus seine Peiniger vor Gott entschuldigt. Die deutsche Fassung lautet: »...denn sie wissen nicht, was sie tun«.

In gewisser Weise steht hinter diesem Satz die gleiche Idee wie hinter der Aussage des Buddha: »Bewusst sein, ihr Mönche, ist alles.« Wer sich dessen, was er tut, nämlich nicht wirklich bewusst ist, der wird auch ganz ohne böse Absicht allerlei Unsinn anrichten. Wenn wir »nicht wissen, was wir tun«, kann es beispielsweise leicht passieren, dass wir stundenlang vor dem Fernseher kleben bleiben, schachtelweise Zigaretten rauchen oder auch den ganzen Inhalt einer Pralinen-Großpackung aufessen, ohne dass uns dabei so richtig bewusst würde, was wir da gerade machen. (Anschließend merken wir das zwar oft, aber dann ist es leider zu spät.)

Solange Sie sich noch im »Autopilot-Modus« durch Ihr Leben manövrieren lassen, werden Sie bestenfalls halb bewusst handeln. Wenn Sie sich einsam fühlen, wenn Sie nach einem anstrengenden Tag nach Hause kommen oder ein langweiliger, verregneter Sonntag vor Ihnen liegt, ist die Gefahr groß, dass Sie wie ferngesteuert zu Kalorienhaltigem greifen. Ihr Wunsch, sich behaglich und wohl zu fühlen und sich von Stress zu befreien, wird dann dazu führen, dass Sie wie in Trance handeln und genau die Dinge tun, die Sie anschließend bereuen werden.

Sobald jedoch mehr Achtsamkeit ins Spiel kommt, sobald Sie anfangen, sich der Situation und Ihrer momentanen Gefühle bewusst zu werden, kommt ein ganz neuer Aspekt dazu: Sie merken, dass Sie die Wahl haben!

Mitfühlende Achtsamkeit schenkt Ihnen Wahlfreiheit. Sie nehmen eine neue Perspektive ein und können einen Blick von oben auf das Ganze werfen. Und natürlich erkennen Sie von da oben viel eher, welche Auswege es gibt, als wenn Sie mitten im Labyrinth stecken.

Gerade in den kurzen Augenblicken, in denen Sie nichts mit sich anzufangen wissen, kann Achtsamkeit Sie davor bewahren, jedes Mal unbewusst zu Nahrungsmitteln zu greifen. Durch mitfühlende Achtsamkeit befreien Sie sich allmählich davon zu handeln (beziehungsweise zu essen), ohne zu wissen, was Sie tun.

Achtsamkeit und unbewusstes Handeln können nicht nebeneinander existieren. Entweder – oder. Entweder »Sie sind dabei« oder nicht. In dem Augenblick, in dem Sie auch innerlich zu 100 Prozent in Ihr Leben einsteigen, werden Sie nicht länger gedankenlos handeln. Wo das eine ist, kann das andere nicht sein. Achtsamkeit löst alles Zwanghafte von der Wurzel her auf.

Um abzunehmen und Ihr Wunschgewicht zu erreichen, brauchen Sie keine Diät und auch keine Ernährungsregeln. Alles, was Sie brauchen, ist eine Entscheidung. Sie müssen sich dafür entscheiden, auf dunklen Straßen die Scheinwerfer einzuschalten und aus dem Teufelskreis aus Essanfällen, Selbstverurteilungen, Schuldgefühlen und erneuten Diäten auszusteigen. Sie müssen sich dafür entscheiden, die Verantwortung dafür zu übernehmen, dass Sie die Wahl haben, denn ob Sie es glauben oder nicht – die haben Sie.

Brot allein ist nicht genug: Nahrung für die Seele

Ob Kohlsuppen-, Eier-, Apfelessig- oder Schokoladendiät – es gibt eigentlich kaum eine Diätmethode, auf die findige Köpfe nicht schon gekommen wären. Warum aber bitte gibt es noch keine »Wasser-und-Brot-Diät«? Immerhin könnten wir damit unser Gewicht in kurzer Zeit drastisch reduzieren. Klingt »Wasser und Brot« dann doch zu sehr nach Gitterstäben und Gefängnishof? Möglich. Wahrscheinlich liegt der Grund aber darin, dass die »Wasser-und-Brot-Diät« einen gewaltigen Nachteil hätte: Die Überlebensquote ginge gen null, denn wer sich ausschließlich von Wasser und Brot ernähren würde, der würde nicht lange leben. Niemand muss die Bibel lesen, um zu wissen, dass der Mensch nicht vom Brot allein lebt. Wir brauchen neben Kohlenhydraten, Eiweiß und Fetten auch noch Vitamine, Mineralstoffe, Enzyme und viele andere Nährstoffe. Physische Nahrung ist wichtig, um unseren Körper zu ernähren, unseren Organismus aufzubauen und gesund zu bleiben. Dafür sollte unser Speiseplan im Idealfall an unsere Lebensweise und unser Alter angepasst sein. Ein 15-Jähriger braucht beispielsweise ganz andere Nahrung als ein 80-Jähriger. Ein Marathonläufer kann und muss ganz andere Mengen verdrücken als jemand, der den ganzen Tag am Computer sitzt. Und auch Geschlecht und Jahreszeit spielen eine große Rolle, wenn es um die Auswahl der richtigen Nahrungsmittel geht.

Doch selbst wenn Ihr Speiseplan optimal auf Sie zugeschnitten wäre und die Ausgewogenheit der Nährstoffe sogar Ernährungswissenschaftler in helle Begeisterung versetzen würde – der Mensch lebt auch nicht von Salaten, Vollkornbrot, Fleisch- oder Reisgerichten, ja nicht einmal von Austern, Trüffeln und Champagner allein. Unser Bedürfnis nach Nahrung ist nie ein rein körperliches. Nahrung ist viel mehr als das, was Kalorien uns zu bieten haben.

Sich optimal zu ernähren bedeutet auch im übertragenen Sinne, gut für sich zu sorgen – für sein Wachstum, seine Gesundheit, sein Leben, aber auch für seine Lebendigkeit. Und darum können Sie die erlesensten Menüs genießen oder aber so viele Sahnetorten essen, bis Ihnen schlecht wird – äußere Nahrung allein kann Ihnen nie mehr als rein körperliche Sättigung verschaffen. Dem Hunger Ihrer Seele und Ihres Geistes ist keine XXL-Packung dieser Welt gewachsen.

Also gut – zugegeben: So ganz stimmt es nicht, dass Kalorien nur unserem Körper zugute kommen. Ein wenig Schokolade kann manchmal schon tröstend sein. Und nach einer üppigen Mahlzeit fühlen wir uns meist sehr entspannt und weniger gestresst, was ja auch der Grund dafür ist, warum wir oft große Portionen verschlingen. Die Frage ist nur: Wie lange hält die angenehme Wirkung an?

Die Effekte, die Essen normalerweise auf unsere Psyche hat, hängen in erster Linie mit Veränderungen des Blutzuckerspiegels und Hormonausschüttungen zusammen. Dass Käsefondues zur Glückseligkeit führen, ist daher unwahrscheinlich. Physische Nahrung dient dazu, unseren Körper zu sättigen, neue Zellen aufzubauen und Energie für unsere Tätigkeiten zu gewinnen – das ist gut und wichtig, geht aber nicht weit genug. Wie wir noch sehen werden, können wir den Vorgang des Essens zwar grundlegend verwandeln, doch zu dieser spirituellen Dimension des Essens kommen wir weiter unten. Zunächst ist es einmal wichtig zu erkennen, dass wir nicht nur körperliche, sondern auch seelische und geistige Nahrung brauchen, um uns wohlzufühlen.

⚭ Was nährt mich wirklich?

Es gibt viele Arten von Nahrung, und physische Nahrungsmittel machen nur einen kleinen Teil aus. Daher ist es auch nicht ratsam, seine gesamte Konzentration auf die Beschaffung und den Verzehr von Essen zu richten. »Nahrung« ist eine Metapher für Leben, für Wärme, Wachstum und sogar für Liebe.

Die folgende Übung hilft Ihnen dabei, für sich selbst ein paar Dinge über Nahrung herauszufinden und möglicherweise einige wichtige Zusammenhänge zu erforschen, die auch mit Ihrem Essverhalten zu tun haben könnten.

Setzen Sie sich in einer ruhigen Minute aufrecht, aber entspannt auf einen Stuhl oder ein Meditationskissen. Schließen Sie die Augen, lassen Sie den Atem allmählich zur Ruhe kommen und lassen Sie körperliche und seelische Anspannung so gut, wie es Ihnen im Moment möglich ist, los.

Stellen Sie sich dann die folgende Frage: *»Was nährt mich wirklich?«*

Eine Variante der Frage könnte lauten: *»Der Mensch lebt nicht vom Brot allein... Was bedeutet dieser Satz für mich persönlich?«*

Lassen Sie alle Gedanken und Impulse zu, die jetzt in Ihrem Geist auftauchen. Sie müssen sich aber nicht den Kopf zerbrechen oder auf die Jagd nach tiefsinnigen Einsichten gehen. Hören Sie einfach nur zu, ob Ihre innere Stimme zu Ihnen spricht. Und immer wenn Sie gedanklich abschweifen, richten Sie Ihre Achtsamkeit wieder auf das Thema und wiederholen innerlich die Frage: »Was nährt mich wirklich?«

Bleiben Sie mindestens fünf Minuten bei dieser Übung.

Hier einige Anregungen: Sie können beispielsweise darüber nachdenken, welche anderen Arten, sich zu nähren, es neben dem Essen noch gibt. Zu »Nahrung« zählen ja auch Qualitäten wie Fülle, Geborgenheit, Wärme, Fühlen, Genießen oder Erholung. Einfache Kleinigkeiten wie ein Sauna- oder Kinobesuch, eine Verabredung mit Freunden, ein paar neue Blumen für die Wohnung, ein Spaziergang in der Natur, ein duftendes Schaumbad, ein paar Kerzen..., sie alle können uns seelisch nähren. Ebenso können anregende Gespräche, gute Bücher oder die Beschäftigung mit Philosophie, Kunst oder auch Meditation zu einer geistigen Nahrung für uns werden.

Darüber hinaus können Sie sich auch die Frage stellen, worauf Sie Hunger haben. Unser Hunger gibt uns sehr genau Auskunft darüber, welche Art von Nahrung wir gut gebrauchen könnten. Vielleicht haben Sie ja Hunger nach neuen Erfahrungen, nach mehr Zeit, nach erfüllenderen Beziehungen, nach mehr Kreativität oder innigeren Verbindungen zu anderen Menschen...

Denken Sie dann auch einmal darüber nach, wer Sie

in Ihrem bisherigen Leben genährt hat. Waren das Ihre Eltern und Ihre Familie? Waren das Freunde, Partner oder Vorbilder?

Stellen Sie sich diese Fragen zwischendurch immer wieder. Je öfter Sie das tun, desto mehr Antworten werden in Ihnen auftauchen. Und je genauer Sie wissen, auf was Sie Hunger haben, desto seltener werden Sie Essen als Ersatz nutzen müssen.

Achtsamkeit
oder die Alchemie des Essens

Es soll ja Menschen geben, für die es beim Essen ausschließlich darum geht, ihre Energiespeicher neu zu laden: Der Tank ist leer, also muss man ihn eben wieder auffüllen – so einfach ist das. Wenn der Bauch zum Tank, der Mund zum Zapfhahn und die Nahrungsmittel zum Sprit werden, dann hat das Ganze natürlich nicht mehr viel mit Gefühlen oder Stimmungen zu tun.

Bei den meisten Menschen geht es in puncto Essen jedoch um wesentlich mehr. Zum Beispiel um Genuss, Freude, Wärme oder auch mal um Trost. Schon Säuglinge versorgen sich an der Mutterbrust nicht nur mit lebensnotwendigen Nährstoffen. Gleichzeitig erfahren sie beim Stillen auch Wärme, Sicherheit und das Gefühl von Nähe und Verbundenheit. Es gibt daher nur sehr wenige Menschen, bei denen Essen sich einzig um die physische Nahrungsaufnahme dreht. Bis zu einem gewissen Grad ist emotionales Essen nicht nur normal, sondern auch sehr sinnvoll und gesund.

Doch über der physischen und emotionalen Ebene gibt es noch eine dritte – die spirituelle Ebene.

Beim Versuch, Blei in Gold zu verwandeln, haben sich unzählige Alchemisten im Mittelalter die Zähne ausgebissen. Das heißt jedoch nicht, dass Alchemie nun an sich Unsinn wäre. Das Problem ist nur, dass Umwandlungen auf der materiellen Ebene eben nicht so leicht funktionieren – selbst ein guter Zauberstab hilft dabei meist nicht weiter. Was jedoch die geistige Ebene betrifft, so ist die Sache hier schon wesentlich einfacher. Und zudem lohnender: Wenn es Ihnen nämlich gelingt, Gier in Gelassenheit oder Aggression in Liebe zu verwandeln, dann ist das sehr viel mehr wert als ein Klumpen Gold im Safe.

Im geistigen Labor der Achtsamkeit können Sie zwanghaftes Essen in bewusstes Genießen umwandeln. Dadurch, dass Sie einen klaren Geist und ein mitfühlendes Herz beim Essen mit an den Tisch nehmen, werden Sie allmählich immer weniger Nahrung brauchen, um sich körperlich und seelisch satt zu fühlen. Und dann werden Sie vielleicht darüber staunen, wie Sie ganz ohne Stress nach und nach immer weiter abnehmen werden – so lange, bis Ihre innere Leichtigkeit sich auch in der äußeren widerspiegelt.

Bei der Alchemie des Essens verbindet sich das Stoffliche – die Kalorien – mit dem Spirituellen – Ihrer mitfühlenden Achtsamkeit. Auf diese Weise können Sie in einer scheinbar so banalen Tätigkeit wie der Nahrungsaufnahme einen tieferen Sinn finden. Sie können erkennen, dass die richtige Haltung beim Essen Sie sowohl mit sich selbst als auch mit der Sie umgebenden Welt verbindet, die die Quelle aller Nahrung ist. Mitfühlende Achtsamkeit bringt Sie mit einer Macht in Kontakt, die aus dem zwanghaften, suchtartigen Essen hinaus in die Freiheit der eigenen Entscheidung führt. Wenn diese Stufe erst einmal erreicht ist, stimmt es tatsächlich, dass Essen glücklich macht.

Was sind die Voraussetzungen dafür, dass die innere Alchemie des Essens gelingt? Was trägt dazu bei, Essen in einen spirituellen Weg zu verwandeln?

Einer der wichtigsten Schritte besteht darin zu erkennen, dass Essen ein Akt der Liebe ist. Durch achtsames Essen nähren Sie sich selbst. Sie sorgen für sich und schaffen die Bedingungen, die es Ihnen ermöglichen, innerlich zu wachsen und Ihr gesamtes Potenzial zu entfalten. Solange wir unser Essen noch ausschließlich dazu benutzen, äußerlich zu wachsen (was bei Erwachsenen bedeutet, überflüssige Pfunde anzusetzen), bleibt der tiefere Sinn des »Sich-Nährens« verborgen. Und solange Essen regelmäßig in der Maßlosigkeit endet, nähren wir uns nicht wirklich selbst.

Sie können jederzeit den Schalter umlegen und von »Fressen« auf »Genießen« beziehungsweise von Oberflächlichkeit und Unbewusstheit auf Intensität und Achtsamkeit umschalten. Doch dazu müssen Sie sich bewusst machen, um was es beim Essen im spirituellen Sinne wirklich geht. Zum Beispiel geht es darum, seine Lebensenergie zu speisen. Es geht darum herauszufinden, was uns wirklich guttut, und darum ein Gespür dafür zu entwickeln, was und wie viel wir essen sollten. Nicht zuletzt geht es auch darum, Essen als Möglichkeit zu nutzen, zu entspannen, loszulassen und ganz bei sich selbst anzukommen

Das alles erfordert, dass Sie sich selbst ernst nehmen und gut auf sich achtgeben. Normalerweise denken wir, dass wir uns selbst besser akzeptieren und mehr lieben würden, wenn wir endlich erst einmal 10 oder 20 Kilo abgenommen hätten. Doch die Sache funktioniert genau andersherum: An erster Stelle steht, dass wir uns selbst mitfühlend annehmen. Und wenn wir erkennen sollten, dass wir in einer Sackgasse stecken, dann ist es sogar besonders wichtig, dass wir freundlich mit uns selbst umgehen.

Erst an zweiter Stelle kommt das Abnehmen, das jedoch einfach die natürliche Folge davon ist, dass wir anfangen, die Verantwortung für uns selbst zu übernehmen, besser auf uns aufzupassen und achtsamer zu handeln.

Vor allem Menschen mit Gewichtsproblemen fügen sich selbst oft großes Leid zu. Sie neigen dazu, sich selbst zu verurteilen, interpretieren ihre Erfahrungen grundsätzlich negativ und nähren nicht selten den Selbsthass in sich. Man braucht nicht viel Phantasie, um zu verstehen, dass es äußerst schädlich ist, sich selbst für wertlos, faul, erfolglos und unattraktiv zu halten und entsprechende Glaubenssätze am Leben zu halten. Statt gut für uns zu sorgen und uns zu nähren, tun wir dann so ziemlich das Gegenteil: Wir hungern uns innerlich aus. Und so landen wir wieder im altbekannten Reaktionsmuster: Dass wir uns seelisch ausgehungert fühlen, versuchen wir dadurch auszugleichen, dass wir viel zu viel essen.

Falls Sie nun nicht so recht wissen, wie Sie es denn anstellen sollen, liebevoller mit sich selbst umzugehen, haben wir einige Empfehlungen für Sie:

- Löschen Sie negative Glaubenssätze aus Ihrem Bewusstsein (siehe Seite 144: »Belastende Glaubenssätze löschen«).
- Lernen Sie, achtsam zu essen (siehe Seite 179: »Achtsam essen – die Grundübung«).

- Meditieren Sie möglichst täglich mindestens zehn Minuten. Praktizieren Sie beispielsweise die Achtsamkeit auf den Atem.

Durch diese Übungen verlagert sich Ihre Sichtweise. Statt zu werten und zu verurteilen, lernen Sie, die Dinge klar zu sehen (erstes Tor), anzunehmen, was ist (zweites Tor) und heilsame Absichten zu entwickeln (drittes Tor). Durch die Praxis der mitfühlenden Achtsamkeit (viertes Tor), die Sie im Folgenden noch näher kennen lernen werden, wird es Ihnen leichtfallen, sich mit der Zeit immer mehr auf das Wesentliche zu konzentrieren. Und so viel können wir Ihnen schon einmal verraten: Weder Selbstverurteilungen noch Selbsthass, Schuldgefühle oder Scham haben auch nur das Geringste mit dem Wesentlichen zu tun. Denn das Wesentliche wohnt nicht in Ihrem urteilenden Verstand – es wohnt in Ihrem Herzen.

Essen als Meditation

Klingt Meditation für Sie ein bisschen nach orangefarbenen Roben, Himalaya, Glatzen und strapazierten Kniegelenken? Zugegeben – einige der einschlägigen Bilder, die uns die Medien zu diesem Thema präsentieren, haben durchaus Entsprechungen in der Realität: Japanische Klöster, in denen kahlrasierte Zen-Mönche mit strengem Blick ihre Misosuppe schlürfen, bevor es wieder stundenlang in die zugige Meditationshalle geht, oder weißbärtige indische Greise, die ihr Leben halbnackt im Lotossitz in abgelegenen Gebirgshöhlen verbringen – das gibt es tatsächlich.

Zum Glück für uns ist das aber nur eine Facette der Meditation – und noch dazu eine sehr kleine. Inzwischen hat sich vieles verändert: Nicht nur Mönche und Nonnen meditieren, sondern auch gestresste Manager, überforderte Eltern, Künstler, Hausfrauen, Therapeuten und Patienten, Lehrer und Schüler, Wissenschaftler, Bankangestellte, Kindergärtnerinnen usw. Und dabei meditiert wohl jeder auf seine eigene Weise. Denn auch wenn es nur eine begrenzte Anzahl an klassischen Meditationsschulen gibt, so gibt es doch eine unbegrenzte Anzahl an Varianten, da jeder Mensch im Laufe der Zeit seine individuelle Form der Meditation entwickelt.

Ganz unabhängig von den jeweiligen Variationen gibt es doch auch einige allgemein gültige Prinzipien, die die Meditation von anderen Methoden der seelischen Entspannung und/oder Selbstfindung unterscheiden:

- Meditation ist die Kunst, zur Stille und zu sich selbst zu finden. Der indische Gelehrte Patanjali definierte Meditation als das »Zur-Ruhe-Bringen der Gedankenbewegung«.
- Meditation bildet den Kern vieler spiritueller Traditionen wie Yoga, Buddhismus oder der christlichen Kontemplation, bei denen es letztlich um Glück und Glückseligkeit geht. Dennoch ist sie weder an Religionen noch an Weisheitstraditionen gebunden. Jeder Mensch kann meditieren – unabhängig von seinem Alter, seiner Religionszugehörigkeit oder seinem Beruf.
- Meditation ist sehr einfach. Sie ist sogar derart einfach, dass viele Menschen anfangs große Schwierigkeiten haben, ihre Schlichtheit zu erfassen.

- Zwei wesentliche Aspekte zeichnen die Meditation aus: Zum einen ist das die Konzentration. Konzentration ist die Eintrittskarte zu jeder Art von Meditation, da sie uns befähigt, unseren Geist zu fokussieren und Ablenkungen auszuschalten. Der zweite Aspekt ist die Achtsamkeit. Sie erst verleiht der Konzentration Flügel und erweitert unseren Blick auf das ganze Feld der Erfahrung. Während die Konzentration auf ein einziges Objekt vor allem dazu dient, den Geist zur Ruhe zu bringen, liegt der Sinn der Achtsamkeitsmeditation darin, Einsicht in die Wirklichkeit des Hier und Jetzt zu erlangen.
- Jedes Kind kann meditieren – und sogar Schildkröten können es... In der *Bhagavad Gita*, einer zentralen spirituellen Schrift des Hinduismus, wird die Fähigkeit der Schildkröte mit der Fähigkeit des menschlichen Geistes in Verbindung gebracht. Hier heißt es: »Wer gleich einer Schildkröte, die ihre Glieder in den Panzer zurückzuziehen vermag, imstande ist, seine Sinne zu kontrollieren, indem er sie von den weltlichen Reizen zurückzieht, der ist mit dem Höchsten Bewusstsein verbunden.«[6]

Grundsätzlich gibt es zwei Grundformen der Meditation: Einerseits die »formelle«, wie etwa die Sitzmeditation im Zen oder das Einnehmen der Körperstellungen im Yoga. Zum anderen die »informelle«, also die Übung im Alltag. Den Geist zur Ruhe bringen, ganz bei sich bleiben, immer nur die eine Sache tun, die Sie gerade tun, und achtsam handeln – all das können Sie auch üben, während Sie Ge-

---

[6] Vgl. auch: Aljoscha A. Long/Ronald P. Schweppe: Die 7 Geheimnisse der Schildkröte. München: Heyne 2010.

schirr spülen, einen Spaziergang machen, duschen und natürlich ganz besonders auch dann, wenn Sie essen.

Aber was soll das bringen? Warum lohnt es sich überhaupt, statt ganz normal lieber meditativ und achtsam zu essen?

Das lohnt sich unter anderem,

- weil Sie auf diese Weise mehr Zeit für sich gewinnen – Zeit, in Ruhe zu essen und zu genießen und damit letztlich Zeit für Ihr Leben,
- weil meditatives Essen zu einer Entschleunigung führt und damit der Zeitkrankheit des hastigen Essens entgegenwirkt,
- weil meditatives Essen Ihnen dabei helfen wird, den Unterschied zwischen Appetit und echtem Hunger zu spüren, und damit dem Muster, zu viel zu essen, entgegenwirkt,
- weil Sie nur dann herausfinden werden, welche Gefühle in Ihnen zwanghaftes Essen auslösen, wenn Sie zuvor wirklich zur Ruhe kommen,
- weil Sie durch Meditation Stress abbauen und damit die vielleicht wichtigste Ursache für zu schnelles, zu häufiges und emotionales Essen ausschalten,
- weil Achtsamkeit Ihnen dabei hilft, die Signale Ihres Körpers zu empfangen und klar zu entschlüsseln,
- weil kein Platz für Selbstverurteilungen und Schuldgefühle ist, solange Achtsamkeit, innere Ruhe und Heiterkeit Ihr Bewusstsein erfüllen,
- und weil es einfach sehr erfüllend ist und Spaß macht, beim Essen (wie auch sonst) wach und achtsam zu sein.

Die Kunst des achtsamen Essens

Es ist nicht besonders schwierig, achtsam zu essen. Eigentlich müssen Sie dabei nur Ihren Blickwinkel ein wenig verändern. Wenn Sie durch die Großstadt gehen, ist es manchmal sehr befreiend, nach oben zu schauen. Statt grauer Hochhäuser, miefender Autoabgase und missmutiger Menschen nehmen Sie dann vielleicht einen blauen Himmel, weiße Wolken und ein paar Schwalben wahr, und schon fühlen Sie sich wesentlich besser.

Für gewöhnlich sehen wir nur einen sehr kleinen Ausschnitt der Welt – das gilt auch beim Essen. Durch Achtsamkeit können wir lernen, einen Blick für das zu entwickeln, was uns meist entgeht – den Zauber des Augenblicks. Die Kunst des achtsamen Essens besteht vor allem darin, die Welt in unserem Kopf zu verlassen und in die wirkliche Welt einzutreten. Statt beim Essen also mit Sorgen, Tagträumen, Planen oder Selbstgesprächen beschäftigt zu sein, wenden wir uns der Erfahrung des Augenblicks zu.

In Bezug auf das Essen heißt das vor allem, dass wir beim Essen und Trinken einmal nichts anderes tun, als wirklich zu essen und zu trinken. Indem wir unsere innere Haltung verändern, lassen wir uns nicht länger von der Zeitung, unserem Handy oder den eigenen Grübeleien ablenken. Wir achten darauf, unsere Mahlzeit zu genießen, zu sehen, wie die Speisen aussehen, das Aroma zu riechen und vor allem darauf, unsere Nahrung auch wirklich zu schmecken und auszukosten. Auf diese Weise kann selbst eine simple Mahlzeit oder sogar eine kleine Zwischenmahlzeit zu einer Meditation werden.

Sobald Essen zu einer Form der Meditation wird, nähren wir nicht nur unseren Körper, sondern auch unsere Seele. Ein angenehmer Nebeneffekt ist, dass meditatives Essen Stress auflöst und sehr entspannend wirken kann. Und während wir lernen, unser Essen zu genießen und uns zu entspannen, wirken wir zugleich Gewichtsproblemen entgegen, denn wer intensiv genießt, braucht nicht viel, um satt zu werden.

Wie jede Kunst, so ist auch die Kunst des achtsamen Essens nicht zuletzt eine Frage der Technik. Mit anderen Worten: Sie müssen wissen, »wie man es macht«. Wenn Sie keine Noten kennen, können Sie auch nicht komponieren. Wenn Sie nicht schreiben können, werden Sie niemals ein Schriftsteller sein. Um achtsam zu essen, ist es gut, einiges über die Anatomie der Achtsamkeit zu wissen und einige Prinzipien im Hinterkopf zu behalten, die es Ihnen sehr erleichtern werden, Essen in eine Meditation zu verwandeln:

Bleiben Sie bei sich selbst

Meditation bedeutet, ganz bei sich selbst anzukommen und zu seiner Mitte zu finden. Das klappt nur, wenn wir gesammelt sind. Aber was ist es eigentlich, was wir da »sammeln«? Wir sammeln unsere Gedanken und Gefühle, vor allem aber unsere Aufmerksamkeit. Statt zerstreut und abgelenkt zu essen, konzentrieren wir uns ganz auf die sinnliche Erfahrung des Essens. Weder wälzen wir Probleme noch überlegen wir, was wir nachher tun werden oder was vorhin passiert ist. Und natürlich vertiefen wir uns auch nicht in Gedanken darüber, ob das, was wir essen, »richtig und vernünftig« ist, wie hoch unser BMI idealerweise sein sollte oder ob unsere Kollegin schlankere Beine hat als wir. Lassen wir das alles hinter uns. Schauen wir nicht auf das, was sein sollte oder was »besser wäre, wenn es anders wäre«. Achten wir einmal ganz auf das, was wirklich ist: auf den Tisch, an dem wir sitzen, die Farbe der Paprika, das Aroma der Gewürze, unsere Körperhaltung und den Geschmack vom Basmatireis.

Haben Sie Geduld

Rom wurde bekanntlich nicht an einem Tag erbaut. Sogar bei Arnis hat es eine ganze Weile länger gedauert. (Arnis ist die kleinste Stadt Deutschlands. Sie hat noch nicht einmal 300 Einwohner.) An Sprichwörtern, die die Bedeutung der Geduld hervorheben, mangelt es nicht, denn es stimmt ja auch: Alles kommt zu dem, der warten kann. Wenn es also nicht gleich klappt, hilft nur eines: Abwarten und Tee trinken.

Während Sie lernen, achtsam zu essen, sollten Sie sich nicht wundern, wenn Sie sich immer wieder dabei ertappen, dass Sie weiterhin Fastfood in sich hineinschlingen oder zwischen den Mahlzeiten Süßigkeiten essen. Unsere Gewohnheit, dem Essen wenig Aufmerksamkeit zu schenken, sitzt tief und ist oft schon Jahrzehnte alt. Kein Wunder also, wenn es mit der Veränderung der Perspektive etwas dauert.

Je öfter Sie sich an die Möglichkeit erinnern, achtsam zu essen, und je öfter Sie sich mit meditativen Übungen beschäftigen, desto mehr Ruhe und Gelassenheit werden Sie entwickeln. Trotzdem: Wachstum braucht Zeit – und das gilt ganz bestimmt auch für inneres Wachstum. Bewahren Sie daher die Geduld und ärgern Sie sich nicht, wenn Sie anfangs in alte Verhaltens- beziehungsweise Essmuster zurückfallen.

Erinnern Sie sich noch an das zweite Tor, das Sie mit Ihrem Seelenschlüssel öffnen können? Es ist das Tor, hinter dem der Weg der vollkommenen Akzeptanz liegt. Was auch immer schiefgeht – nehmen Sie es zunächst einmal bedingungslos an, statt dagegen anzukämpfen. Und genau genommen kann ohnehin nichts schiefgehen, denn sobald Sie bemerken, dass Sie unachtsam essen, ist auch das schon wieder ein Moment der Achtsamkeit.

Kommentieren und urteilen Sie nicht

Über die Notwendigkeit, unsere Erfahrungen nicht zu verurteilen, zu beurteilen oder zu kommentieren, haben wir ja bereits gesprochen. Achten Sie darauf, wie oft Sie eine urteilende Perspektive einnehmen, wenn Sie beispielsweise sagen oder denken: »Das darf man nicht«, »Das ist schlecht/macht dick/ist ungesund...«, »Ich sollte dies, ich sollte jenes« usw. Zwar ist es normal, so zu denken, doch das heißt noch lange nicht, dass es auch heilsam wäre.

Ein offener, meditativer Geist hat sehr viel Raum. Je mehr inneren Raum Sie sich schaffen können, desto lebendiger werden Ihre Erfahrungen. Hüten Sie sich also davor, zu viele »schwere Möbel in Ihr Zimmer zu stellen«. Verbauen Sie sich Ihre innere Freiheit nicht mit Urteilen, Meinungen und Bewertungen. Statt zu sagen: »Oje, das darf doch nicht wahr sein«, sagen Sie lieber: »Ach, da sieh an – das ist ja interessant.« Auf diese Weise werden Sie sich schon bald leichter fühlen und den Dingen mit wesentlich mehr Gelassenheit begegnen können.

Bleiben Sie offen

Offen und neugierig zu bleiben bedeutet, das Leben nicht in Schubladen zu stecken, sondern sich jeder Erfahrung interessiert zuzuwenden. Bewahren Sie sich den »Anfängergeist«, versuchen Sie, Situationen immer wieder einmal mit den Augen eines Kindes zu betrachten. Offenheit ist eine gute Medizin gegen Routine und alte Muster. Offenheit hilft uns, unsere Sinne neu zu erwecken. Offen zu sein kann einerseits bedeuten, dass Sie sich öfter auf Experimente und neue Erfahrungen einlassen – beispielsweise, indem Sie einmal Rezepte ausprobieren, die Sie noch nie probiert haben oder Restaurants besuchen, in die Sie bisher nie gegangen wären.

Andererseits ist Offenheit aber auch wichtig, um unsere eigenen Gedanken, Stimmungen und Gefühle annehmen zu können: Sie fühlen sich sehr schlecht, weil Sie zu viel gegessen haben? Sie fühlen sich rundum wohl, weil Sie genau das Richtige gegessen haben? Sie haben ein schlechtes Gewissen wegen der Kekspackung? Sie sind gerade gestresst und essen deshalb in solcher Eile? All das ist eben so, wie es ist. Es sind Erfahrungen – die Erfahrungen, die Ihr Leben ausmachen. Bleiben Sie offen. Geben Sie allen Erfahrungen genügend Raum, sich zu entfalten. Beobachten Sie das Ganze, aber lehnen Sie sich dabei entspannt zurück, statt Sorgenfalten zu bekommen.

Hören Sie auf Ihr Herz

»Mitfühlende Achtsamkeit« zu kultivieren bedeutet, sowohl mitfühlend als auch achtsam zu sein. Mitgefühl und Achtsamkeit bedingen einander: Je liebevoller Sie mit sich selbst, Ihrer Nahrung und Ihrer Umwelt umgehen, desto achtsamer werden Sie dabei werden. Umgekehrt entfalten sich Liebe und Mitgefühl als natürliche Konsequenz einer achtsamen Haltung ganz von selbst.

Die Kunst des achtsamen Essens lässt sich nicht auf die gleiche Weise erlernen wie Fließbandarbeit. Sie brauchen dafür Leidenschaft und Mitgefühl. Ob Sie herauszufinden versuchen, welche Art oder Menge an Nahrung ideal für Sie ist; ob Sie sich Ihren Emotionen zuwenden, die möglicherweise dafür verantwortlich sind, dass Sie Essstörungen entwickelt haben; ob Sie sich typische Fressfallen anschauen oder ob Sie zum Beispiel den Kontakt zu Ihrem Körper intensivieren wollen – hören Sie dabei immer auf Ihr Herz. Meditation hat sehr viel mehr mit dem Herzen zu tun als mit dem Denken. Erinnern Sie sich noch? Meditation ist die Kunst, zur Stille und zu sich selbst zu finden. Aber nicht mit verbissenem Gesicht, sondern mit einem Lächeln auf den Lippen...

Ohne Gift und ohne Ablenkung

Oft sind es unscheinbare Kleinigkeiten, die zu großen Hindernissen werden. So können beispielsweise alltägliche Ablenkungen es uns so gut wie unmöglich machen, beim Essen achtsam zu bleiben.

Zu der einen Sorte dieser Störenfriede gehören »geistige Gifte«. Viele Menschen reagieren geradezu hysterisch, wenn auch nur winzigste Mengen an giftigen Substanzen, wie etwa Pestizide oder Schwermetalle, im Essen entdeckt werden. Natürlich ist es wichtig, dass wir uns für eine natürliche und giftfreie Umwelt und Ernährung einsetzen. Dabei bringt es jedoch nicht viel, in Hysterie zu verfallen. »Geistige Gifte« sind auf ihre Weise ebenso schädlich wie giftige Substanzen – dennoch sind wir im Hinblick auf das, was unserem Geist nicht guttut, meist deutlich weniger sensibel. Dabei ist es alles andere als gesund, während des Essens Probleme zu wälzen oder seinen Sorgen und Ängsten nachzuhängen. Wir können die besten und frischesten Nahrungsmittel zu uns nehmen – wenn wir innerlich im Konflikt sind, wird uns das Essen trotzdem nicht bekommen. Verdauung ist ein Prozess, der nicht nur im Körper, sondern auch im Geist stattfindet. Und auch Verdauungsstörungen treten auf beiden Ebenen auf.

Natürlich gilt das Ganze auch für äußere Konflikte. Mit anderen Worten: Wenn Sie achtsam und meditativ essen wollen, sollten Sie gefühlsbeladene Gespräche, politische Diskussionen und Streitereien unbedingt vermeiden. Setzen Sie sich nicht mit Menschen an den gedeckten Tisch, die Ihren inneren Frieden stören – nicht mal an Weihnachten. Und wenn es doch gar nicht anders geht, dann beteiligen Sie sich wenigstens nicht an »giftigen Gesprächen«, sondern lenken Sie Ihre Achtsamkeit auf den Geschmack und das Aroma Ihrer Speisen, auf Ihren Atem und Ihre Körperhaltung.

Neben »geistigen Giften« sind es vor allem Ablenkungen aller Art, die es uns schwer machen, beim Essen in unserem Zentrum zu bleiben und unsere Achtsamkeit zu entwickeln. Es ist inzwischen ganz normal geworden, dass unsere Smartphones neben dem Teller liegen, dass im Hintergrund der Fernseher läuft oder wir essen, während wir im Internet surfen. Versuchen Sie wenigstens einmal täglich eine Mahlzeit ohne Ablenkungen einzunehmen – nicht nur Ihrer Figur, sondern auch Ihrer Gelassenheit und inneren Ruhe zuliebe.

Schalten Sie Handy und Telefon aus, entfernen Sie Zeitungen und Zeitschriften aus Ihrer Nähe, lesen Sie nicht nebenbei und schauen Sie auch nicht nebenbei fern. Bedenken Sie, dass Sie alles, was Sie nebenbei tun, immer nur halbherzig tun können. Tun Sie daher im Zweifelsfall lieber nur eine Sache, die aber dafür mit ganzem Herzen. Wenn Sie telefonieren, dann lenken Sie Ihre ganze Aufmerksamkeit auf das Gespräch. Und wenn Sie essen, dann essen Sie.

Die Welt in einer Tasse Cappuccino

Eine Mal-Aktion in bayerischen Kindergärten brachte es unlängst ans Licht: Jedes dritte Kind malte Kühe nicht etwa braun oder schwarz, sondern lila. Umfragen zeigten zudem, dass heute viele Kinder keine Ahnung mehr haben, dass Milch nicht im Tetrapak wächst. Und auch dass Pommes frites irgendetwas mit Kartoffeln zu tun haben könnten, ist vielen neu.

Seit Medien wie Computer und Fernseher sich immer mehr zwischen Mensch und Natur schieben, ist das Interesse von Kindern an ihrer natürlichen Umwelt rapide gesunken. Kein Wunder also, dass einige von ihnen heute mehr Automarken als Tiernamen aufzählen können.

Nun vermuten wir, dass Sie durchaus noch wissen, woher die Milch stammt. Aber sind Sie sich auch voll und ganz dessen bewusst, dass unsere Nahrung uns tagtäglich mit unzähligen Menschen, Pflanzen und Tieren verbindet? Ist Ihnen wirklich klar, dass weder Milch noch Dosenananas, weder Teebeutel noch Schokolade im Supermarkt wachsen? Nicht nur vom Verstand her, sondern auch tief in Ihrem Herzen?

Achtsam zu essen heißt nicht unbedingt nur, langsam, bewusst und mit allen Sinnen zu essen. Wenn Sie Essen in eine Form der Meditation verwandeln wollen, ist es wichtig, Ihre Achtsamkeit auch auf die Tatsache zu lenken, dass vieles, was uns ganz selbstverständlich erscheint, alles andere als selbstverständlich ist.

Wie viele Hände waren beispielsweise alleine schon dafür nötig, dass wir heute eine Tasse Cappuccino trinken können? Hier ein kleiner Anhaltspunkt: Irgendwo in Äthiopien wird Kaffee angebaut. Das klappt jedoch nur, wenn die Qualität des Bodens gut ist und das Klima mitspielt. Die reife Kaffeekirsche wird dort noch von Hand gepflückt und geschält. Die Kaffeebohnen werden von Schmutz gereinigt, sortiert, gesichtet und separiert. Dann wird der Kaffee geröstet, gemahlen und oft mit anderen Sorten vermischt. Bevor er dann tausende von Kilometern durch die Welt geflogen wird, wird er noch vakuumverpackt. Schließlich wird der Kaffee verladen, in die Großmarkthalle, ins Geschäft oder in die Gastronomie transportiert und landet schließlich in der Kaffeemaschine, damit sogenannte »Servicekräfte« ihn für uns zubereiten können.

Offensichtlich ist der Weg von der Kaffeekirsche in Afrika bis in unsere Cappuccino-Tasse ganz schön weit. Viele, viele Hände haben mitgeholfen – vom Anbau bis zur Zubereitung.

Und dann wäre da ja noch die Milch, denn ohne Milchschaum wird das mit dem Cappuccino nichts. Selbst wenn die Milch nur aus der Region stammen sollte, können Sie ja einmal darüber nachdenken, wie weit der Weg von der Kuh bis zum Milchschaum tatsächlich ist...

Ganz gleich ob Sie Erdbeerjoghurt, Oliven, Camembert oder Spaghetti essen, ob Sie Tee, Kaffee, Saft oder Wein trinken: Die Welt ist sehr viel größer, als es der Blick in das Supermarktregal erahnen lässt. Und auch die Verbindung, die durch Nahrungsmittel zwischen Menschen und Kontinenten besteht, ist stärker, als wir glauben.

Achtsam zu sein bedeutet auch, sich beim Essen dieser Verbundenheit bewusst zu werden. Übrigens auch der Verbundenheit zu den Elementen, denn ohne Erde, Wasser, Luft und Feuer (Sonne) kann nichts wachsen.

In dem Moment, wo wir anfangen, das Wunder zu begreifen, das sich in einer einfachen Tasse Cappuccino verbirgt, entsteht oft ganz spontan Dankbarkeit. Dankbarkeit und Staunen sind überhaupt sehr häufige Nebenwirkungen, wenn wir beginnen, offenen Herzens in die Tiefe des Seins einzutauchen.

Ebenso wie die Verbindung zu unseren Mitmenschen sollte auch die Verbindung zur Fülle des Daseins möglichst regelmäßig gepflegt werden. Es gibt dafür einige hilfreiche Fragen, die Sie sich zwischendurch beim Essen stellen können:

- Wo liegt der Ursprung des Nahrungsmittels, das ich gerade zu mir nehme? Wo ist es gewachsen, von woher musste es transportiert werden?
- Ist die Nahrung, die ich zu mir nehme, in weitgehend

natürlichen Prozessen entstanden? Oder wurde meine Nahrung industriell stark verarbeitet? Steht das, was ich esse oder trinke, mit meinen Werten in Harmonie? Wenn nein – wie könnte die Alternative aussehen?
- Wie viele Menschen haben dabei geholfen, meine Nahrung anzubauen, zu ernten, zu verarbeiten, zu transportieren und zu verkaufen?

Achtsam essen – die Grundübung

Die folgende Übung ist die vielleicht wichtigste Technik, um sich von automatischem, unbewusstem Essen und all seinen negativen Folgen inklusive Übergewicht zu befreien. Gemeint ist das achtsame Essen, das auch im Buddhismus sowie in Kursen zur Stressbewältigung durch Achtsamkeit in der einen oder anderen Weise gelehrt wird.

Kurz gesagt geht es dabei darum, in Ruhe, möglichst gesammelt und mit allen Sinnen zu essen. Statt unsere Mahlzeit mehr oder weniger nur zu verschlucken, achten wir auf feinste Nuancen, riechen die Aromen, nehmen die Farben der Nahrungsmittel und uns selbst wahr – unseren Körper, die Gedanken und Gefühle.

Klingt das kompliziert? Das ist es nicht. Es ist nur ein wenig ungewohnt, und wie bei allem, was wir nicht gewöhnt sind, müssen wir das Ganze anfangs ein wenig üben, bevor es uns irgendwann in Fleisch und Blut übergehen wird.

Achtsam zu essen bedeutet, alle Antennen auszufahren, um das Essen intensiv genießen zu können.

Auf diese Weise werden Sie ganz automatisch langsamer und weniger essen. Vor allem aber lernen Sie dabei, dass Essen nichts ist, was Sie schnell noch zwischendurch »erledigen« müssen. Vielmehr bietet jede Mahlzeit Ihnen die Möglichkeit, auch mitten im Alltag einen Gang herunterzuschalten und sich zu entspannen. Essen als Anti-Stress-Training – geht das wirklich? Ja, das tut es – sicher nicht immer, aber auf jeden Fall öfter, als Sie glauben.

Obwohl es anfangs am leichtesten ist, zu Hause zu üben, können Sie im Prinzip immer und überall achtsam essen. Solange Sie noch wenig Übung damit haben, empfiehlt es sich jedoch nicht, im Fastfood-Restaurant oder in der Kantine, wo Sie sich mit Kollegen unterhalten müssen, zu üben.

Das achtsame Essen ist eine gezielte Übung. Es ist nichts, was Sie dauernd machen müssen. »Müssen« tun Sie ja ohnehin nichts, und je freier, kreativer und spielerischer Sie mit dem Thema Achtsamkeit umgehen, desto besser. Für den Anfang ist es am sinnvollsten, gezielt einige Mahlzeiten in der Woche auszuwählen, die Sie nutzen können, um achtsames Essen zu trainieren. Ob Sie das beim Frühstück, Mittag- oder Abendessen machen, ist ganz egal. Mit der Zeit können Sie die Übung oder auch Teile davon immer öfter in den Alltag einfließen lassen.

Und hier die Anleitung in 10 Schritten

1. *Die Entscheidung*: Entscheiden Sie sich ganz bewusst, achtsames Essen zu üben, wenn Sie finden,

dass die Gelegenheit gerade günstig ist. Überlassen Sie es nicht dem Zufall, sondern setzen Sie sich so bewusst zum achtsamen Essen hin, wie Sie sich zu einer Meditation hinsetzen würden. Eliminieren Sie Störquellen so weit als möglich. Legen Sie die Zeitung weg und schalten Sie Handy und Fernseher aus.

2. *Aufrecht sitzen*: Essen Sie nicht im Stehen oder Gehen, sondern ausschließlich im Sitzen. Achten Sie darauf, aufrecht und wach zu sitzen, sich gleichzeitig aber auch zu entspannen.

3. *Den Körper spüren*: Spüren Sie kurz in Ihren Körper hinein: Sind die Schultern entspannt? Ist das Gesicht locker? Sind Ihnen im Moment Anspannungen bewusst, die Sie noch loslassen können? Atmen Sie dann drei Mal tief durch.

4. *Hunger oder Appetit?* Bevor Sie zu essen beginnen, sollten Sie sich kurz die Frage stellen, ob Sie eigentlich hungrig sind. Haben Sie wirklich Hunger oder nur Appetit? Sie können natürlich in beiden Fällen achtsames Essen praktizieren – die Frage dient nur dazu, die Achtsamkeit nach innen und auf Ihre wahren Bedürfnisse zu lenken.

5. *Sehen:* Lenken Sie Ihre Achtsamkeit zunächst auf das Sehen. Schauen Sie sich Ihre Mahlzeit genau an. Registrieren Sie die Farben, die Formen und die Zusammenstellung der Speisen. Lassen Sie das Bild kurz auf sich wirken.

6. *Tasten*: Wenn es möglich ist, dann berühren Sie Ihr Essen mit der Hand. Das bietet sich natürlich nur bei bestimmten Speisen wie Obst, Rohkost, Brot, Nüssen oder Fingerfood an. Wie fühlen sich die

Nahrungsmittel an – kalt oder warm, weich oder hart, sanft oder rau, trocken oder feucht?

7. *Riechen*: Lenken Sie Ihre Achtsamkeit nun auf Ihren Geruchssinn. Schnuppern Sie an Ihrer Nahrung und versuchen Sie, Aromen, Gewürze oder Kräuter herauszuriechen. Duftet Ihr Essen fruchtig oder süß? Riecht es eher deftig, scharf, herb, erdig oder sauer?

8. *Probieren*: Nehmen Sie jetzt den ersten Bissen in den Mund. Doch kauen Sie Ihr Essen noch nicht und schlucken Sie es auch nicht. Achten Sie jetzt nur darauf, wie sich der Bissen in Ihrem Mund anfühlt. Bewegen Sie das Essen langsam im Mund hin und her. Gehen Sie mit Zunge und Gaumen auf Entdeckungsreise. Sammeln Sie dabei Informationen über die Temperatur und die Konsistenz der Speise.

9. *Kauen*: Nachdem Sie den Bissen eine Weile im Mund bewegt haben, beginnen Sie nun, langsam und gründlich zu kauen. Achten Sie darauf, wie das Essen sich zwischen Ihren Zähnen anfühlt und darauf, wie es sich immer mehr mit Speichel vermischt und dabei langsam breiartig und schließlich immer dünnflüssiger wird. Zählen Sie Ihre Kaubewegungen jedoch nicht. Achten Sie stattdessen ganz auf die Empfindungen und den Geschmack.

10. *Schlucken*: Versuchen Sie zu beobachten, wann Sie den Impuls verspüren, Ihr Essen hinunterzuschlucken. Lenken Sie Ihre Achtsamkeit dann auf das Schlucken – auf den Mund, den Rachen, die Kehle und die Speiseröhre. Wie lange können Sie die Nahrung noch spüren? Wie weit können Sie sie auf dem Weg zum Magen mitverfolgen?

Wiederholen Sie den ganzen Vorgang vom Ansehen der Nahrung (Punkt 5) bis zum Schlucken (Punkt 10) auch noch mit den nächsten vier Bissen. Für den Anfang genügt das vollkommen. Mit der Zeit werden Sie das achtsame Essen ganz von selbst ausdehnen.

Einige Übungshilfen

Während Sie achtsam essen, wird es immer wieder passieren, dass Sie gedanklich abschweifen. Das ist ganz natürlich und geht jedem von uns so. Achtsamkeit heißt, dass Sie das Abschweifen irgendwann bemerken: »Oh – jetzt habe ich schon die Hälfte aufgegessen und war mit meinen Gedanken dauernd bei der Planung des nächsten Urlaubs.« Kein Problem. Sobald Sie das bemerken, kehren Sie wieder zum Vorgang des achtsamen Essens zurück.

Ebenso ist es möglich, dass Körperempfindungen wie Jucken oder Schmerzen, starke Gefühle oder Stimmungen oder auch Außenreize Sie vom achtsamen Essen ablenken. Macht nichts – registrieren Sie es einfach und wenden Sie sich dann der nächsten Gabel zu. Wiederholen Sie das immer wieder: In der Praxis sieht das Ganze dann zum Beispiel so aus:

»Ich kaue achtsam mein Käsebaguette ... Ich denke an ein Gespräch mit G. und werde traurig; ich bemerke es irgendwann und lenke meine Achtsamkeit wieder darauf, achtsam zu kauen ... Eine Frau mit einem roten Filzhut geht vorbei: Der steht ihr ja überhaupt nicht ... Ich bemerke die Ablenkung und lenke meine Achtsamkeit wieder auf das Schmecken oder Kauen ... Ich ärgere mich plötzlich darüber, dass ich nicht den Salat bestellt habe, und finde, dass ich zu dick bin... Kein Problem: Den Gedanken einfach bemerken und wieder zurück zum achtsamen Essen kommen...« usw.

Was auch immer passiert, was auch immer in Ihnen auftaucht – alles ist willkommen. Bemerken Sie es, beobachten Sie es, aber steigen Sie nicht in irgendwelche Gedankenketten oder Stimmungen ein. Richten Sie Ihre Aufmerksamkeit stattdessen immer wieder auf den Vorgang des Essens zurück. Tun Sie das mindestens so lange, bis Sie die ersten fünf Bissen gegessen haben.

Und hier noch ein kleines Hilfsmittel für zu Hause: Basteln Sie sich ein Schildchen in der Größe einer Tischkarte. Schreiben Sie mit einem dicken Stift folgenden Satz darauf: »Einfach nur essen ist mehr als genug.«

Hotel Unterbewusstsein – Sie sind viele

Maria stand vor ihm. Sie sah ihn an. Warum war sie hier?
Sie wollte es tun. Sie wusste, dass sie es tun würde.
Aber dann sagte jemand: »Lass es. Du bist verrückt.
Was machst du hier nur?« Doch jemand anderer flüsterte:
»Lass dich nicht abhalten. Tu, was du willst!«
Auf der anderen Seite raunte eine dritte Stimme:
»Tu, was du dir vorgenommen hast!«
Und noch eine Stimme meldete sich zu Wort:
»Wie wirst du dich danach wieder fühlen?«
Und während all die Stimmen in ihr aufschrien,
öffnete sie die Tür zum Kühlschrank
und holte die Sahnetorte heraus.

Immer wenn wir eine Entscheidung treffen, wägen wir zwischen verschiedenen Möglichkeiten ab. Manchmal ist das recht leicht: Zwischen einer faulen und einer frischen Frucht zu wählen stellt uns nicht vor Probleme. Doch wenn ein Teil von uns das eine und ein anderer Teil das andere will, kann es ausgesprochen schwierig werden. Wenn Sie beispielsweise gern ein Riesenstück Sahnetorte essen wollen, gleichzeitig aber mit Ihrem Gewicht kämpfen, haben Sie zweifellos ein Problem. Irgendwie wollen Sie eben beides: Essen, aber auch Diät machen. Und wenn es ganz dumm kommt, tun Sie tatsächlich auch beides und entwickeln eine Bulimie.

Die Erfahrung, dass wir in uns selbst widersprüchlich sind, machen wir auch, wenn unterschiedliche Gedanken und Gefühle in uns auftauchen. Beispielsweise können wir Menschen, Dingen und Vorstellungen gegenüber sehr zwiespältige Gefühle haben. Wir können gegensätzliche Dinge denken. Wir können uns selbst herabsetzen und uns selbst loben.

Doch die Frage ist: Wer lobt da eigentlich wen?

In diesem Buch geht es darum, wie die Seele dick macht und wie Sie den Seelenschlüssel zum Abnehmen finden und anwenden können. Der Hauptschlüssel, der Sie in die Freiheit führt, ist die Achtsamkeit. Und auf den folgenden Seiten werden Sie herausfinden, was passiert, wenn Sie Ihre mitfühlende Achtsamkeit auf Ihre mehrstimmigen Gedankenbewegungen richten. Dabei können Sie entdecken, wer Sie sind, wie Sie entscheiden, denken, fühlen und handeln. Sie werden dadurch besser verstehen, wie Sie Entscheidungen treffen, wie Sie sich selbst betrachten und wie Sie mit sich selbst umgehen.

Das Erste, was wir erkennen sollten, ist, dass unser Bewusstsein nur ein kleiner Teil von uns ist. Es ist nur das, was gerade »im Rampenlicht der Aufmerksamkeit« steht. Manchmal begreifen wir die Dinge, die sich in unserem Bewusstsein abspielen, nicht einmal annähernd. Gefühle, Ängste, Gedanken und Bilder können wie aus dem Nichts auftauchen, ohne dass wir sie verstehen oder sagen könnten, woher sie kommen. Aber eines wissen wir dabei doch genau: dass diese Gedanken, Bilder und Gefühle zu uns gehören und aus unserem Inneren kommen.

Manchmal geben wir ihnen Namen, so als wären sie eigenständige Persönlichkeiten, zum Beispiel »innerer Schweinehund«. Werden wir unserer Persönlichkeit gerecht, wenn wir einen Teil von uns selbst als »Schweinehund« bezeichnen?

Wir haben mehrere Wünsche, mehrere Ziele, mehrere

Motive. Je nachdem, wo sich unser Bewusstsein gerade aufhält (beim Genießen der Torte oder bei der Vorstellung, wie gut es wäre, schlank zu sein), fühlen und denken wir unterschiedlich. Gleichzeitig aber bleiben wir dabei doch immer wir selbst.

Wir sind also ständig in innerer Bewegung, niemals dieselben und doch die gleichen – wie ein Fluss, der immer wieder neues Wasser zum Meer trägt und dabei doch der gleiche Fluss bleibt; selbst wenn er sich ein neues Bett gräbt.

Jeder Mensch hat die unterschiedlichsten Gefühle, Gedanken, Motivationen, Ziele und Einstellungen. Und das ist auch sehr gut so. Natürlich denken und fühlen Sie anders, wenn Sie sich nachts im finsteren Wald verlaufen haben, als wenn Sie auf einer Dinnerparty an Ihrem Cocktail nippen – schließlich sind dabei ganz unterschiedliche Situationen zu bewältigen. Und doch bleibt es eigentlich ein Rätsel: Sie erleben Ihr Ich als das, was Sie ausmacht, das, was über die Zeit konstant bleibt – Ich ist immer Ich. Doch nach dem, was Sie bisher gelesen haben, ahnen Sie vielleicht schon, dass Ihr Ich eigentlich deutlich vielschichtiger ist, als es auf den ersten Blick scheint.

»Ich« ist immer viele

Wenn Sie einmal kurz den Blickwinkel verändern, können Sie eine interessante Einsicht gewinnen: Betrachten Sie die verschiedenen Teile Ihrer selbst doch mal wie eigene Persönlichkeiten. Alle diese Persönlichkeiten sind Mitglieder eines Stammes. Doch wo bleiben dabei »Sie selbst«? Sie sind kein Stammesmitglied, Sie sind auch nicht etwa der Anführer. Sie sind der Stamm als Ganzes.

Ein wichtiges Mitglied dieses Stammes ist das *Innere Kind* – die Gedanken, Gefühle und Erinnerungen des schutzbedürftigen, neugierigen, spielerischen Kindes, das Sie einst waren und das heute noch mit Angst reagiert, wenn Sie alleine gelassen werden. Auch der *Innere Kritiker* ist sehr wichtig: Er sieht sich Träume und Ideen genau an und erkennt sofort die Probleme und Schwierigkeiten. Dabei muss er Sie mitunter ziemlich desillusionieren. Dann gibt es den *Inneren Träumer,* der ständig kreativ ist und neue Ideen entwickelt, der oft sehr unrealistisch ist, manchmal aber auch faszinierende Dinge hervorbringt. Und wenn es ums Essen geht, gibt es noch einige besonders wichtige innere Persönlichkeiten: Zum Beispiel den *Inneren Genießer* (der gemeinerweise oft als »Schweinehund« bezeichnet wird) und den *Inneren Kontrolleur,* der aufpasst, dass Sie nichts Dummes anstellen.

Menschen, die in der Öffentlichkeit laut Selbstgespräche führen, werden belächelt. Doch eigentlich machen diese Menschen gar nicht so viel anders als wir selbst. Der Unterschied besteht nur darin, dass wir nicht laut mit uns reden. Immer dann, wenn wir zwischen mehreren Dingen abwägen, führen wir innere Selbstgespräche. Das heißt, wir führen Gespräche mit unseren inneren Persönlichkeiten. Wir sprechen mit mehreren Stimmen, und diese Stimmen haben mehrere Dinge gemeinsam:

1. Jede Stimme ist ein Teil von uns selbst.
2. Jede Stimme will anerkannt werden.
3. Jede Stimme hat eine gute Absicht.

Egal wie wir entscheiden:
Wir handeln immer mit den besten Absichten

Die gute Absicht ist wirklich universell. Das ist kein Wunschdenken. Es ist eminent wichtig, das zu verstehen: All die Regungen, alle Bedürfnisse, die wir in uns tragen, haben letztlich immer eine gute Absicht und verfolgen ein positives Ziel. Doch es gibt dabei zwei Haken: Erstens verfolgen unsere inneren Persönlichkeiten manchmal unterschiedliche, vielleicht sogar entgegengesetzte Ziele. Und zweitens heißt die gute Absicht ja nicht, dass auch die Mittel, um die Absicht zu erfüllen, gut sind.

Sehen wir uns noch einmal das Beispiel eines Stammes an. Da gibt es welche, die jagen wollen, andere, die zu einem besseren Lagerplatz ziehen möchten, und wieder andere, die meinen, dass Ruhe und Geschichtenerzählen momentan am wichtigsten seien. Jeder hat nur das Beste für den Stamm im Sinn, und doch gibt es Widersprüche. Solange noch Harmonie herrscht, gibt es kein Problem. Dann setzen sich alle einfach gemütlich zusammen und finden gemeinsam den besten Weg, so dass jeder seine Bedürfnisse erfüllen kann. Doch wenn die Stammesmitglieder nicht miteinander sprechen und jeder davon überzeugt ist, dass nur seine Idee sinnvoll und richtig ist – dann wird es Probleme geben. Und möglicherweise geht dann am Ende gar nichts mehr voran.

Können Sie schon erkennen, dass es in unserem Inneren ganz ähnlich zugeht? Manchmal streiten wir uns mit uns selbst, und die Positionen scheinen unversöhnlich. Der Genießer schreit: »Ich will jetzt was Leckeres essen! Ich will genießen!« Doch der Kontrolleur brüllt zurück: »Nichts da. Jetzt wird Diät gemacht. Ich will Anerkennung durch eine schlanke Figur bekommen!«

Mit Schreien und Brüllen kommen wir jedoch nicht weiter. Weder im äußeren noch im inneren Leben.

Nichts ändert sich, nur weil Sie wollen, dass sich etwas ändert

»Ich will« ist immer nur ein Teil des Ganzen. Es ist meist *eine* innere Persönlichkeit, die das will, was wir bewusst wollen. Doch da gibt es eben noch andere, die vielleicht etwas ganz anderes wollen.

Nehmen wir an, Sie wollen abnehmen: Bei diesem »Ich will« wird sich wahrscheinlich nicht viel innerer Widerstand melden. Vielleicht hören Sie die zweifelnde Stimme des Inneren Kritikers: »Ja, schön wär's – aber ob das klappt?« Doch sonst? Es wird nicht viele Teile in Ihnen geben, die es grundsätzlich ablehnen abzunehmen.

Ganz anders sieht es dann aber schon aus, wenn es darum geht, weniger zu essen, die Schokotorte stehen zu lassen und sich strengen Diätregeln zu unterwerfen. Dann werden Sie in der Regel deutlich spüren, dass es mit »Ich will« nicht getan ist. Denn Sie wollen eben nicht *nur* abnehmen. Insbesondere der Genießer möchte Ihnen Lust durch Genuss verschaffen. Und wenn dann noch andere innere Persönlichkeiten dem Wunsch abzunehmen etwas entgegensetzen, wird es wirklich schwierig.

All Ihre inneren Persönlichkeiten, die irgendwann einmal die Erfahrung gemacht haben, dass Essen wenigstens teilweise ihre Bedürfnisse erfüllt, werden gegen den einen Teil von Ihnen, der abnehmen will, rebellieren. Und da kommen wir wieder auf die Gefühle zurück: Wenn Sie ein Frustesser sind, gibt es eine innere Persönlichkeit in Ihnen, die unbedingt essen will, weil sie die Erfahrung gemacht hat, dass sich der Frust durch Essen abmildern lässt. Der Genießer wird sich sowieso immer dann melden, wenn es nichts Wichtigeres zu tun gibt, und Genuss einfordern. Die innere Persönlichkeit, die Stress abwehren will, hat vielleicht auch die Erfahrung gemacht, dass sich Stress durch Essen reduzieren lässt, und will sich eine ordentliche Portion gönnen.

Aber – und das ist wichtig – so etwas wie einen »inneren Schweinehund« gibt es dabei nicht. Alle Stimmen, die gegen Ihren bewussten Willen arbeiten, sind nämlich keinesfalls Schweinehunde, sondern Mitglieder desselben Stammes. Jede will das Beste für Sie. Und alle haben ihre Anliegen, die durchaus berechtigt sind. Daher hat es auch keinen Sinn, gegen sich selbst (oder gegen den »inneren Schweinehund«) zu kämpfen. Wer sollte da auch gewinnen? Wenn Sie gegen sich selbst kämpfen, wird immer ein Teil von Ihnen dabei verlieren.

»Macht nichts«, denken Sie vielleicht. »Der Teil in mir, der mich vom Abnehmen abhält, soll doch ruhig verlieren.«

Aber auch das sagt natürlich wieder nur ein Teil von Ihnen. Und daher wird das kaum funktionieren. Wenn Sie Ihre Willenskraft ständig auf das eine Ziel richten, wenn Sie eine einzige innere Persönlichkeit ganz in den Vordergrund stellen und alle anderen Teile Ihres Selbst unterdrücken, hat das immer unangenehme Nebenwirkungen.

Früher oder später kommt es zu einer »inneren Revolution«. Sie merken das beispielsweise daran, dass der Wille zur Diät plötzlich zusammenbricht. Oder daran, dass Sie trotz aller guten Vorsätze einen heftigen Fressanfall bekommen.

Wenn Sie Teile Ihres Selbst unterdrücken, müssen Sie damit rechnen, dass Sie eine innerliche Zerreißprobe heraufbeschwören. Auf jeden Fall aber werden Sie keine echte Befriedigung erfahren, wenn Sie uneins mit sich selbst sind.

Doch es ist gar nicht nötig, uneins mit sich selbst zu sein. Es ist auch nicht nötig, den Wunsch abzunehmen aufzugeben. Es ist einfach so wie im Leben überhaupt: Das Zauberwort lautet »Achtsame Kommunikation«. Und in diesem Fall ist es eben die Kommunikation mit sich selbst, mit seinen verschiedenen inneren Persönlichkeiten, seinen unterschiedlichen Motiven, Wünschen und Bedürfnissen, die zum Erfolg führt. Wenn Sie also schon mit sich selbst reden – und das tun, wie gesagt, alle Menschen –, dann können Sie das auch effektiver und zielführender machen ...

Die Türe geht nach innen auf

Richten Sie Ihre Achtsamkeit auf Ihre inneren Stimmen und hören Sie, was Sie sich selbst zu sagen haben.

Die Tür zur Erkenntnis geht nach innen auf. Wir werden uns bewusst, dass das, was wir tun, aus uns selbst kommt – und der scheinbare Gegensatz zwischen dem, was wir eigentlich wollen, und dem, was wir tatsächlich tun, löst sich auf. Wir erkennen die Vielschichtigkeit unserer Motive.

Das reicht aber noch nicht aus, um eine Veränderung herbeizuführen. Dass wir ein einziges Motiv gegen alle anderen durchsetzen, kann nämlich nicht das Ziel der Kommunikation sein. Es geht darum, seine eigenen Bedürfnisse zu erkennen, sie anzuerkennen und Wege zu suchen, wie sie erfüllt werden können, ohne im Widerspruch zu den Zielen des bewussten Ich zu stehen.

Wenn wir mit unseren verschiedenen inneren Persönlichkeiten kommunizieren, können wir Wege finden, dass alle an einem Strang ziehen. Wie bei einem Gespräch mit anderen Menschen wird das Ergebnis umso befriedigender sein, je mehr sich alle Beteiligten damit wohlfühlen. Manchmal sind Kompromisse nötig; manchmal aber genügt es schon, effektivere Möglichkeiten zu zeigen.

Wenn Sie abnehmen wollen, regt sich Widerstand beim Inneren Genießer. Der ineffektivste Weg ist es dann, sich »zusammenzureißen« und die Stimme sowie die Bedürfnisse des Inneren Genießers zu unterdrücken. In der inneren Kommunikation können Sie den Genießer ansprechen und klarstellen, dass seine Bedürfnisse berechtigt sind – dadurch allein schwindet schon ein Teil des Widerstandes. Wenn Sie jetzt auch noch Möglichkeiten zeigen, wie der Genießer zu seinem Recht kommt und dennoch das Ziel der Gewichtsreduktion aufrechterhalten werden kann, wird es noch weniger Widerstand geben. Vielleicht hilft der Genießer sogar: beispielsweise, wenn Sie sich für das Erreichen eines Zieles mit einem besonderen Genuss belohnen.

Bei anderen inneren Persönlichkeiten ist es ähnlich. Der Teil in Ihnen, der mit Essen Frust, Langeweile oder Einsamkeit bekämpfen will, kann lernen, dass es effektivere Wege gibt, seine Bedürfnisse und seine positive Absicht zu berücksichtigen.

Das ist natürlich mehr als eine einmalige Willensentscheidung. Es ist ein spiritueller Weg zu sich selbst, bei dem wir uns selbst und unsere Bedürfnisse besser kennen lernen, sie akzeptieren und sie auf eine Art und Weise befriedigen, die im Einklang mit unserer gesamten Persönlichkeit steht.

Kommunizieren wir also achtsam mit uns selbst, anstatt unbewusst gegen uns selbst zu kämpfen – durch das Nicht-Kämpfen werden wir gewinnen.

Das Konzept der inneren Persönlichkeiten macht zunächst einmal klar, wieso es überhaupt so unterschiedliche Tendenzen in uns gibt. Die prinzipielle gute Absicht zeigt uns, dass jede Verhaltensweise einen guten Grund in uns hat – und damit auch, *wie* Verhaltens-, Gefühls-, Denk- und Wahrnehmungsmuster so verändert werden können, dass sie der Gesamtpersönlichkeit nützen.

Sehen wir uns das einmal am Beispiel des Inneren Genießers an: Sie wollen abnehmen und versagen sich daher Genüsse. Vielleicht halten Sie das eine ganze Weile durch und bleiben bei einer strikten Diät. Doch das Ganze ist eine Quälerei. Und wenn Sie einmal einen Moment unachtsam sind, merken Sie vielleicht, dass Sie gegen Ihren Willen »gesündigt« haben, und empfinden Reue.

Der Innere Genießer hat vielleicht die Erfahrung gemacht, dass Essen von unangenehmen Dingen ablenkt, Frustrationen abdämpft oder Langeweile erträglich macht. All das ist ja durchaus positiv: Unangenehmes zu bewältigen, mit Frustrationen umgehen zu können, Langeweile zu überwinden und zu genießen sind wichtige Fähigkeiten.

Jeder Versuch, etwas zu tun, ohne diese positive Absicht des Genießers zu berücksichtigen, wird in aller Regel scheitern müssen, da er auf starken Widerstand stößt. Der Genießer will nur Gutes – und nun wird er auf einmal mit dem Befehl »Lass das!« konfrontiert. Warum sollte er es lassen? Er weiß schließlich, dass Entspannung und Genuss wichtig und wertvoll sind. Und das soll er einfach ignorieren?

Wenn Sie über eine starke Willenskraft verfügen, können Sie Ihren Inneren Genießer eine Zeit lang zum Schweigen bringen, ihn mit aller Macht unterdrücken und kontrollieren. Dann werden Sie Ihre Diät vermutlich durchhalten. Aber um welchen Preis? Erst einmal raubt es Ihnen eine Menge Energie, Ihren Inneren Genießer ständig zu unterdrücken. Zum Zweiten wird Ihr Innerer Genießer aber versuchen, andere Wege zu finden, um seine Absichten zu verwirklichen: beispielsweise durch Rauchen oder Alkohol. Möglicherweise zeigt sich der unterdrückte Genießer auch in Lustlosigkeit, Depressionen oder körperlichen Krankheiten – er wird jedenfalls alles versuchen, um Sie dazu zu zwingen, wieder mehr auf Ihr Wohlgefühl zu achten.

Falls Sie sich dessen bewusst werden, dass ein wichtiger Teil in Ihnen sich danach sehnt, zu genießen und zu entspannen, können Sie viel mehr erreichen. Wenn Sie die positive Absicht des Genießers erkennen, können Sie Genussalternativen vorschlagen – sicher gibt es noch andere Möglichkeiten, sich zu entspannen, als Pizza, Pommes oder Schokolade zu verzehren. Gut möglich, dass Ihr Innerer Genießer Ihnen dann sogar dabei helfen wird, Ihr Verhalten auf sanfte Weise zu ändern.

Wenn die innere Kommunikation wirklich erfolgreich war, kann eine Gewohnheit manchmal innerhalb kürzester

Zeit verschwinden. Das ist kein Wunder: Wenn der Genießer Alternativen zum Überessen kennt (nicht nur rational, sondern vor allem emotional), ist Essen als Ersatzbefriedigung unnötig geworden.

Und es gibt noch eine weitere wichtige Konsequenz: Im Gegensatz zu anderen Methoden der Veränderung von Ernährungsgewohnheiten wird durch den inneren Dialog, der die positive Absicht des Teiles in uns berücksichtigt, der auf Essen fixiert ist, kein Impuls unterdrückt. Unsere Verhaltensmöglichkeiten verringern sich nicht, sondern sie erweitern sich. Und so entsteht gesundes Wachstum.

Natürlich wäre es vermessen zu glauben, dass wir allein durch bewusste Tätigkeit unser Unterbewusstsein »aufräumen« könnten. Das ist nicht möglich, denn zu viele Bewegungen finden unterhalb der Bewusstseinsschwelle statt. Doch unser Unterbewusstsein ist keineswegs einfach ein passiver Speicher. Es arbeitet ständig in unserem Unbewussten, und schon durch kleine Anregungen kommen oft komplexe Prozesse in Gang.

Wie das funktioniert, können Sie schnell feststellen, wenn Sie einmal versuchen, sich an Ihren letzten Urlaub zu erinnern. Sobald Sie das Unbewusste mit einer kleinen Anregung aktivieren, tauchen Bilder, Erinnerungen, Gerüche, Farben, Gedanken und Gefühle auf – dabei müssen Sie nicht etwa jedes einzelne Bild, jede Erinnerung, jedes Gefühl einzeln aus Ihrem Gedächtnis hervorkramen. Sie entstehen einfach von selbst.

Bevor wir uns praktisch ansehen, wie so ein inneres Gespräch aussehen könnte, möchten wir Ihnen erst einmal ein paar Ihrer besonders wichtigen inneren Persönlichkeiten vorstellen.

Lernen Sie Ihre
innere Familie kennen (und lieben)

Ein paar wichtige innere Persönlichkeiten sind sozusagen unsere »verinnerlichten« Familienmitglieder. In unserer Kindheit ist für uns alles, was Menschen – insbesondere die Eltern – sagen, eine unumstößliche Wahrheit. Wir nehmen die Ermahnungen des Vaters oder die Aussagen unserer Mutter über uns und die Welt in uns auf. Als Kinder sagen wir: »Das ist so und so, *weil es mein Vater gesagt hat.*« Wenn wir älter werden, sagen wir das irgendwann nicht mehr. Wir haben es verinnerlicht. Solche Dinge leben in unserem Unterbewusstsein weiter – und treten als unsere persönlichen Ansichten, Meinungen und Vorstellungen in unser Bewusstsein. Natürlich sind sie das in gewisser Weise auch. Es ist wichtig, dass wir uns darüber im Klaren sind, dass die inneren Eltern nicht unsere tatsächlichen Eltern sind. Sie haben nur unsere inneren Eltern-Persönlichkeiten geformt. Im Gegensatz zu unseren Eltern, die uns – natürlich nur im schlimmsten Fall – schadeten und scheinbar keine positiven Absichten verfolgten, haben unsere inneren Eltern immer eine positive Absicht.

Bei der Bearbeitung der Vergangenheit spielen diese inneren Persönlichkeiten eine besondere Rolle – allen voran das Innere Kind.

- *Der Vater:* Hinter dieser inneren Persönlichkeit steht unser Vater. Nicht etwa wie er »tatsächlich« ist oder war, sondern wie wir ihn als Kind wahrgenommen haben. Der

innere Vater ist aber auch der Vater im weiteren Sinne – der Bestimmende, Beherrschende, im Positiven wie im Negativen.
- *Die Mutter:* Die Mutter ist in der Regel die intimste Vertrauens- und Bezugsperson der frühen Kindheit, die Ernährerin und Schützerin, die erste Lehrerin, im Guten wie im Schlechten. Die innere Persönlichkeit der Mutter hat meist etwas mit den Themen Urvertrauen und Liebesfähigkeit zu tun.
- *Das Innere Kind:* Diese vielleicht wichtigste innere Persönlichkeit nimmt eine Sonderstellung ein. Das Innere Kind ist der kindliche (und manchmal kindische) Teil unserer Persönlichkeit, der verletzlich und formbar, kreativ und neugierig ist. Emotionale Verletzungen in unserer Kindheit wirken sich zu einem großen Teil auf das Innere Kind aus. Die Arbeit mit dem Inneren Kind ist daher in den meisten Fällen besonders effektiv.

Neben der »inneren Familie« im engeren Sinne gibt es noch ein paar universelle innere Persönlichkeiten, die im Seelenleben jedes Menschen eine Rolle spielen.

- *Der Innere Arzt:* Diese innere Persönlichkeit ist unsere »Körperweisheit« – die Kraft in uns, die unsere Selbstheilungskräfte lenkt. Wird die Stimme des Inneren Arztes beständig unterdrückt – immerhin sagt sie uns oft genug unangenehme Wahrheiten –, kann dies zur Entstehung von Krankheiten beitragen. Nehmen wir aber umgekehrt unseren Inneren Arzt ernst, so wird uns dies dabei helfen, gesund zu bleiben, zu werden oder mit einer schweren Erkrankung besser zurechtzukommen.

- *Der Träumer:* Er ist der Teil von uns, der kreativ und phantasievoll ist, der nicht logisch sein muss, der viel in Bildern denkt, der kindlich-verspielt und sorglos ist. Die innere Persönlichkeit des Träumers vertritt unsere tiefsten Ideale und innersten Wünsche.
- *Der Realist:* Der Teil in uns, der ruhig und besonnen überlegt, wie die Dinge funktionieren, der über Wissen verfügt und der die sinnvolle Reihenfolge einer Handlung überwacht. Die wichtigste Aufgabe des Realisten ist, uns vor Enttäuschungen zu schützen. Da wir immer wieder mit Enttäuschungen konfrontiert werden, ist der Realist oft übermächtig – so mächtig, dass er nicht selten den größten Teil des Selbst bestimmt.
- *Der Kritiker:* Der Teil in uns, der scharfsinnig ist und Schwachpunkte an Menschen und Situationen erkennt. Der Kritiker ist sehr flexibel – mal kann er sehr konservativ sein, dann wieder sehr unkonventionell. Nicht selten arbeiten der Kritiker und der Realist so eng zusammen, dass wir sie kaum unterscheiden können. Das ist jedoch wichtig, weil der Kritiker eben gerade nicht realistisch ist, sondern gezielt nach Schwachpunkten sucht und notfalls auch solche konstruiert. Obwohl der Kritiker durch seinen Scharfsinn eine sehr wertvolle innere Persönlichkeit sein kann, wirkt er, wenn wir ihn nicht als Kritiker anerkennen und seinen speziellen Humor würdigen, oft fatal auf unser Selbstbewusstsein.

Eine ganz besondere innere Persönlichkeit wollen wir zum Abschluss noch nennen: Sie ist ein Begleiter für alle Lebenslagen.

- *Der Innere Freund:* Der Innere Freund ist jener Teil von Ihnen, der Sie uneingeschränkt, mit all Ihren Schwächen akzeptiert und stets das Positive in Ihnen aufspürt. Uneingeschränkt heißt: ohne Wenn und Aber. Es gibt einen Teil in Ihnen, der Sie gut findet, ganz gleich, was Sie tun – auch wenn es Ihnen möglicherweise nicht leichtfällt, das zu glauben. Er steht Ihnen so nahe, wie es kein anderer Mensch könnte. Denn er ist ja in Ihnen. Er ist ja sogar in gewisser Weise Sie!

Wenn die Stimme des Inneren Freundes zu leise ist, wird unser Selbstwertgefühl nicht besonders stabil sein. Der Innere Freund ist aber ein wirklicher Freund: Er lässt uns nicht überheblich werden, schmeichelt nicht, hebt unser Ego nicht in unendliche Höhen. Er ist das, was einen Freund wirklich ausmacht. Er ist einfach da, liebevoll und bedingungslos. Die Stimme Ihres Inneren Freundes erkennen Sie besonders gut dann, wenn Sie mit sich nicht zufrieden sind. Wenn Sie dann versuchen, positive innere Stimmen zu vernehmen, hören Sie möglicherweise verschiedene. Eine davon sagt vielleicht: »Nein, du kannst mit dir zufrieden sein! Du bist ein Super-Typ!« oder eine andere »Das war sowieso nicht wichtig. Du hast alles richtig gemacht!« Diese Stimmen schützen das Selbstbild. Aber sie sind nicht die Stimme des Inneren Freundes. Diese Stimme ist leiser. Wenn Sie erst einmal gelernt haben, sie zu hören, werden Sie sie nicht mehr überhören können und wollen. Sie sagt nur: »Es ist schon in Ordnung« oder »Ich bin bei dir« – doch es ist nicht so sehr, was diese Stimme sagt, sondern wie sie es sagt. Sie ist voller Zuneigung und tiefster Sympathie. Wenn Sie aufmerksam sind, werden Sie leicht feststellen können, wenn Sie die Stimme Ihres Inneren Freundes vernehmen – unwillkürlich wird sich ein Lächeln auf Ihr Gesicht stehlen: Sie sind in Kontakt mit Ihren tieferen Gefühlen gekommen. Das kann mitunter ein großer Glücksmoment sein.

Mit den inneren Persönlichkeiten sprechen

Das Ziel der Arbeit mit den inneren Persönlichkeiten (der sogenannten »Personalen Integration«) besteht darin, innere Persönlichkeiten, die in Konflikt zueinander stehen, miteinander auszusöhnen und zwischen ihnen zu vermitteln – sie (in die Gesamtpersönlichkeit) zu »integrieren«. Und das funktioniert, indem wir einfach achtsam in uns hineinhören und mit den Teilen unserer Persönlichkeit offen, mit unbedingter Wertschätzung und Einfühlsamkeit in einen Dialog treten.

Diese Methode greift etwas auf, was wir ohnehin ständig tun. Wir sprechen »mit uns selbst«. Sie wissen ja mittlerweile, dass es hilfreich sein kann, dieses Selbstgespräch als Gespräch zwischen verschiedenen inneren Persönlichkeiten zu betrachten.

Die Dialog-Methode scheint vor allem eine Verstandessache zu sein. Doch das täuscht: Natürlich werden Gefühle nicht ausgeklammert. Das ist ohnehin nicht möglich – und erst recht nicht, wenn wir mit unseren inneren Persönlichkeiten sprechen. Der Weg über das Rationale hat jedoch eine besondere Bedeutung: Unsere bewussten, sprachlichen Gedanken sind entscheidend für unser Selbstbild. Denn unser Selbstbild ist nicht in erster Linie ein visuelles Bild, sondern ein Sprachbild. Wie auch immer wir uns beschreiben – wir beschreiben uns mit Worten, wir verwenden die Sprache, die ein zentraler Ausdruck unseres Menschseins ist.

Wir werden mit unseren inneren Persönlichkeiten so sprechen, wie wir auch mit unseren Mitmenschen sprechen. Oder besser gesagt: sprechen sollten. Denn um überhaupt Erfolg mit der Personalen Integration zu haben, werden wir mitfühlend, einfühlsam, offen, ehrlich und lernbegierig mit unseren inneren Persönlichkeiten sprechen müssen.

Während ein Therapeut sich immer darum bemühen muss, unbedingte Wertschätzung *für andere*, Authentizität *gegenüber anderen* und Empathie *für andere* zu entwickeln und angemessen auszudrücken, haben Sie es unvergleichlich leichter. Empathie *für sich selbst* zu zeigen ist beinahe selbstverständlich: Wer, wenn nicht Sie selbst, könnte sich in Sie einfühlen? Ähnlich ist es mit der Authentizität: Es ist wohl viel leichter, *sich selbst gegenüber* ehrlich und echt in seinen Gefühlen zu sein.

Und wie sieht es mit der unbedingten Wertschätzung aus? Vielleicht ist es zwar leichter, aber nicht wirklich leicht, *für sich selbst* diese bedingungslose positive Haltung zu finden – doch nachdem Sie mittlerweile wissen, dass jede einzelne Ihrer inneren Persönlichkeiten immer eine gute Absicht hat, bedarf es schon viel weniger Anstrengung, um sich selbst und seine Teile voll und ganz anzunehmen. Es ist nicht leicht, jemanden zu verachten, zu ignorieren oder abzulehnen, von dem man *mit vollkommener Sicherheit* weiß, dass er nur das Allerbeste für einen will.

Welche Namen geben Sie sich?

Wir haben nun schon ein paar Mal über die prinzipielle positive Absicht aller inneren Persönlichkeiten gesprochen. Wir hoffen, dass wir Ihnen klar machen konnten, wie wichtig es ist, mit Kopf und Herz zu verstehen, dass alle unsere inneren Persönlichkeiten *immer* für uns arbeiten wollen. Wenn wir ihnen nicht zumindest mit Respekt begegnen, werden sie sich hüten, Kontakt mit unserem bewussten Selbst aufzunehmen. Wenn wir sie mit Strafen, Missachtung oder Auslöschung bedrohen, werden sie sich verteidigen.

Dieser mangelnde Kontakt oder die Abwehr ist übrigens die Regel. Viele, wenn nicht sogar die meisten unserer Probleme rühren daher, dass wir Teile unseres Selbst missachten, erniedrigen, bestrafen, bedrohen und unterdrücken. Doch unsere inneren Persönlichkeiten wirken im Unterbewusstsein weiter, dann aber nicht kooperativ, sondern in einer Verteidigungshaltung. Schließlich gilt es etwas Wichtiges zu verteidigen: ihre positive Absicht!

Das Allererste, was wir tun können, um die gute Absicht unserer inneren Persönlichkeiten zu würdigen, besteht darin, ihnen die Namen zu geben, die sie verdienen. Wir neigen dazu, nicht gerade zimperlich mit denjenigen unserer inneren Stimmen umzugehen, die unseren bewussten Zielen und Anschauungen widersprechen. Wir sehen uns beispielsweise als hilfreiche, idealistische Persönlichkeit und strafen jeden Gedanken, der uns rät, etwas mehr an uns selbst zu denken, als selbstsüchtig und unmoralisch ab. Wir sind gläubig und bezeichnen skeptische Stimmen in uns als Einflüsterungen des Bösen. Wir halten uns für aufgeklärte, rationale Menschen und nennen jede spirituelle Regung, jede Form magischen Denkens mittelalterlich und primitiv. Oder wir sehen uns selbst als aufgeschlossen, offen und tolerant und unterdrücken jede Stimme, die sich konservativ oder kritisch meldet.

Im Laufe der Zeit werden diese Stimmen dann immer leiser und melden sich kaum noch zu Wort. Aber die Teile unseres Selbst, aus dem diese Stimmen kommen, wirken natürlich weiter. Und da wir sie nicht mehr bewusst wahrnehmen, können wir nicht mit ihnen kommunizieren, ihnen nicht zeigen, wie sie ihre positiven Absichten vielleicht auf sinnvollere Art und Weise als durch Essen umsetzen können – und sie werden ihre positiven Absichten verteidigen und in einer Form umsetzen, die uns in unserem Wachstum, unserer Entwicklung, unserer Lebensfreude und Gesundheit behindert.

Wenn Sie also damit beginnen, Ihre inneren Persönlichkeiten anzusprechen, sollten Sie den ersten und einfachsten Schritt zu einer liebevollen Beziehung machen, indem Sie ihnen Namen geben, die nicht ihren momentanen Ausdrucksformen, sondern ihrer positiven Absicht gerecht werden.

So wird der »stockkonservative Besserwisser« zum »erfahrenen Bewahrer«, der »abergläubische Angsthase« zum »intuitiven Beschützer«, der »verrückte Spinner« zum »kreativen Lehrer«, der »unkritische Narzisst« zum »Inneren Freund«, der »hemmungslose Lüstling« zum »Anwalt der Lebensfreude«, oder der »innere Schweinehund«, der uns vom Fitnesstraining abhält, zum »Inneren Genießer«.

Denken Sie einmal darüber nach: Welchen »Namen« würden Sie sich selbst geben?

Namen sind nicht nur willkürliche Bezeichnungen. Sie zeigen die Einstellung gegenüber dem Bezeichneten. Stellen Sie sich doch einmal vor, wie es Ihnen, also Ihrem bewussten Ich, gehen würde, wenn Sie in einer Diskussionsrunde einen Vorschlag machten und daraufhin als »Querulant«, »Dummkopf« oder gar »Verbrecher« bezeichnet würden. Wie würden Sie sich fühlen, wie reagieren und handeln? Und wie, wenn die anderen sagen würden: »Interessant«, »Ein wichtiger Beitrag« oder »Eine gute Idee«? In welchem Fall würden Sie eher bereit sein, auch den anderen genau zuzuhören und ihre Vorstellungen zu respektieren? Wann würden Sie eher motiviert sein, weiter nachzudenken? Wann wären Sie eher zu Kompromissen oder zur Kooperation bereit?

Geben Sie Ihren inneren Persönlichkeiten *immer* positive Namen – und Sie werden feststellen, dass Sie die Stimmen nicht nur klarer und deutlicher vernehmen, sondern dass die inneren Stimmen auch neugieriger auf andere Vorstellungen sind, dass sie kooperations- und hilfsbereiter werden. Wenn Sie eine innere Stimme mit einem positiven Namen ansprechen, werden Sie auch leichter deren positive Absicht erkennen – und das muss nicht die positive Absicht sein, die Sie mit dem Namen unterstellt haben. Doch Sie können mit dem Namen eine positive Grundhaltung vermitteln. Es kommt dann mitunter vor, dass die angesprochene innere Persönlichkeit sich klar zu Wort meldet und Ihnen ihre wahre gute Absicht kundtut. Das kann sehr erhellend sein!

Der Moderator als Ersatz-Ich

Wenn Sie anfangen, mit Ihren inneren Persönlichkeiten zu arbeiten, sollten Sie als Allererstes eine innere Persönlichkeit kennen lernen, die es Ihnen enorm erleichtert, auch den Äußerungen Ihrer inneren Persönlichkeiten, die für Ihr Ich erst einmal etwas problematisch sind, aufmerksam, gelassen und verständnisvoll gegenüberzutreten: den Moderator.

Der Moderator ist in der Personalen Integration von zentraler Bedeutung, wenn Sie ohne Begleiter mit Ihren inneren Persönlichkeiten arbeiten wollen. In der Therapie oder in der Gruppenarbeit gibt es auch einen Moderator – doch ist er dort keine innere Persönlichkeit, sondern der Gruppenleiter, der Begleiter oder Therapeut. Der Moderator verzichtet auf Wertungen und hat dadurch einen besseren Kontakt zu den anderen inneren Persönlichkeiten.

Die Aufgabe des Moderators besteht darin, neutral zu bleiben, zu vermitteln, Verständnis für unterschiedliche Auffassungen zu zeigen und in einem Dialog dafür zu sorgen, dass jede Stimme zu Wort kommen und ihre Anliegen ohne Unterbrechung aussprechen kann.

Und das ist nicht so selbstverständlich, wie es vielleicht zunächst klingt. Sie werden feststellen, dass insbesondere dann, wenn Sie ein kritisches Thema ansprechen, immer wieder Stimmen auftauchen, die eine leise, kontroverse Stimme zu übertönen versuchen. Aber nicht nur bei schwierigen Themen ist das der Fall: Der Innere Kritiker ist jemand, der ganz besonders gern unterbricht, Kommentare abgibt und – was auch sonst? – kritisiert.

Der Moderator urteilt und verurteilt nicht. Er beobachtet und greift nur ein, um die Spielregeln eines sinnvollen Dialoges durchzusetzen. Er wird nie Partei ergreifen. Wenn Sie den Moderator aktivieren, schweigt das Ich. Denn der Moderator ist Ihr »Zwillingsbruder«; Sie geben nur die Aufgabe, das innere Gespräch zu moderieren, an ihn ab und beobachten das Ganze.

Die ersten Schritte

Wenn Sie zum ersten Mal mit Ihren inneren Persönlichkeiten arbeiten, sind Sie möglicherweise noch ein wenig unsicher. Hier ein paar Fragen und Antworten:

- *Muss ich laut sprechen?* Nein, das ist nicht nötig. Sie können genauso gut einfach in Gedanken sprechen. Manchen Menschen fällt der innere Dialog leichter, wenn sie laut oder zumindest flüsternd sprechen. Wenn Sie möchten, können Sie das natürlich tun, sofern die Situation es zulässt.
- *Kann ich die Augen schließen?* Ja, das hilft meist, innere Stimmen deutlicher wahrzunehmen. Je weniger Ihre anderen Sinne aktiviert werden, desto deutlicher nehmen Sie Ihr Inneres wahr. Deshalb ist es auch sinnvoll, wie in einer Meditation, für eine ruhige, angenehme Atmosphäre zu sorgen.
- *Ich höre nicht wirklich innere Stimmen; muss ich warten, bis ich deutlich eine Stimme höre?* Nein. Ihre inneren Stimmen sind ja Teile Ihrer selbst; es ist also völlig in Ordnung, wenn Sie zunächst selbst für diese Stimmen sprechen – oder abwarten, bis charakteristische Gedan-

ken auftauchen. Sie werden feststellen, dass die inneren Stimmen im Laufe der Zeit dann immer unabhängiger werden und sich leichter voneinander unterscheiden lassen.

Das innere Gespräch

Ein inneres Gespräch können Sie völlig zwanglos führen, wie in einer Runde mit guten Freunden.

Wenn Sie gezielt an einem Problem in Sachen Essen arbeiten wollen, kann es nützlich sein, das Gespräch mehr zu strukturieren. »Strukturieren« heißt, dass Sie nach einem bestimmten Muster vorgehen:

- Schaffen Sie sich eine ruhige, ablenkungsfreie Umgebung, machen Sie es sich bequem, schließen Sie die Augen und entspannen Sie sich.
- Stellen Sie sich eine Frage, die Sie besonders beschäftigt. Beispielsweise: Warum esse ich zu viel, obwohl ich doch abnehmen möchte?
- Richten Sie Ihre Achtsamkeit auf Ihr Inneres, achten Sie auf die Antworten, die auftauchen. Wenn Sie zum ersten Mal mit inneren Persönlichkeiten arbeiten, werden Sie die Antworten nicht gleich bestimmten Persönlichkeiten zuordnen, sondern es so empfinden, dass Sie selbst unterschiedliche Ideen zu dem Thema haben – und das stimmt ja auch. Die Betrachtungsweise der inneren Stimmen als innere Persönlichkeiten ist eben nur eine Betrachtungsweise: aber eine, die enorm dabei hilft, die Vielschichtigkeit der

eigenen Persönlichkeit zu verstehen. Nehmen Sie also einfach wahr, was auftaucht.
- Wenn Sie Antworten einer inneren Persönlichkeit zuordnen können, sprechen Sie diesen Teil Ihrer selbst an. Und zwar *unbedingt* positiv! Überlegen Sie, was für einen positiven, freundlichen Namen Sie dieser inneren Stimme geben wollen.
- Bestätigen Sie, dass Sie die positive Absicht wahrnehmen. Fragen Sie dann, ob dieser inneren Persönlichkeit bewusst ist, dass es einen Konflikt gibt und ob sie Ideen dazu hat. Nehmen Sie achtsam wahr, was auftaucht.
- Stellen Sie an Ihr Inneres die Frage, ob es andere innere Persönlichkeiten gibt, die etwas zum Thema beitragen wollen.
- Gehen Sie bei jeder Stimme vor wie beschrieben: Sprechen Sie die innere Persönlichkeit mit einem positiven Namen an, anerkennen Sie die positive Ansicht oder fragen Sie explizit danach. Fragen Sie dann, ob sie die andere innere Persönlichkeit, mit der ein Konflikt besteht, kennt und um deren positive Absicht weiß. Wenn nicht, stellen Sie diese inneren Persönlichkeiten einander vor und bestehen Sie darauf, dass die positive Absicht des jeweils anderen wahrgenommen wird.
- Sie können beliebig viele innere Persönlichkeiten zu Wort kommen lassen. Wichtig ist, dass jede innere Persönlichkeit die positiven Absichten der anderen inneren Persönlichkeiten kennen lernt.

> Ihre Aufgabe als Moderator besteht darin, jede Stimme, die sich meldet, sprechen zu lassen und Unterbrechungen durch andere Stimmen zu stoppen.
>
> Wenn Sie den inneren Dialog beenden, bedanken Sie sich bei den inneren Persönlichkeiten und bitten Sie sie darum, nun unterhalb der Bewusstseinsschwelle den Dialog konstruktiv weiterzuführen.
>
> Diese Struktur ist anfangs sehr sinnvoll. Sobald Sie etwas Übung damit haben, wird ein inneres Gespräch so vertraut wie ein Gespräch mit Freunden. Sie haben dann eine wunderbare Möglichkeit, Ihre Gedanken und Gefühle zu klären und zu verstehen – und das ist nicht nur bei Problemen mit dem Essen sehr hilfreich.

Innerer Dialog und Achtsamkeit

Dieser Ausflug in unser Innenleben hat Sie vielleicht verwirrt. Wir sind es ja gewohnt, von *einem* Ich zu sprechen, und sehen uns in der Regel nicht als eine Gruppe unterschiedlicher innerer Persönlichkeiten. Daher wollen wir noch einmal betonen, dass es um eine *Sichtweise* geht. Natürlich können Sie die inneren Persönlichkeiten auch als *Ihre* unterschiedlichen Motive, Gedanken, Gefühle und Handlungsweisen betrachten. Eine innere Persönlichkeit bündelt sozusagen bestimmte zusammengehörige Motive, Gedanken, Gefühle und Handlungsweisen, so dass Sie sie leichter fassen können.

Vor allem aber ist die Methode des inneren Dialogs eine Übung in Achtsamkeit. Sie achten dabei auf innere Muster, die mit bestimmten Motiven und bestimmten Einstellungen und Bedürfnissen einhergehen. Sie lernen sich selbst besser kennen, und Sie lernen Ihre Beweggründe kennen, warum es mit der Diät nicht klappt, warum Sie überhaupt zu viel essen und was Sie davon abhält, so zu handeln, wie Sie es sich vornehmen. Das ist ein großer Schritt.

Und wenn Sie dann auch noch lernen zu verstehen, dass alles in Ihnen nur gute (wenn auch mitunter fehlgeleitete und ineffektive) Absichten hat, sind Sie dem Ziel wirklicher innerer Zufriedenheit und Einigkeit mit sich selbst schon sehr nahe.

Und dann können Sie wirklich Frieden mit sich schließen.

Die vereinende Kraft des Körpers

Auf den warmen Kacheln des Kaminofens liegt eine braune Katze und döst. Das Feuer prasselt. Draußen fallen dicke Schneeflocken vom Himmel, und die Luft ist grau und kalt. Die alte Frau sitzt mit Stricknadeln in der Hand in ihrem Sessel. Auf einmal stürzen die Zwillinge ins Zimmer, mit nassen Mützen und roten Wangen: »Oma, schau mal, wir haben einen Schneemann gebaut!« Die Katze hebt interessiert den Kopf und spitzt die Ohren – sie überlegt wohl, ob sie ihren gemütlichen Platz verlassen soll, bleibt aber doch lieber liegen. Mühsam kommt die Großmutter auf die Füße und geht ans Fenster. Sie sieht nach draußen, und tatsächlich: Ein riesiger Schneemann steht neben der Tanne im Garten. »Den habt ihr aber schön hingekriegt«, sagt sie und streichelt den beiden Mädchen zärtlich über den Rücken. Doch plötzlich erstarrt sie: Was ist das für ein Schal? Und auch die Pelzmütze auf dem Kopf des Schneemanns kommt ihr irgendwie bekannt vor – das ist doch ... tatsächlich: ihr guter Nerz aus dem Schlafzimmerschrank! Und während Oma nach Luft schnappt, hat die Katze sich auf der Ofenbank längst wieder zusammengerollt und ist eingeschlafen.

Wissen Sie, was der Unterschied zwischen uns und der Katze ist? Natürlich gibt es viele Unterschiede, aber ein sehr entscheidender ist, dass die Katze voll und ganz in ihrem Körper ist. Da gibt es nicht den Hauch einer Kluft zwischen Katze und Katzenkörper. Und wie ist das bei Ihnen?

Hand aufs Herz: Als Sie gerade die Szene mit der Oma und dem Schneemann gelesen haben – waren Sie sich da Ihres Körpers auch nur annähernd bewusst? Haben Sie zum Beispiel gespürt, dass Ihre Füße den Boden berühren oder Ihre Hände das Buch gehalten haben? Haben Sie bemerkt, ob Ihre Schultern entspannt oder angespannt waren oder wie sich Ihr Bauch angefühlt hat? Falls ja, gratulieren wir Ihnen, denn dann sind Sie eine große Ausnahme.

In unserer modernen Gesellschaft gibt es nur noch sehr wenige Menschen, die wirklich hautnah spüren, dass sie einen Körper haben. Wer nicht gerade Tänzer, Athlet oder Yogalehrer ist, hat das Gefühl für den eigenen Körper meist weitgehend verloren. Bei manchen Menschen hat man gar den Eindruck, dass sie ohne Körper glücklicher wären. Zum Beispiel, weil er nicht so aussieht, wie er sollte. Oder weil er im Alltag ja doch nur Schmerzen und Unbehagen bereitet.

Achtsamkeit ist die Fähigkeit wahrzunehmen, was ist. Und das, was ist, ist auch und vor allem unser Körper. Denn wir sind nun einmal keine Aliens, sondern Menschen aus Fleisch und Blut. Bei allen achtsamkeitsbasierten Übungen geht es daher immer auch in der einen oder anderen Weise darum, Freundschaft mit seinem Körper zu schließen. Es geht darum, das verloren gegangene Territorium Atemzug um Atemzug zurückzuerobern.

Schließen Sie Freundschaft mit Ihrem Körper

Im Folgenden werden Sie Möglichkeiten kennen lernen, Freundschaft mit Ihrem Körper zu schließen. Doch warum ist das überhaupt wichtig? Und warum ist es vor allem für Menschen wichtig, die mit Gewichtsproblemen zu kämpfen haben?

Nehmen wir einmal an, Sie besäßen ein altes Fahrrad. Da Sie ohnehin nie Rad fahren, vergessen Sie, dass Sie das

Ding irgendwann einmal hinter dem Schuppen angelehnt haben, wo es nun schon seit Jahren Wind und Wetter ausgesetzt ist und stumm vor sich hin rostet. An einem sonnigen Tag suchen Sie im Schuppen nach dem alten Campingzelt, und dabei fällt Ihnen auf einmal wieder das Fahrrad auf, das inzwischen zugegebenermaßen einen traurigen Anblick bietet. »Ach du lieber Himmel«, denken Sie. »Dieser schreckliche Drahtesel steht ja immer noch hier rum. Höchste Zeit, mal wieder zum Sperrmüll zu fahren, den will ja eh keiner mehr geschenkt haben.«

Was ist hier passiert? Ganz einfach:

Sie besitzen ein Fahrrad. Da Sie es nicht benutzen, haben Sie es irgendwann vergessen. Und so haben Sie aufgehört, sich um das Fahrrad zu kümmern. Da Sie es nicht gepflegt haben, ist es verwahrlost. Kein Wunder also, dass Sie nichts mehr mit dem Rad zu tun haben wollen.

Und wenn Sie nun in den oberen vier Zeilen einmal das Wort »Fahrrad« durch »Körper« ersetzen, dann sehen Sie bestimmt gleich, wo das Problem liegt: Wenn wir etwas aus unserem Bewusstsein verdrängen (»vergessen«), werden wir ihm auch keine Beachtung beziehungsweise keine Achtsamkeit mehr schenken. (Apropos Achtsamkeit: Bitte beachten Sie das Wort »achten« in »beachten«...)

Ob es dabei nun um Ihr Rad, Ihre Balkonpflanzen, Ihren Partner oder Ihren Körper geht, macht dabei im Grunde keinen großen Unterschied, denn das Prinzip ist immer das gleiche.

Wer unter Essstörungen leidet oder Übergewicht hat, ist auf seinen Körper meist nicht gut zu sprechen. Manchmal hassen Menschen mit Gewichtsproblemen ihren Körper sogar regelrecht. Natürlich gibt es Zeiten, in denen wir uns in unserer Haut sehr unwohl fühlen und uns selbst nicht mögen – das ist ganz normal, und es geht vorbei. Niemand liebt sich selbst, seinen Partner oder seine Kinder immer und bedingungslos; es gibt eben auch schlechte Tage. Doch grundsätzlich sollte die Basis unserer Beziehung in Ordnung sein. Wir sollten fähig sein, liebevoll mit unserem Partner oder unserer Familie umzugehen. Und ebenso wichtig ist es auch, dass wir fähig sind, uns selbst mitfühlende Achtsamkeit entgegenzubringen.

Wenn Sie nicht liebevoll mit Ihrem Körper umgehen können, dann können Sie auch nicht liebevoll mit sich selbst umgehen. Sie schneiden sich dann von der Quelle Ihrer Lebendigkeit ab, mit der Folge, dass Sie sich bald innerlich zerrissen und entwurzelt fühlen werden.

Gegen seinen eigenen Körper anzukämpfen ist nicht besonders klug, denn erstens entstehen dadurch unangenehme Gefühle, und zweitens können Sie nie gegen Ihren Körper, sondern immer nur in und mit ihm abnehmen.

Gegen seinen eigenen Körper anzukämpfen ist aber zudem nicht besonders weise, denn im Grunde kann unser Körper ja gar nichts dafür, wenn er zu viel wiegt. Wir sind es, die ihm das angetan haben. Als er auf die Welt kam, hatte er bestimmt noch kein Übergewicht. Unser Körper ist nur der Sündenbock, der es ausbaden muss, dass wir auf Muster hereinfallen, die uns regelmäßig zu viel essen lassen, nur weil wir unachtsam, gestresst, frustriert oder unzufrieden sind. Und obwohl wir unserem Körper auf diese Weise oft übel zusetzen, lässt er uns nicht im Stich und funktioniert weiterhin so gut, wie es ihm nur irgend möglich ist.

Machen Sie also nicht den Fehler, Ihren Körper mit einem Feind zu verwechseln. Ihr Körper ist nie der Feind. Und ganz im Gegensatz zu unserem Verstand mit all seinen Plänen, Hoffnungen, Erwartungen, Erinnerungen, Sorgen, Grübeleien und Wertungen ist unser Körper immer im Hier und Jetzt. Daher kann unser Körper auch zu einem großartigen Lehrer auf der Reise zu uns selbst werden. Ein kleiner Vorteil an der ganzen Sache ist zudem, dass Ihr Körper Ihnen auch sehr genau signalisieren kann, wie viel Nahrung Sie wirklich brauchen – und wie sich schnell herausstellen wird (sofern Sie auf Ihren Körper hören), ist das meist deutlich weniger, als unsere Gedanken oder Gefühle uns vorgaukeln.

Mehr spüren, mehr vertrauen

Wussten Sie, dass Sie das Potenzial haben, zum besten Personal Coach auf der ganzen Welt zu werden? Es gibt da nur einen kleinen Haken: Der einzige Klient, den Sie optimal coachen können, sind Sie selbst. Aber immerhin!

Niemand außer Ihnen weiß so genau, worauf Sie achten müssen, um erfolgreich, gesund, glücklich und auch schlank zu werden. Kein Ernährungsexperte, kein Mediziner, Heilpraktiker oder Diätberater ist annähernd so kompetent wie Sie, wenn es darum geht, die optimale Ernährungsweise für Sie herauszufinden. Und eine der wichtigsten Säulen, auf die Sie Ihre Beratung gründen sollten, ist die Intelligenz Ihres Körpers.

Seit Sie auf der Welt sind, hält Ihr Körper Sie am Leben. Er weiß genau, wie viel Luft Sie holen müssen, um genug Sauerstoff zu bekommen, er weiß, wie schnell Ihr Herz schlagen oder welche Giftstoffe Ihre Leber entsorgen muss. Und Sie können sicher sein, dass er natürlich auch genau weiß, wie und wie viel Sie essen sollten, um gesund bleiben und sich wohlfühlen zu können.

Klingt das nicht wunderbar? Das wäre es auch, wenn... tja, wenn wir uns wirklich voll und ganz auf unseren Körper verlassen würden. Doch genau hier liegt der Hase im Pfeffer:

Die meisten Menschen – und ganz bestimmt jene, die Probleme mit ihrer Figur haben – haben ihre natürliche Sensibilität schon lange verloren. Studien zeigen, dass Übergewichtige (wie übrigens auch Magersüchtige) meist ein verzerrtes Körperbild haben. Wenn die Körperwahrnehmung beeinträchtigt ist, trügt auch das Gefühl für den eigenen Körper. Es ist kein Wunder, dass gerade Übergewichtige hier Probleme haben, wird ihr Essverhalten doch meist schon lange Zeit ausschließlich von Waagen, Kalorientabellen, Diäten oder den vermeintlich idealen Model-Schablonen aus den Medien geprägt.

Wenn wir unsere ganze Aufmerksamkeit nur lange genug auf »den Körper, den wir haben« konzentrieren und so »den Körper, der wir sind« vernachlässigen, werden wir uns von unserem Körper immer mehr entfremden und uns von unserer wichtigsten Quelle der Lebensenergie abschneiden. Mitfühlende Achtsamkeit bietet Ihnen eine einfache Möglichkeit, um wieder mehr auf Ihren Körper zu hören. Dadurch, dass Sie ihn gezielt in das Feld Ihrer Achtsamkeit rücken, werden Sie ihn allmählich wieder in Besitz nehmen können.

Dabei sollten Sie drei Dinge beachten:

1. Steigern Sie Ihre Körperwahrnehmung. Die folgende Übung ist dafür besonders gut geeignet.

2. Beginnen Sie, mehr auf Ihre Körperempfindungen zu achten. Lernen Sie die Sprache Ihres Körpers kennen. Der Fluss an körperlichen Empfindungen wie Wärme, Kälte, Prickeln, Pulsieren, Schmerzen, Enge, Weite, Anspannung, Entspannung usw. reißt nie ab. Ihr Körper ist wie ein Kind, das in jeder Sekunde neue Erfahrungen macht. Nehmen Sie Kontakt zu diesen Erfahrungen auf; sie sind Ausdruck der ständigen Wandlung und auch Ausdruck Ihrer Lebendigkeit.
3. Vergessen Sie einmal ganz, wie Ihr Körper aussieht. Lenken Sie den Blick vom äußeren Aussehen auf das innere Empfinden: Spüren Sie, wie sich Ihr Körper von Augenblick zu Augenblick anfühlt. Unterstützen Sie ihn darin, sich ganz unabhängig von seinem äußeren Erscheinungsbild wohler zu fühlen. Geben Sie ihm das Gefühl, dass er sich bei Ihnen angenommen fühlen und entspannen darf. Dadurch bewirken Sie eine Verwandlung von innen nach außen. Kümmern Sie sich um den Samen, die Blume kommt dann von alleine. Veränderungen, die von innen ausgehen, sind viel natürlicher und langfristig auch viel effektiver als jeder Versuch, am Äußeren herumzudoktern. Sobald Ihr Körper spürt, dass es noch andere Möglichkeiten gibt, Stress zu bewältigen, als durch Süßigkeiten, werden Sie ganz von selbst aufhören, Kalorien als Trost zu benutzen.

⚜ Kurzreise durch den Körper

Eine klassische Achtsamkeitsübung, die dabei hilft, die Körperwahrnehmung zu entwickeln, ist der sogenannte »Bodyscan«. Dabei geht es darum, eine freundliche, mitfühlende und nicht-wertende Haltung gegenüber dem eigenen Körper einzunehmen, während wir mit unserer Achtsamkeit durch ihn hindurch reisen. Jeder Körperteil wird innerlich wie in einem Scanner scheibchenweise »durchleuchtet«.

Ein ausführlicher Bodyscan dauert zwischen 30 und 45 Minuten und sollte zu Hause im Liegen durchgeführt werden. Das ist leider zeitaufwändig, aber auch sehr lohnenswert. Inzwischen gibt es eine Fülle an gesprochenen Bodyscan-Anleitungen zu kaufen, was recht praktisch ist, denn dabei müssen Sie sich nur noch bequem auf den Boden legen, die Augen schließen und den Anweisungen der CD folgen. Wenn Sie möchten, können Sie sich auch eine kurze gesprochene Anleitung auf unserer Homepage »www.institut-für-achtsames-essen.de« im Bereich »Achtsamkeit & Downloads« kostenlos herunterladen.

Für den Alltag gibt es jedoch auch die Möglichkeit, einen blitzschnellen Bodyscan durchzuführen – und zwar nicht nur im Liegen. Zwar ist es sehr hilfreich, die folgende Übung zu Hause liegend auf einer Decke oder Matte einzuüben, doch mit etwas Übung können Sie sie praktisch überall einsetzen – auch im Sitzen oder Stehen, beim Autofahren, an der Bushaltestelle, im Wartezimmer oder im Kino und natürlich auch beim Essen. Obwohl es vor allem anfangs Vorteile hat, die Augen zu schließen, funktioniert die Technik auch mit offenen Augen, was vor allem im Auto oder im Kino sehr zu empfehlen ist. Das Ganze wird allerdings umso besser klappen, je besser Sie sich zu Hause vorbereiten, wo Sie die nötige Ruhe haben, um ohne Ablenkungen üben zu können.

Je nachdem, wie schnell Sie durch die einzelnen Bereiche Ihres Körpers reisen, kann die folgende Übung zwischen einer und fünf Minuten dauern.

Vier Prinzipien

Der Bodyscan ist keine Entspannungsmethode. Er wirkt zwar meist entspannend, dennoch besteht das Ziel nicht darin, sich »einzulullen«. Stattdessen geht es darum, den Kontakt zu seinem Körper zu intensivieren – entspannt, aber wach und achtsam. Dabei ist es hilfreich, einige kleine »Regeln« im Kopf zu behalten:

1. *Nur spüren:* Es geht darum zu spüren und nicht darum, etwas Besonderes zu erreichen. Es gibt somit keinen »guten« oder »schlechten« Bodyscan. Was immer Ihnen auf Ihrer Reise durch sich selbst begegnet, ist in Ordnung so.
2. *Eine Route einschlagen:* Beim Bodyscan ist es wichtig, seine Aufmerksamkeit gezielt auf bestimmte Körperbereiche zu lenken. Dabei sollten Sie nichts dem Zufall überlassen, sondern in einer festgelegten Reihenfolge durch den Körper wandern. Weiter unten finden Sie eine kurze Route durch den Körper, die sich für die Anwendung im Alltag besonders gut eignet. Falls Sie mit einer CD üben, sollten Sie natürlich die dort empfohlene Reihenfolge einhalten.

3. *Pausieren und schauen:* Ganz gleich ob Sie die Achtsamkeit nun gerade in Ihre Füße, die Schultern oder das Gesicht lenken – versuchen Sie, alle Empfindungen wahrzunehmen, die dabei auftauchen. Die Reise durch den Körper ist vor allem auch eine Entdeckungsreise, bei der Sie erforschen können, wie viele unterschiedliche Empfindungen in Ihrem Körper lebendig sind. Nehmen Sie sich also in den jeweiligen Körperbereichen kurz Zeit. Was können Sie hier wahrnehmen? Wärme oder Kälte? Prickeln, Pulsieren, Jucken, Kribbeln, Ziehen oder Schmerzen? Körperteile, die gut durchblutet sind, oder solche, die sich taub anfühlen? Und vielleicht gibt es auch viele Bereiche, in denen Sie gar nichts wahrnehmen können – Sie sehen quasi in den klaren Himmel, und da ist keine Wolke weit und breit, und auch das ist vollkommen in Ordnung. Gehen Sie nicht auf die Jagd nach Empfindungen. Registrieren Sie einfach nur das Offensichtliche (oder besser gesagt »Offenfühlbare«).
4. *Weiterwandern:* Bleiben Sie nicht zu lange in einem Körperbereich stecken. Es geht nicht um eine genaue Analyse, sondern einfach nur darum, seinen Körper achtsam durchzuscannen. Ganz gleich ob Sie in bestimmten Zonen unangenehme Empfindungen wie Schmerzen oder angenehme wie Wärme und Entspannung fühlen – bleiben Sie nicht stehen, sondern wandern Sie mit Ihrer Achtsamkeit auch zu den anderen Körperzonen.

Die Reiseroute

- Beginnen Sie an den Zehen und Füßen. Spüren Sie zwei oder drei Atemzüge lang in Ihre Füße hinein, dann gehen Sie aufwärts zu den Unterschenkeln, Oberschenkeln und Hüften. Was spüren Sie hier?
- Lenken Sie Ihre Achtsamkeit dann auf Ihr Gesäß und von dort den ganzen Rücken entlang aufwärts bis zu den Schultern.
- Lenken Sie Ihre Aufmerksamkeit jetzt auf Ihren Unterbauch und wandern Sie langsam aufwärts bis zur Brust und zur Kehle. Achten Sie aber nicht nur auf die Oberfläche oder die Haut, sondern gehen Sie mit Ihrer Achtsamkeit auch tief in den Körper hinein.
- Von der Kehle aus wandern Sie innerlich durch die Schultern und durch die Ober- und Unterarme nach unten bis in die Hände. Welche Empfindungen können Sie dabei wahrnehmen?
- »Scannen« Sie nun Ihr Gesicht. Beginnen Sie am Kinn und gehen Sie aufwärts zu Mund, Ohren, Nase, Augen, Schläfen und Stirn. Dann wandern Sie an der Kopfhaut entlang bis zum Hinterkopf und schließlich zum Nacken.
- Abschließend wandern Sie innerlich noch einmal durch den ganzen Körper, vom Scheitel abwärts zu den Schultern, dem Rumpf, dem Beckenboden und schließlich durch die Beine bis hinunter zu den Füßen.
- Lassen Sie Ihren Atem während der gesamten Körperreise entspannt fließen. Und denken Sie daran:

> Sie müssen nichts machen – Sie müssen nicht versuchen, Ihren Körper zu entspannen. Achten Sie einfach nur auf alles, was Ihnen begegnet – offen und neugierig, mitfühlend und ohne zu bewerten oder zu verurteilen, was Sie wahrnehmen.

Nutzen Sie Ihre Körperintelligenz

Haben Sie schon einmal versucht, sich im Kino einen neuen Film anzusehen und dabei die Augen geschlossen? Das wollen wir mal nicht hoffen, denn sonst wären Sie ein gefundenes Fressen für jeden Psychiater. Wer ins Kino geht, der macht natürlich auch die Augen auf – ist doch klar. Umso verwunderlicher ist es, dass viele von uns es ohne weiteres fertigbringen, beim Essen auf ihren Körper zu verzichten.

Natürlich können wir nicht wirklich ohne unseren Körper essen, denn Essen ist vor allem ein körperlicher Vorgang. Auch wenn Gefühle und Stimmungen dabei zweifellos eine große Rolle spielen – ohne Mund, Zähne, Magen und Darm und ohne die Hände, die das Besteck halten und das Schnitzel zerkleinern, würden wir schnell verhungern.

Es sollte selbstverständlich sein, dass wir unseren Körper mitnehmen, wenn wir uns an den gedeckten Tisch setzen – und zwar auch bewusst. Dass wir es meist dennoch nicht tun, liegt daran, dass wir oft aus emotionalen Gründen essen. Wir füttern unseren Körper, ohne zwischendurch einmal nachzufragen, ob er eigentlich gerade hungrig ist. Wir achten nicht darauf, ob wir Dinge essen, die unser Körper gar nicht haben will, oder Mengen zu uns nehmen, die er kaum noch entsorgen kann, so dass wir das Ergebnis schon bald an Bauch und Hüften »bewundern« können.

Das Problem ist, dass wir nicht mehr auf unsere natürlichen Instinkte hören. Wir haben es schlicht verlernt, diese wahrzunehmen. Würden Sie nur dann essen, wenn Sie wirklich Hunger haben, dann hätten Sie nie wieder ein Gewichtsproblem. Doch leider kann es gut sein, dass Sie – wie die meisten anderen Menschen – gar nicht mehr bemerken, ob Sie wirklich hungrig sind oder ob Sie nur Appetit haben.

Hunger oder Appetit? Der kleine Unterschied

Ob wir Hunger oder Appetit haben, ist vom Gefühl her eigentlich kein besonders großer Unterschied. Und doch macht es letztlich einen Riesenunterschied, ob wir grundsätzlich nur dann essen, wenn wir wirklich hungrig sind, oder ob auch schon ein bisschen Appetit genügt, um uns zu kleinen oder großen Fressorgien hinreißen zu lassen. Und natürlich wird sich dieser Unterschied auch auf der Waage deutlich bemerkbar machen.

Eine konkrete Möglichkeit, unsere Körperintelligenz zu aktivieren, besteht darin, dass wir versuchen, den Unterschied zwischen Hunger und Appetit zu spüren. Unser Körper weiß ganz genau, was und wie viel wir essen sollten, und er benutzt eine einfache Sprache, um uns das mitzuteilen: Er sendet das Signal »Hunger«, wenn es Zeit wird, etwas zu essen, und »satt«, wenn es Zeit wird, wieder mit dem Essen aufzuhören. Eigentlich ganz einfach.

Aber leider nur eigentlich: Gerade Übergewichtige haben durch jahrelanges Kalorienzählen und Diäthalten nämlich oft jegliches Gefühl dafür verloren, ob sie hungrig sind oder nicht. Überhaupt ist es nicht leicht, zwischen seelischen und körperlichen Bedürfnissen zu unterscheiden, denn seit wir klein sind, vermischen sich diese beiden Ebenen. Schon als Kleinkinder bekamen wir von unseren Müttern sicher oft mal einen Keks zugeschoben, wenn wir geschrien haben – und zwar unabhängig davon, ob wir unseren Schreianfall bekamen, weil wir hungrig, einsam oder wütend waren oder ob wir vielleicht Schmerzen hatten. In der Hektik des Alltags ist es eben oft leichter, zu etwas Süßem zu greifen, als zu erforschen, wo denn genau das Problem liegt. Und warum sollte es gestressten Müttern da besser gehen als uns?

Zum Glück ist es nie zu spät, den Unterschied zwischen rein körperlichen und seelischen Bedürfnissen zu erkennen: Wenn Sie herausfinden wollen, ob Sie gerade von echtem Hunger getrieben sind oder nur von Ihrem Appetit verführt werden, sollten Sie öfter einmal nachfragen. Sie können jederzeit mit Ihrem Körper sprechen – schließlich haben Sie ihn ohnehin immer dabei.

Stellen Sie sich während des Essens innerlich einige gezielte Fragen und horchen Sie dann in sich hinein. Manchmal dauert es ein wenig, bis die Kommunikation gelingt – das ist im normalen Leben ja auch nicht anders. Doch mit der Zeit werden Sie immer klarere Informationen erhalten. Folgende Fragen eignen sich gut, um den kleinen, aber wichtigen Unterschied zwischen Hunger und Appetit herauszufinden:

- »Habe ich im Moment wirklich Hunger oder esse ich nur aus Lust oder Gier?«
- »Gibt es eindeutige körperliche Signale, die ›Hunger‹ senden? Spüre ich beispielsweise ein ›Loch im Bauch‹ oder knurrt mein Magen? Fühle ich mich körperlich erschöpft oder schwach oder bin ich gereizt?«
- »Wie fühlt es sich überhaupt an, Hunger zu haben? Gibt es einen Bereich in meinem Körper, wo ich das konkret spüren kann – zum Beispiel in meinem Bauch, meiner Brust oder meiner Kehle?«
- »Einmal angenommen, ich müsste noch über eine Stunde warten, bis es etwas zu essen gibt, wäre das dann ein größeres Problem für mich? Oder wäre es nur ein wenig unangenehm?«
- »Schmeckt mir das, was ich hier esse, eigentlich wirklich?« (Legen Sie im Zweifelsfall das Besteck beiseite, atmen Sie zwei bis drei Mal durch und stellen Sie sich dann erneut dieselbe Frage.)

Achten Sie nicht nur auf Ihr Hungergefühl, sondern versuchen Sie auch, das »Stopp-Signal« möglichst frühzeitig zu erkennen. Hören Sie darauf, wann Ihr Körper Ihnen sagt, dass er satt ist. Es wird Ihnen deutlich leichter fallen, die leise Stimme in Ihrem Inneren zu hören, wenn Sie sich beim Essen mehr Zeit nehmen und öfter mal kleine Pausen einlegen. Fragen Sie sich dabei immer wieder einmal: »Ist es genug oder bin ich noch nicht satt?« Achtung: Oft sind es nur einige wenige Bissen, die den Unterschied zwischen »angenehm gesättigt« und »pappsatt« ausmachen.

Die »Achtsamkeitsdiät«

»Oje – jetzt also doch noch eine Diät?«, werden Sie sich nun vielleicht fragen. Keine Sorge: Die folgende Methode ist nicht mehr als eine Einladung – Sie können sie annehmen, müssen es aber nicht. Letztlich geht es dabei darum, mehr Achtsamkeit beim Essen zu entwickeln und Ihrer Körperintelligenz ein wenig auf die Sprünge zu helfen. Mit einer Diät im klassischen Sinne hat das Ganze also nichts zu tun – eher mit einem kleinen Alltagsexperiment, durch das Sie interessante Erfahrungen machen können, wenn Sie möchten.

Im oberen Abschnitt haben wir darüber gesprochen, wie wichtig es ist, auf die Hunger- und Sättigungssignale unseres Körpers zu hören, um zu vermeiden, dass wir regelmäßig zu viel essen. Doch es gibt noch ein weiteres Problem, das mit einem Mangel an Körperwahrnehmung zu tun hat: Abgesehen davon, dass wir zu große Mengen an Nahrung aufnehmen, essen wir oft auch Nahrungsmittel, die uns gar nicht guttun. An sich würde unser Körper uns ja davor schützen, Dinge zu essen, die uns nicht bekommen; allerdings würde das voraussetzen, dass wir auch tatsächlich auf das hören, was uns unser Körper zu sagen hat – und wie Sie inzwischen wissen, ist das leider nur selten der Fall.

Doch das lässt sich ändern. Zu diesem Zweck haben wir vor einiger Zeit eine Art »Sprachkurs« entwickelt, der uns dabei hilft, die Sprache unseres Körpers wieder besser zu verstehen – die Minus-1-Diät.[7]

7 Ronald P. Schweppe/Aljoscha A. Schwarz: Die Minus-1-Diät, a.a.O.

Die meisten unserer Ernährungsgewohnheiten laufen automatisch ab. Da wir bei der Auswahl unserer Speisen alten Gewohnheitsmustern folgen, machen wir uns nur selten Gedanken darüber, was wir essen und ob das, was wir essen, eher förderlich oder schädlich für uns ist.

Natürlich mangelt es nicht an Tipps von Ernährungsexperten, Wissenschaftlern oder Fitnesscoaches – doch leider helfen uns Verbotslisten kein bisschen dabei, klarer zu sehen. Wenn Sie erforschen wollen, welche Nahrungsmittel für Sie ideal und welche ganz und gar nicht ideal sind, können Sie sich auf kein Patentrezept verlassen. Jeder Mensch ist anders gestrickt. Ob Fleisch, Zucker, Alkohol, Milch oder Weißbrot – was dem einen bestens bekommt, kann für den anderen pures Gift sein. Daher gibt es nur eine Möglichkeit herauszufinden, was gut für Sie ist: Probieren Sie es selbst aus!

Streichen Sie jede Woche abwechselnd jeweils ein bestimmtes Genuss- oder Nahrungsmittel aus Ihrem Speiseplan, das im Verdacht steht, Übergewicht zu verursachen. Nutzen Sie dann Ihre Achtsamkeit, um sich zu beobachten und die richtigen Schlüsse aus Ihren Erfahrungen zu ziehen. In der folgenden Übung erfahren Sie konkret, wie die Methode funktioniert.

⚙ Eine Woche ohne ... – das Minus-1-Experiment

Das Minus-1-Experiment hilft Ihnen, die Bedürfnisse Ihres Körpers genauer wahrzunehmen. Es bietet Ihnen eine gute Orientierung im Dschungel des Überangebots an Nahrungsmitteln. Zudem können Sie durch diese Methode herausfinden, wie Sie auf bestimmte Genuss- und Nahrungsmittel reagieren. In vielen Fällen führt die Minus-1-Diät auch zu einem deutlichen Gewichtsverlust, vor allem dann, wenn Sie anfangen, genau die Nahrungsmittel aufzuspüren, die für Ihr Übergewicht verantwortlich sind.

Die folgende Variante ist eine stark komprimierte Form der Minus-1-Diät, die für unsere Zwecke jedoch vollkommen ausreicht. Und so funktioniert das Ganze:

1. Verzichten Sie eine Woche lang auf Zucker

Gemeint sind nicht Kohlenhydrate, sondern tatsächlich der Zucker, der Nahrungsmitteln industriell zugefügt wird. In dieser Woche sollten Sie alle Süßigkeiten, Desserts, Schokolade, Kekse, Kuchen usw. weglassen. Vermeiden Sie zudem Zuckeralternativen wie Honig, Agavendicksaft oder Ahornsirup, wie auch alle künstlichen Süßstoffe. In dieser Woche geht es darum herauszufinden, wie Sie sich fühlen, wenn Sie einmal ganz auf den süßen Geschmacksreiz verzichten. Vorsicht: Auch Limonaden, Konfitüren, Obstkonserven und scheinbar harmlose Produkte wie Cornflakes oder Ketchup enthalten eine Menge Zucker.

2. Verzichten Sie eine Woche lang auf Fleisch und Fisch

Ernähren Sie sich diese Woche vegetarisch (nicht aber vegan: Milchprodukte sind also erlaubt). Verzichten Sie auf Fleisch, Geflügel, Fisch, Wurst, Wurstwaren und Aufschnitt.

3. Verzichten Sie eine Woche lang auf Weißmehl und Auszugsmehle

Ernähren Sie sich diese Woche ausschließlich von Vollkorn-Produkten, jedoch nicht nur beim Brot: Auch bei Nudeln, Reis, Pizza oder Kuchen gibt es jeweils Vollkorn-Varianten. Verzichten Sie insbesondere auf Brot, Brötchen, Gebäck, Pfannkuchen, Hamburger, Paniermehl und Kekse, sofern es sich dabei nicht jeweils ausdrücklich um Vollkorn-Produkte handelt.

4. Verzichten Sie eine Woche lang auf Milchprodukte

Dazu gehören alle Sorten von Milch, Joghurt, Käse, Sahne, aber auch Butter oder Speiseeis und Schokolade. Laktose (Milchzucker) ist jedoch auch Bestandteil vieler Instant- und Fertigprodukte wie Cremes, Soßen, Kartoffelpüreepulver oder Cremesuppen, daher sollten Sie beim Einkaufen immer auf die Nährwertdeklaration achten.

Bei der Minus-1-Diät gibt es nur eine einfache Regel: Lassen Sie *nur eine Woche lang eine einzige Substanz* weg.

Sie können die vier Wochen in der oben genannten Reihenfolge am Stück durchführen. Eine andere Möglichkeit besteht darin, dass Sie sich eine Woche aussuchen – zum Beispiel die Woche ohne Zucker. Nach dieser Woche beenden Sie das Experiment, und wenn es später einmal zeitlich passt, können Sie es dann beispielsweise mit der Woche ohne Fleisch oder Auszugsmehle versuchen. Und natürlich können Sie dieses Experiment jederzeit wiederholen.

Darauf sollten Sie achten

Der Sinn der Minus-1-Diät liegt natürlich nicht darin, dass Sie einfach nur kurzfristig auf bestimmte Nahrungsmittel verzichten. Die entscheidende Frage ist: Was verändert sich, wenn Sie beispielsweise einmal konsequent auf Zucker und alles Süße verzichten? Worum es wirklich geht, ist also, zu beobachten, wie sich die Veränderung Ihrer Ernährung auf Sie auswirkt.

Während der Minus-1-Wochen werden Sie einerseits automatisch genauer auf Ihre Ernährung achten, denn immerhin müssen Sie sich ja gut überlegen, in welchen Produkten zum Beispiel Zucker, Milch, Fleisch oder Weißmehl enthalten sind. Sie werden also bewusster einkaufen. Zum anderen werden Sie aber auch Ihre Achtsamkeit entwickeln. Fragen Sie sich an jedem Tag der Minus-1-Diät: »Wie ist das für mich, auf Zucker (beziehungsweise Milchprodukte, Fleisch oder Weißmehl) zu verzichten? Kann ich dabei Veränderungen wahrnehmen?«

Um detaillierte Informationen über Ihre Erfahrungen zu sammeln, haben wir in unserem Buch *Die Minus-1-Diät* empfohlen, ein Tagebuch zu führen. Wenn Sie möchten, können Sie sich die Vorlage für dieses Tagebuch kostenlos auf der entsprechenden Facebook-Seite herunterladen. Unter »www.facebook.com/minus.1.diaet« werden Sie unter »Tagebuch« auf die entsprechenden Links weitergeleitet.

Die Alternative ist, dass Sie sich während Ihrer Minus-1-Wochen abends jeweils rund zehn Minuten Zeit nehmen. Halten Sie zunächst fest:

Diese Woche werde ich auf... verzichten. (Setzen Sie hier entweder »Zucker«, »Fleisch«, »Milchprodukte« oder »Weißmehl« ein.)

Fragen Sie sich dann jeden Abend:

- Welche Veränderungen konnte ich heute feststellen?
- Hat sich meine Energie verändert – habe ich mehr oder weniger Energie gehabt?
- Wie fühlte sich mein Körper an? Habe ich mich wohler, gesünder und vitaler gefühlt? Oder war eher das Gegenteil der Fall?
- Haben sich meine Gefühle verändert? Fühlte ich mich tendenziell glücklicher und gelassener? Bin ich ruhiger oder eher nervöser geworden als sonst?

Falls Sie keine Veränderung feststellen konnten, ist das natürlich auch in Ordnung. Schließlich geht es nicht darum, etwas zu erzwingen, sondern einzig darum, neutral zu beobachten.

Ziehen Sie am Ende der Woche noch einmal kurz Bilanz:

- Wie war diese Woche für mich? Hat es mir eher gutgetan, auf... zu verzichten oder nicht?
- Hat sich mein Körpergewicht verändert?
- Gab es besondere Schwierigkeiten – beispielsweise Augenblicke, in denen es mir sehr schwergefallen ist, kein... zu essen?

- Gab es in dieser Woche besonders positive Erfahrungen? Welche waren das?

Beim Körper bleiben

Wenn auf hoher See die Stürme toben, empfiehlt es sich, mit seinem Schiff im Hafen liegen zu bleiben. Ebenso ist es ratsam, uns in unserem Körper – dem spirituellen Hafen des Menschen – zu verankern, wenn die Stürme der Gedanken und Emotionen uns das Leben schwer machen.

Beim Essen sitzt oft eine große Gesellschaft mit uns am Tisch: Sorgen, Pläne, Erinnerungen, Hektik, Frust, Gespräche, Streitereien, Handys – unzählige Ablenkungen innerer und äußerer Art belasten uns, während wir unsere Mahlzeiten einnehmen. Ein großes Problem, das (nicht nur) Übergewichtige beim Essen haben, besteht daher darin, dass man sich vor lauter Ablenkung gar nicht mehr bewusst ist, dass man gerade isst. Sicher – für einen Außenstehenden sieht es so aus, als säßen wir leibhaftig über unsere Teller gebeugt. Doch ist es eben nicht dasselbe, ob wir mit dem Körper, den wir haben, essen oder ob wir uns vielmehr dem Körper, der wir sind, achtsam zuwenden.

Um Ablenkung und Zerstreuung während des Essens zu vermeiden, brauchen wir einen Ruhepol. Und wir können uns diesen Ruhepol ganz einfach in unserem eigenen Körper schaffen. In der westlichen Kultur sind Menschen, die in sich (und das heißt vor allem auch in ihrem Körper) ruhen, eine Rarität. Schlafende Kinder, Großväter, die in ihrem Schaukelstuhl Pfeife rauchen oder hier und da mal ein verliebtes Pärchen, das Arm in Arm auf einer Blumenwiese liegt und verträumt in den Himmel schaut – einige wenige Beispiele gibt es natürlich schon, aber das sind, wie gesagt, die Ausnahmen. Im Fernen Osten begegnet man hingegen sehr viel häufiger Menschen, die offensichtlich in sich selbst ruhen – und das nicht etwa nur im Zen-Kloster, sondern auch in aller Öffentlichkeit – in Parks, U-Bahnen oder eben auch beim Essen.

Sich in seinem eigenen Körper zu verankern oder, wie es im Buddhismus oft heißt, »friedlich im Körper zu verweilen«, ist eine einfache Möglichkeit, Stress abzubauen, Gelassenheit und Heiterkeit zu erlangen und ganz nebenbei auch noch sein Wunschgewicht zu erzielen. Sie werden nämlich nur dann zu viel essen, »wenn Sie nicht wissen, was Sie tun« oder mit anderen Worten: wenn Sie innerlich abwesend sind. Und leider kommt es ziemlich häufig vor, dass wir quasi »außer Haus« sind und unseren eigenen Körper dann nicht mehr bewusst wahrnehmen.

Unser Körper ist die Brücke, die uns den Übergang in das Hier und Jetzt ermöglicht. Im Gegensatz zu unseren Gedanken und Vorstellungen ist unser Körper immer in der Gegenwart zentriert. Das werden wir allerdings nur dann bemerken, wenn wir uns »auf ihn einlassen«. Es ist nicht schwer, die Brücke, die in die Wirklichkeit führt, zu überqueren. Der Trick besteht einfach nur darin, dass wir unsere Körperwahrnehmung trainieren sollten. Und glücklicherweise bietet uns jedes Frühstück, Mittag- oder Abendessen hierzu eine gute Gelegenheit.

Es gibt mehrere Gründe, warum es vorteilhaft ist, sich beim Essen seines Körpers bewusst zu sein: Sobald Sie in sich ruhen, statt »aus der Haut zu fahren« oder »neben sich zu stehen«, wird es Ihnen leichterfallen, sich auf das Wesentliche, nämlich auf das Erleben und Spüren zu konzentrieren. Statt unbewusst zu viel zu essen, können Sie bei der Sache bleiben und ganz in den jetzigen Moment eintauchen.

Indem Sie im Körper präsent bleiben, können Sie Ihre Achtsamkeit viel besser auf das Essen richten – Sie werden spüren, ob Sie Hunger haben und wann Sie satt sind. Vor allem aber werden Sie mit Ihren wirklichen Bedürfnissen in Kontakt sein, statt Ihren Gedanken und Gefühlen nachzuhängen und wie hypnotisiert Lebensmittel in sich hineinzuschaufeln.

Eine gute Beziehung zum eigenen Körper zu pflegen bedeutet, gut für sich zu sorgen, sich innerlich zu nähren, aber eben auch darauf zu achten, dass wir unseren Körper nicht überfüttern. Der erste Schritt, um mitfühlende Achtsamkeit zu entwickeln, besteht daher darin, freundlich und aufmerksam zum eigenen Körper zu sein.

Bewusster essen durch Körper-Achtsamkeit

Es ist einfacher, seine Achtsamkeit beim Essen auf den Körper zu lenken, als auf die Gedanken oder Gefühle. Unser Körper ist relativ konstant und einigermaßen leicht wahrzunehmen, während unser Geist oft wie ein wildgewordener Affe von einem Thema zum nächsten springt.

Neben der formellen Sitzmeditation gibt es einige andere Möglichkeiten, Meditation im Alltag zu üben – die Achtsamkeit beim Essen auf unseren Körper zu richten, ist eine davon. Sie kann sogar zu einer gezielten, formellen Technik werden, durch die Sie in kurzer Zeit Ihre Körperintelligenz steigern, innere Ruhe entwickeln und Fressanfällen vorbeugen können. Dafür ist es jedoch wichtig, dass Sie regelmäßig üben, und das heißt, dass Sie am besten jeden Tag eine Mahlzeit in der unten beschriebenen Weise einnehmen sollten. Das hört sich anstrengender an, als es ist. Tatsächlich ist es nur eine Frage der Gewohnheit. Vor allem aber sammeln Sie Ihre Energien, wenn Sie achtsam essen, während Sie durch Zerstreuung und Ablenkung beim Essen nicht nur dicker, sondern auch schlapper werden.

Um Körper-Achtsamkeit beim Essen zu üben, können Sie sich einfach an die folgende schrittweise Anleitung halten:

Überprüfen Sie kurz Ihre Körperhaltung

Wie ist Ihre Körperhaltung? Stehen Sie oder sitzen Sie? Nehmen Sie eine aufrechte, würdevolle Haltung ein? Auch wenn Sie sich beim Essen gerade halten sollten (so unrecht hatte Oma diesbezüglich nicht), sollten Sie dabei trotzdem entspannt bleiben – wach und klar, aber dennoch locker.

Achten Sie auf Kontaktpunkte

Wo können Sie Kontaktstellen wahrnehmen? Spüren Sie beispielsweise, wie Ihre Fußsohlen den Boden oder Ihr Gesäß den Stuhl oder die Bank berührt? Gibt es noch weitere Kontaktpunkte? Berühren Ihre Ellbogen den Tisch, Ihre Hände das Besteck oder Ihr Rücken die Stuhllehne? Richten Sie Ihre Achtsamkeit kurz darauf, an welchen Stellen Ihr Körper die Welt berührt und wie sich das anfühlt.

Achten Sie auf muskuläre Spannungen

Versuchen Sie nun, sich Ihres Muskeltonus bewusst zu werden. Versuchen Sie insbesondere zu spüren, ob bestimmte Muskelpartien angespannt, schlaff oder genau in ihrem harmonischen Spannungszustand sind. Lassen Sie Ihre Achtsamkeit dazu kurz in typische »Verspannungszonen« wandern: Sind Ihre Schultern entspannt? Gibt es unnötige Anspannungen im Gesicht oder im Kiefer? Wie fühlt sich Ihr Rücken an und wie Ihr Bauch oder Becken? Bewerten Sie nichts – was immer Sie wahrnehmen, es ist okay. Es geht hier nicht um eine Entspannungsübung, sondern um eine Achtsamkeitstechnik. Allerdings werden Ihre Muskeln meist automatisch lockerer, wenn Sie die Achtsamkeit zu ihnen lenken – doch das sollte ganz von selbst geschehen, versuchen Sie also nicht, es zu »machen«.

Achten Sie auf alle Körperempfindungen

Falls es gerade Körperempfindungen gibt, die deutlich spürbar sind, dann nehmen Sie diese einfach wahr. Oft können beispielsweise Schmerzen recht aufdringlich sein. Doch auch Empfindungen wie Jucken, Kribbeln oder Wärme und Kälte sind oft leicht wahrzunehmen. Auch hier gilt: Lassen Sie alles so sein, wie es ist. Geben Sie Ihren Empfindungen Raum

Lenken Sie die Achtsamkeit auf den Atem

Bevor Sie zu essen beginnen und auch während des Essens sollten Sie mit Ihrer Achtsamkeit immer wieder einmal Ihren Atem besuchen. Richten Sie die Aufmerksamkeit darauf, wie der Atem kommt und geht. Spüren Sie entweder den sanften Luftstrom in den Nasenflügeln oder konzentrieren Sie sich darauf, wie Ihre Bauchdecke sich beim Einatmen hebt und beim Ausatmen wieder weich zurücksinkt.

Achten Sie auf spezielle Empfindungen beim Essen

Beim Essen tauchen ganz spezifische Empfindungen deutlich auf, die Sie achtsam wahrnehmen sollten. Zum Beispiel können Sie vermutlich Ihre Zunge und Ihre Zähne beim Essen gut beobachten. Spüren Sie auch, ob Sie hungrig oder vielleicht schon satt sind. Läuft Ihnen das Wasser im Mund zusammen? Wie fühlt sich das Essen in Ihrem Mund an? Wie fühlt sich Ihr Magen oder Ihr Bauch an? Fühlen Sie sich wohl und vital oder eher schwer und matt? Achten Sie auf alle körperlichen Empfindungen.

Sobald Sie die genannten Punkte zu Beginn Ihrer Mahlzeit mindestens einmal in der beschriebenen Reihenfolge durchgegangen sind, können Sie anschließend kreativ und frei mit ihnen umgehen. Das könnte dann beispielsweise folgendermaßen aussehen:

»Ich esse. – Ich spüre, wie mein Gesäß das Kissen berührt. – Ich spüre meine Füße. – Ich esse und schmecke die Tomatensoße. – Ich spüre, wie das Essen sich in meinem Mund anfühlt. – Ich beobachte die Kaubewegung. – Ich esse. – Ich achte auf meinen Atem und lasse ihn entspannt kommen und gehen. – Ich spüre den Atemstrom, wie er beim Ein- und Ausatmen an den Nasenflügeln entlangstreicht. – Ich esse und bemerke, dass die Spaghetti nur noch lauwarm sind. – Gedanken tauchen auf, die Diskussion, die ich vorhin im Büro geführt habe. – Ich lenke die Achtsamkeit wieder auf den Körper, ich spüre die Schultern und kontrolliere, ob ich noch aufrecht und entspannt sitze. – Ziehe ich die Schultern eigentlich hoch? – Ich fühle mich irgendwie gehetzt, mein Rücken ist angespannt. – Ich lenke die Achtsamkeit wieder darauf, wie ich einfach nur esse. – Ich achte auf meinen Atem« usw.

Ganz gleich ob Gedanken, Sorgen, Gefühle, Tagträume oder andere Ablenkungen auftauchen – sobald Sie sich dessen bewusst werden (was ja an sich schon ein Augenblick der Achtsamkeit ist), lenken Sie die Aufmerksamkeit einfach wieder auf Ihren Körper und den körperlichen Vorgang des Essens zurück. Wiederholen Sie das immer und immer wieder.

Anfangs ist es natürlich wichtig, diese Übung alleine und in Ruhe durchzuführen. Doch mit ein wenig Erfahrung können Sie die Achtsamkeit auf den Körper auch dann beibehalten (oder zumindest immer wieder aufnehmen), wenn Sie mit Freunden oder Kollegen essen. Statt gleich auf jede Äußerung am Tisch einzugehen, können Sie dann beispielsweise auf Ihren Atem oder Ihre Haltung achten. Das hilft Ihnen, beim Essen im Körper zentriert zu bleiben. Und ganz nebenbei hilft es Ihnen auch, ein wenig im Hintergrund zu bleiben, was ja umso entspannender sein kann, je größer die Gesellschaft ist, mit der Sie beim Essen sind.

Der innere Weg zur Leichtigkeit

Die Tür, die zu Ihrem Wunschgewicht führt, geht nach innen auf. Keine Nährwert-Tabelle kann auch nur annähernd zu den gleichen Erfolgen führen wie die Zeit, die Sie mit sich selbst verbringen. Der Königsweg, der es Ihnen ermöglicht, in Einklang mit Ihrem innersten Wesen zu kommen und langfristige Veränderungen in Ihrem Bewusstsein zu erzielen, ist die Meditation. Vielleicht ist es in unserer hektischen Gesellschaft ja nicht sehr angesehen, sich täglich 10 oder 15 Minuten Zeit für sich selbst zu nehmen, um innerlich zur Ruhe zu kommen. Andererseits müssen Sie nur einmal einen Blick auf unsere Gesellschaft werfen, um zu erkennen, dass der Weg, den die Masse beschreitet, eher zu immer mehr Belastungen als in die Freiheit führt.

Auch wenn eine Meditation im Sitzen auf den ersten Blick nicht viel mit unseren Essgewohnheiten zu tun zu haben scheint – lassen Sie sich von der schlichten Praxis nicht täuschen. Durch Meditation lernen Sie, achtsamer mit sich selbst umzugehen. Sie lernen, »mit sich selbst zu sein« – auch mit den belastenden Gefühlen, die Sie so oft dazu verführen, viel zu viel zu essen.

Zu den häufigsten Ursachen für Gewichtsprobleme gehört Stress. Wissenschaftler haben herausgefunden, dass Menschen, die unter Stress essen, ein besonders hohes Risiko haben, übergewichtig zu werden. Doch nicht nur Zeitdruck oder andauernde Belastungen im Alltag verursachen Stress – auch und vor allem negative Gefühle wirken sich oft fatal auf unser Gemüt aus. Stress entsteht nämlich weniger, weil äußere Belastungen auf uns einwirken, sondern vor allem dadurch, wie wir auf diese Belastungen reagieren. Unsere Reaktionen werden jedoch stark durch unsere Stimmungen und Gefühle beeinflusst.

So essen wir meist dann zu viel, wenn wir Kummer haben, wenn wir einsam sind, wenn wir gelangweilt, frustriert oder auch nervös und in Eile sind. Und nicht zuletzt kann auch das Gefühl, dass wir uns schützen müssen, zu einem Stressfaktor werden: Wer das Vertrauen zu nahestehenden Menschen verloren hat, weil es beispielsweise körperliche, sexuelle oder emotionale Übergriffe gab, entwickelt oft unbewusst den Wunsch danach, dick und unattraktiv zu sein. Trotzdem kann die Sehnsucht nach einem schlankeren Körper vordergründig sehr stark sein, doch das innere Programm steht der Verwirklichung dieses Zieles entgegen.

Es ist kein Zufall, wenn Teilnehmer von MBSR-Kursen plötzlich unerwartet abnehmen. Durch das Anti-Stress-Training lernen sie, mit Belastungen – und dazu gehören, wie gesagt, auch unangenehme Gefühle – besser umzugehen. Durch Achtsamkeitsübungen und insbesondere auch durch Meditationstechniken lernen wir, uns wieder in der Gegenwart zu zentrieren. Und genau diese Fähigkeit, mit seinem Körper, seinen Gedanken und Gefühlen im Hier und Jetzt zu verweilen, ist Gold wert. Durch sie können wir innere Leichtigkeit, Ruhe und Heiterkeit entwickeln, und gleichzeitig übertragen wir unsere Erfahrungen mit der Zeit ganz automatisch auf unsere Art zu essen. Was wir in der Meditation lernen, können wir früher oder später sehr gut gebrauchen, um achtsamer und bewusster essen zu lernen. Dies ist der kleine Umweg, über den das Sitzen in der Stille letztlich auch unserer Figur guttut. Und vielleicht kennen Sie ja die Weisheit: »Wenn du schneller ans Ziel kommen willst, mache einen Umweg.«

Meditation: dem Atem folgen

Im Folgenden finden Sie eine einfache Meditationsanleitung. Es gibt sehr viele verschiedene Meditationstechniken, doch es ist wichtig, die Sache nicht zu kompliziert zu machen. Die folgende Übung ist sehr einfach und bildet die Basis der meisten Meditationsformen, die auf die Entwicklung der Achtsamkeit abzielen.

Auf den ersten Blick scheint eine Sitzmeditation natürlich nicht viel mit dem Thema Essen zu tun zu haben. Wie Sie jedoch schnell feststellen werden (sofern Sie regelmäßig üben), hilft alles, was Sie in diesen 10 oder 15 Minuten lernen werden, Ihnen auch, wenn es darum geht, bewusster und achtsamer zu essen. Beispielsweise unterstützt die folgende Technik Sie dabei, gesammelt zu bleiben und sich auf das, was Sie tun (oder essen) zu konzentrieren. Auch lernen Sie, mitfühlender mit sich selbst umzugehen, und vor allem machen Sie die Erfahrung, dass Sie vor unangenehmen Gedanken oder Gefühlen nicht wegzulaufen brauchen.

Was auch immer passiert, wie auch immer Sie sich fühlen – in der Meditation können Sie es »aussitzen«. Wenn Sie erkennen, dass alle Bewusstseinsphänomene wie Körperempfindungen, Geräusche, Gedanken oder Gefühle kommen und gehen, können Sie auch dann noch gelassen bleiben, wenn um Sie herum der Sturm tobt.

Wenn möglich, sollten Sie die folgende Meditation (oder eine der anderen beschriebenen Meditationsübungen) täglich mindestens zehn Minuten lang praktizieren.

- Achten Sie darauf, dass Sie ungestört sind. Ganz gleich ob Sie auf einem Stuhl, einem Meditationskissen oder -bänkchen sitzen – setzen Sie sich auf jeden Fall aufrecht hin: Ihre Wirbelsäule sollte senkrecht sein; lehnen Sie sich also nicht an. Nehmen Sie eine würdevolle und kraftvolle Haltung ein, achten Sie zugleich aber auch darauf, dass Sie entspannt bleiben. Die Hände können Sie auf den Oberschenkeln ablegen oder sie im Schoß verschränken.
- Richten Sie Ihre Achtsamkeit nun auf Ihre Haltung. Beachten Sie dabei sieben »Kontrollpunkte«, die gewährleisten, dass Sie optimal sitzen:
1. Spüren Sie Ihre Füße und den Kontakt zum Boden.

2. Spüren Sie Ihre Knie und wo diese den Boden berühren (falls Sie nicht auf einem Stuhl sitzen).
3. Lenken Sie die Achtsamkeit in Ihr Becken. Wo berührt Ihr Gesäß die Unterlage? Kippen Sie Ihr Becken einige Male langsam und sanft vor und zurück und finden Sie schließlich die harmonische Mittelstellung.
4. Spüren Sie nun Ihre Wirbelsäule. Wandern Sie an ihr mit Ihrer Vorstellung innerlich von unten nach oben entlang.
5. Spüren Sie nun die Schädeldecke und Ihr Gesicht. Entspannen Sie Augen und Mund.
6. Spüren Sie Ihre Schultern und Arme. Lassen Sie alle unnötigen Anspannungen los.
7. Lenken Sie Ihre Achtsamkeit abschließend in die Hände und spüren Sie, wie sich die Hände berühren oder wie sie die Beine berühren.

- Spüren Sie Ihren Körper als Ganzes. Können Sie bestimmte Körperempfindungen wie Jucken, Kribbeln, Wärme, Schmerzen oder andere Reize wahrnehmen? Schauen Sie nur zu – was immer auch auftauchen mag, es ist in Ordnung.
- Jetzt richten Sie Ihre Achtsamkeit auf den Atem. Spüren Sie die sanfte Bewegung im Bauch – das Heben und Senken der Bauchdecke beim Ein- und Ausatmen. Folgen Sie dieser natürlichen Wellenbewegung ganz entspannt. Vielleicht fällt es Ihnen auch leichter, Ihren Atem an den Nasenlöchern zu beobachten; fixieren Sie Ihre Konzentration dann auf diese Stelle. Es ist ganz egal, ob Ihr Atem flach oder tief, kurz oder lang, schnell oder langsam ist. Es

geht nicht darum, ihn zu verändern. Lassen Sie alles so sein, wie es im Augenblick ist.
- Verweilen Sie ruhig im Körper und bleiben Sie sich Ihres Atems bewusst.
- Bestimmt wird es nicht lange dauern, bis Gedanken oder Gefühle Sie ablenken. Das ist kein Problem. Wenn Gedanken oder Gefühle auftauchen, dann nehmen Sie sie einfach entspannt zur Kenntnis. Denken Sie einfach: »Da ist ein Gedanke« oder »Da ist ein Gefühl« – und dann kehren Sie wieder zur Beobachtung des Atems zurück.
- Wenn Gedanken oder Gefühle auftauchen, die einen eindeutigen Inhalt haben, dann fassen Sie Ihre Beobachtung kurz für sich in Worte. Sagen Sie sich innerlich beispielsweise »Da sind Sorgen« oder »Da sind Zukunftspläne« – und verfahren Sie ebenso bei Gefühlen: »Da ist Traurigkeit«, »Da ist Ungeduld« oder »Da ist Langeweile«.
- Bemerken Sie, was immer in Ihrem Bewusstsein auftaucht, und dann... kehren Sie wieder zur Atembewegung zurück. Einatmen – der Bauch dehnt sich... Ausatmen – der Bauch sinkt wieder weich nach innen...
- Wiederholen Sie das immer wieder – sanft, aber beharrlich. Wenn Gedanken oder Gefühle auftauchen, dann registrieren Sie das, aber steigen Sie nicht in das Thema ein – beginnen Sie nicht zu grübeln. Lenken Sie Ihre Achtsamkeit stattdessen immer wieder auf die Bewegung des Atems, so lange, bis die zehn Minuten vergangen sind. Machen Sie den Atem zu Ihrem Anker. Auch inmitten belastender Gedanken

> oder Gefühle kann er Sie immer sicher in Ihrer Mitte halten.

Susannes Weg

Das folgende Interview haben wir vor einiger Zeit mit einer Teilnehmerin einer MBSR-Ausbildung – nennen wir sie Susanne – geführt, die seit einigen Jahren meditiert und dabei interessante Erfahrungen mit dem Thema Abnehmen gemacht hat. Wir möchten es an den Schluss dieses Buches stellen – und vielleicht kann es Ihnen als Einladung dienen, den Weg der Achtsamkeit selbst auszuprobieren und den Seelenschlüssel zu nutzen, um nachhaltig leichter und zufriedener zu werden. Wir wünschen Ihnen dabei viel Erfolg und viele spannende Einsichten!

Frage: Susanne, du siehst nicht gerade so aus, als ob du jemals Gewichtsprobleme gehabt hättest. Du bist ziemlich schlank und wirkst fit.
    Susanne: Danke für die Blumen.
    Würdest du uns verraten, wie viel du wiegst?
    Susanne (lacht): Fragen dürft ihr schon, aber ihr müsstet ja wissen, dass man eine Dame nie nach ihrem Gewicht fragt, stimmt's? Aber ich verrate euch trotzdem was: Mein Body-Mass-Index (BMI) liegt derzeit bei knapp unter 20. Damit gehöre ich also auf jeden Fall eher zu den Dünnen als zu den Dicken.
    Das war nicht immer so, oder? Du hast uns erzählt, dass du früher etwas pummelig warst.

Susanne: Etwas pummelig? Soll das ein Witz sein? Ich sah aus wie ein Fass auf Füßen. Als ich mich mal bei meiner Ärztin auf die Waage gestellt habe, hat die richtige Sorgenfalten gekriegt.

Inzwischen hast du ganz ordentlich abgespeckt. Wir wissen, dass du seit einigen Jahren regelmäßig meditierst. Hat das eine etwas mit dem anderen zu tun?

Susanne: Ja – auf jeden Fall. Aber das ist eine lange Geschichte, die eigentlich schon in meiner Kindheit anfing, mit einer Erziehung nach dem Motto »Hauptsache rund und gesund«. Aber lassen wir das. Als Teenager war ich jedenfalls ein richtiges Pummelchen. Als junge Frau hatte ich dann schon so viel Übergewicht, dass »Pummelchen« noch ein Kompliment gewesen wäre. (lacht) Ich hab gefressen wie ein Scheunendrescher. Wer nicht isst, der wird auch nicht dick. Und ich habe wirklich eine Menge gegessen. Viel später ist mir klar geworden, dass Essen immer ein Ersatz für mich war. Eigentlich hätte ich ganz was anderes gebraucht. Als meine erste Liebe Schluss gemacht hat, habe ich wochenlang gegessen. Wenn ich Stress mit meiner Mutter hatte, saß ich oft ganze Tage in meinem Zimmer und habe Schokolade und Gummibärchen verschlungen. Wenn es in der Schule nicht gut lief, hab ich aus Frust gegessen. Und wenn ich dann mal Erfolg hatte, hab ich etwas Leckeres gegessen, um mich zu belohnen.

Waren das nur Süßigkeiten, die du damals gegessen hast?

Susanne: Hauptsächlich schon, ja. Aber auch sonst habe ich gut zugelangt. Und dann gab es ja noch dieses Fastfood-Restaurant um die Ecke. Das »Restaurant« – wenn man es so nennen kann – hat immer einen großen Reiz auf mich ausgeübt, denn es war ein beliebter Treffpunkt für mich und meine auch nicht gerade grazilen Freundinnen.

Und wann hast du den Absprung geschafft?

Susanne: Ach – das hat noch sehr lange gedauert. Irgendwann war mir das viele und ständige Essen natürlich zur Gewohnheit geworden, das konnte ich nicht einfach so abstellen. Und leider hat es auch nicht an Gelegenheiten gemangelt, wo ich gestresst oder frustriert war oder mich nach Trost gesehnt habe, und so ging das mit meinen Fressanfällen viele Jahre. Es war schrecklich: Je hässlicher ich mich gefühlt habe, desto mehr habe ich gespachtelt. In der Schwangerschaft habe ich dann auch noch einmal kräftig zugelegt – und nach der Geburt zu meinem Entsetzen kaum wieder abgenommen. Ich habe gefühlte 100 Diäten ausprobiert, ich habe auf Abnehmforen im Internet mein Herz ausgeschüttet und nach Rat gesucht, und schließlich habe ich dann noch viel Geld in einen bekannten Abnehm-Club investiert. Irgendwann habe ich sogar angefangen, Sport zu machen, obwohl ich Sport wirklich hasse. Leider (oder vielleicht eher zum Glück) habe ich mir schon bei meinem dritten Joggingversuch die Bänder im Fuß angerissen. Das war dann ein klares Signal. Da habe ich den Sport wieder sein lassen. Das mit den Diäten ging aber noch eine ganze Weile weiter. Immer wieder habe ich es geschafft, einige Kilo abzunehmen, aber schon kurze Zeit später war das Gewicht wieder drauf – der typische Jojo-Effekt eben.

Und dann bist du irgendwann zur Mediation gekommen, oder?

Susanne: Genau. Ich habe Meditationstechniken in einem Kurs und später auf einem Retreat kennen gelernt. Anfangs hatte das keine besonderen Auswirkungen auf mein Gewicht. Zuerst dachte ich sogar, dass ich eher ein wenig zunehme, was ja kein Wunder gewesen wäre, da man auf dem Meditationskissen nicht gerade viele Kalorien verbraucht. Auf die Waage habe ich mich damals allerdings schon lange nicht mehr gestellt. Also, zuerst mal war da gar kein so direkter Zusammenhang zwischen dem Meditieren und meinem Gewicht. Trotzdem hat die Meditation mein ganzes Leben verändert und ganz bestimmt auch mit meiner Gewichtsabnahme zu tun. Wie soll ich sagen ... durch das regelmäßige Sitzen ist irgendwie alles wieder ins Lot gekommen – innen und außen. Ich habe recht schnell gelernt, mich tief zu entspannen und loszulassen. Ich habe mich zum ersten Mal in meinem Leben meinen Gefühlen gestellt. Und dabei habe ich gemerkt, dass weder Einsamkeit noch Sorgen, Frust oder Wut mein innerstes Wesen wirklich erschüttern können. Die negativen Gefühle haben an Macht verloren. Ich konnte einfach mit ihnen sein und mich auf meinen Atem konzentrieren.

Seit wann meditierst du, und wie viel Zeit investierst du?

Susanne: So richtig – also regelmäßig – meditiere ich jetzt seit gut drei Jahren. Wenn es geht, setzte ich mich täglich morgens etwa 20 bis 30 Minuten hin. Am Anfang waren es nur fünf Minuten, aber inzwischen ist das Meditieren mir zu einem großen Bedürfnis geworden – je mehr Zeit ich dafür habe, desto besser fühle ich mich.

Und welche Veränderungen hast du bemerkt – jetzt mal abgesehen von deinem Gewicht?

Susanne: Das Erste, was ich festgestellt habe, war, dass ich mich schon schnell viel besser entspannen konnte. Mein Körper wurde lockerer und hat sich leichter angefühlt. Aber ich hab auch gemerkt, wie gut es mir tat, geistig loszulassen. Über Dinge, die mich früher zur Weißglut gebracht hätten, rege ich mich heute überhaupt nicht mehr auf. Wenn eine Freundin zu spät zu einer Verabredung kommt, ein Auto mir die Vorfahrt nimmt, der Ausflug ins Wasser fällt, weil es regnet oder Kind und Mann schlecht gelaunt nach Hause kommen, kann ich deswegen trotzdem gelassen und heiter bleiben.

Heißt das, dir ist jetzt alles wurscht?

Susanne: Nein, natürlich nicht! Ich merke natürlich schon, wenn die Dinge nicht so toll laufen, aber ich werde deswegen nicht gleich hysterisch. Mit Gleichgültigkeit hat das aber nichts zu tun – im Gegenteil: Ich glaube, dass ich heute sogar mehr Verständnis für die Probleme anderer habe. Wenn meine Freundin sich verspätet, macht sie das ja nicht absichtlich. Wenn ein Autofahrer mir die Vorfahrt nimmt, hat er es vielleicht sehr eilig: Wer weiß, vielleicht hat er ja verschlafen und ist in großer Sorge, einen wichtigen Termin zu verpassen... Und natürlich bringt es auch nichts, mich zu ärgern oder sauer zu werden, weil meine Tochter oder mein Mann schlechte Stimmung haben. Wer weiß, was denen passiert ist – also, alles in allem: ein kühler Kopf und ein warmes Herz, damit fahre ich am besten.

Kommen wir noch mal auf das Thema Körpergewicht zurück: Wie erklärst du dir, dass dein Essverhalten sich durch die Meditation normalisiert hat und du so viel abgenommen hast?

Susanne: Da hab ich natürlich auch schon viel drüber nachgedacht. Anfangs war ich nämlich einfach nur verblüfft. Wie war das möglich, dass ich langsam, aber sicher abnahm? Ich habe ja keine Diät gemacht oder so etwas. Inzwischen glaube ich, dass es drei Faktoren sind, die die

Veränderungen bewirkt haben. Der erste Faktor war, dass ich meine belastenden Gefühle, wie gesagt, besser managen konnte. Weil ich gelernt habe loszulassen, ist das typische Frustessen immer öfter weggefallen. Dann ist mir klar geworden, dass ich durch die Meditation gelernt habe, mich selbst wichtiger zu nehmen – aber damit meine ich jetzt bestimmt nicht mein Aussehen oder mein Outfit. Die Meditation hat mich mit meiner inneren Stimme verbunden. Ich habe angefangen, darauf zu hören, was ich wirklich brauche. Die logische Konsequenz war, dass ich besser für mich selbst gesorgt habe. Ich hatte Fressattacken bis dahin vor allem genutzt, um mich selbst nicht spüren zu müssen, um meine Gefühle nicht fühlen zu müssen und mich zu betäuben. Aber irgendwann hat dieses Muster einfach nicht mehr gepasst. Ich war wacher geworden, mehr mit mir selbst verbunden, und so habe ich angefangen, ein paar Dinge in meinem Leben zu verändern. Zum Beispiel habe ich entdeckt, dass ich eigentlich sehr gerne spazieren gehe. Während man mich mit Joggingschuhen und Hanteln jagen kann, liebe ich es, durch den Park oder das nahegelegene Wäldchen zu gehen. Zuerst habe ich nur kleine, gelegentliche Spaziergänge gemacht, aber heute gehe ich fast täglich bei Wind und Wetter. Und wenn ich heimkomme, staune ich manchmal, dass ich schon wieder fast eine ganze Stunde draußen war.

Und beim Essen – hat sich da auch etwas verändert?

Susanne: Allerdings – das hat aber vielleicht nicht nur mit der Meditation, sondern auch mit einem Kurs zur Stressbewältigung durch Achtsamkeit zu tun, den ich damals gemacht habe. Im Kurs habe ich die sogenannte Rosinenübung kennen gelernt. Dabei lernt man, eine einfache

Rosine sehr achtsam und mit allen Sinnen zu essen. Durch Achtsamkeitsübungen habe ich gelernt, intensiver zu sehen, zu hören und auch zu schmecken. Während ich einerseits meinen Körper besser gespürt und mehr innere Ruhe entwickelt habe, habe ich auf der anderen Seite damit begonnen, ganz gezielt mit dem Essen zu experimentieren. Ich hab das Essen quasi zu einer Meditation gemacht und dabei natürlich schnell gemerkt, dass es bestimmte Nahrungsmittel gibt, die mir ganz und gar nicht guttun. Übrigens waren das fast ausschließlich solche, die ganz bestimmt auch meiner Figur nicht gutgetan haben. Heute ist es mir ein Rätsel, wie ich es geschafft habe, dieses Zeug jahrelang in mich hineinzustopfen… Aber zum Glück ist das ja vorbei.

Susanne, wir danken dir für dieses Gespräch und deine Offenheit.

Literaturempfehlungen

Bays, J. C.: Achtsam essen. Vergiss alle Diäten und entdecke die Weisheit deines Körpers. Freiburg: Arbor 2009

Bollwein, J.; Schweppe, R.: *Minus-1-Diät – das Kochbuch. Leichter genießen mit der Achtsamkeitsformel.* München: Südwest 2013

Kabat-Zinn, J.: *Gesund durch Meditation: Das große Buch der Selbstheilung.* München: Knaur 2011

Kornfield, J.: *Meditation für Anfänger* (mit CD). München: Arkana 2010

Long, A.; Schweppe, R.: *Die 7 Geheimnisse der Schildkröte. Den Alltag entschleunigen, das Leben entdecken.* München: Heyne 2010

Orbach, S.: *Lob des Essens.* München: Goldmann 2003

Roth, G.: *Essen ist nicht das Problem.* München: Kailash 2011

Schweppe, R.; Schwarz, A.: *Die Minus-1-Diät – freier und leichter werden mit der Achtsamkeitsformel.* München: Südwest 2011

Schweppe, R.: *Schlank durch Achtsamkeit – durch inneres Gleichgewicht zum Idealgewicht.* Lünen: Systemed 2011

Schweppe, R.: *Achtsam abnehmen – 33 Methoden für jeden Tag.* Lünen: Systemed 2013

Wolf, D.: *Übergewicht und seine seelischen Ursachen.* München: Gräfe und Unzer 2007

Zölls, D.; Zirkelbach, C.: *Wie Zen schmeckt. Die Kunst des achtsamen Genießens – mit über 50 Rezepten.* München: Kösel 2009

Wenn Sie uns im Internet kontaktieren wollen:
www.institut-für-achtsames-essen.de

Für alle, die mit dem Essen und ihrem Körpergewicht Frieden schließen wollen.

Dieses Buch enthält Übungen für Körper, Geist und Seele, die das Bewusstsein für den eigenen Körper und seine Bedürfnisse schulen. Dadurch gelingt es, die Endlosschleife von Fressattacken, Diäten und Scham zu durchbrechen.

320 Seiten
ISBN 978-3-442-21964-3

www.goldmann-verlag.de
www.facebook.com/goldmannverlag

GOLDMANN
Lesen erleben